KB048420

아주 구체적인 위협

유네스코가 말하는
기후위기 시대의 달라진 일상

아주 구체적인
위협

유네스코한국위원회 기획

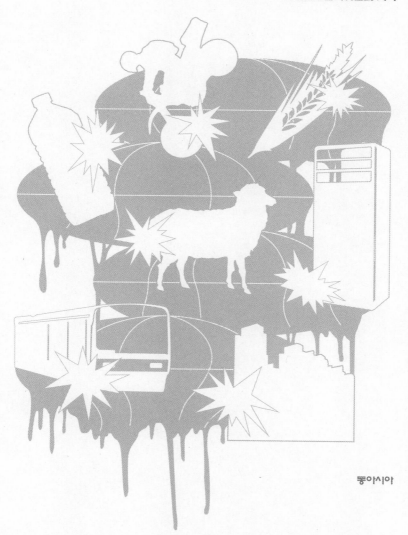

동아시아

기후위기, 구체적인 '위협'에서 구체적인 '행동'으로

확신하지 못했습니다. 이 책이 기존의 기후위기를 다룬 책들과 얼마나 다를까, 기후위기에 어떻게 대응할 것이냐는 질문에 만족할 만한 답을 내놓을 수 있을까, 말로는 기후위기에 대응하자고 하면서 불필요한 종이 소비 대열에 동참하는 건 아닐까. 책 발간을 둘러싼 이런저런 의구심, 걱정, 망설임 등 어느 하나로 이름 붙일 수 없는 감정들이 자기 순서를 기다리는 상황에 직면했습니다. 말 그대로 착잡했고, 공자처럼 '반드시라는 생각을 버리는 용기毋必'를 발휘해 볼까도 싶었습니다. 하지만 지금 이 시점에서 책 출판을 결정한 것은 홍수, 산불, 폭염 등으로 지구 곳곳이 매일매일 뜨겁게 달아오르는 현실 이외에도, 이 책이 몇 가지 측면에서 기후위기에 대한 논의와 실천을 풍성하게 하는 차별성을 띠고 있다고 봤기 때문입니다.

유네스코가 말하는 아주 구체적인 위협

먼저, 이 책은 기후위기 대응에 관한 유네스코의 역할과 시각을 바탕으로 삼고 있습니다. 유네스코가 보기에 기후위기는 생태계에 대한 위협일 뿐 아니라 시민의 기본권을 훼손하고, 불평등을 심화시키고, 새로운 형태의 부정의를 낳는 원천입니다. 유네스코가 기후위기를 윤리적 관점에서 접근하는 이유인데, 이 문제의식을 바탕으로 유네스코는 2017년 「기후변화 윤리 원칙 선언」을 채택했습니다. 선언에서 말하는 '윤리'는 당위적이고 도덕적인 규범만을 가리키는 것이 아닙니다. 이 선언은 성평등 관점, 이주민·장애인 등 취약계층의 고려, 사회 각계각층 모두의 참여와 책임, 선진국과 개도국의 이해관계의 조정 등 기후위기 대응 논의와 실천에서 빼놓을 수 없는 중요한 문제들을 '윤리'라는 이름으로 다루었습니다.

또한 이 책은 기후위기가 개인의 일상적 삶에 가하는 아주 구체적인 위협의 풍경을 다방면에 걸쳐 입체적이고 종합적으로 분석하고 있습니다. 기후위기의 영향력을 이처럼 식량, 노동, 교육, 건강, 주거 등 실생활 각 영역에서 한꺼번에 드러내는 것은 기후위기를 주제로 한 선행 연구나 단행본에서 그 유례를 찾기가 쉽지 않습니다. 각 장 앞부분에는 해당 장의 주제를 극적으로 형상화한 에피소드가 배치되어 있는데, 기후위기가 각자의 일상과 밀착되어 있음을 현장감 있게 드러내기 위한 포석으로 이해해 주셨으면 합니다.

미래 독자와 함께 만든 결실

저자들이 본격적인 집필에 앞서 미래 독자들과 묻고 답하는 시간을 거쳐 이 책이 나왔다는 점도 꼭 언급하고 싶습니다. 〈유네스코 기후변화

수요토크〉가 바로 그것입니다. 이 행사는 2021년 9월부터 11월까지 기후변화가 일상적 삶에 미치는 영향에 초점을 맞춰 총 7회에 걸쳐 온라인으로 진행됐습니다. 미래 독자들의 관심사를 각 장의 집필 과정에 반영하기 위해 마련한 행사로서, 기후시민들이 수동적인 독자에 머물지 않고 저자들과 책을 함께 만들어 가는 역할을 할 수 있게 한 새로운 시도라고 할 수 있습니다.

기후변화 대응의 요체, 일상에서 기후시민 되기

기획 과정에서 이상의 차별성 못지않게 앞으로의 기후위기 인식과 대응 방향에 대해서도 고민했습니다. 하나는 기후위기 대응의 실천방식에 관한 것입니다. 지금까지는 기후변화의 '위기' 측면을 강조한 탓에 시민이나 학생들이 비장한 각오로 절제 위주의 대응 활동을 진행해 온 측면이 있었습니다. 하지만 일상생활과 괴리가 큰 실천은 시작하기 쉽지 않으며 지속가능하지도 않습니다. 각자 자신이 몸담고 있는 시공간에서 아주 조금 힘을 보태 기후위기 대응에 기여하는 사례들이 늘어났으면 합니다. 가령, 선거에서 기후위기에 슬기롭게 대응할 것으로 생각되는 정치인을 뽑고 친환경적인 기업에 투자하는 일은 각자의 위치에서 아주 큰 힘을 들이지 않고 한 걸음 더 나아가는 길일 것입니다. 기후시민 자신과 이 행성 모두에게 이로운 일임은 말할 나위 없습니다.

또 다른 하나는, 기후위기 대응에 있어서 인간(사고방식)의 변화가 좀 더 강조되어야 한다는 점입니다. 사고방식을 만든 시대와 구조도 살펴야겠지만, 기후변화가 인류의 생활방식과 관련된 것이라면, 자연을 바라보는 우리의 관점이나 생산과 소비를 대하는 입장의 전환을 말하지 않고서는 기후위기를 어찌해 볼 도리가 없습니다. 그런 점에서 유네스코가 2019년 기후변화 보고서를 내놓으면서 그 제목을 "변화해야 하는 것은 기후가 아니라 인간의 마음이다! Changing minds, not the climate!"로 정한 것은 적절했습니다. 이것은 이 책을 기획한 유네스코한국위원회가 기후위기에 대해 시종 굳게 지키고 있는 관점이기도 합니다.

끝으로 이 책이 나오기까지 애써주신 분들께 감사의 뜻을 표합니다. 먼저 일곱 명의 저자들께 감사드립니다. 저자들께서는 바쁘신 가운데 〈수요토크〉 촬영과 집필에 적극적으로 참여해 주셨습니다. 기후위기와 관련된 사실관계를 꼼꼼하게 살펴봐 주신 홍제우 박사님과 출간 제의를 흔쾌히 수락하신 동아시아 한성봉 대표님께도 감사드립니다. 또 유네스코한국위원회 위원과 직원들의 격려와 지원이 없었다면 이 책이 나오기를 기대하기는 어려웠을 것입니다. 무엇보다 이 책은 제목 공모와 〈수요토크〉에 참여하면서 따끔하면서도 따뜻한 조언을 아끼지 않은 기후시민 여러분 덕분에 나올 수 있었습니다. 모두에게 진심으로 감사의 뜻을 전합니다.

2022년 8월

유네스코한국위원회

'아주 불편한 진실과 조금 불편한 삶'

세계보건기구WHO의 공식 집계에 따르면 코로나19 바이러스에 감염된 사람이 거의 6억 명에 달하고 600만 명 이상이 목숨을 잃었습니다. 만물의 영장이라고 거들먹거리던 우리 인간이 어쩌다가 눈에 보이지도 않는 바이러스 따위에 이렇게 처참히 당하고 말았는지 어처구니가 없습니다. 인류의 역사를 되돌아보면 전쟁보다 전염병으로 인한 인명 피해가 컸던 것이 사실입니다. 그러나 전염병은 절대로 우리를 절멸하지는 못합니다. 그 옛날 흑사병으로 당시 유럽 인구의 3분의 1이 목숨을 잃었지만, 나머지 3분의 2는 감염되지 않고 살아남았습니다. 그러나 기후변화는 다릅니다. 기후변화가 우리를 감염시켜 죽이지는 않지만, 우리의 환경을 총체적으로 악화시켜 생존할 수 없는 수준으로 떨어뜨리면 더 이상 그 누구도 살아남지 못할 겁니다. 기후변화는 우리를 단번에 쓸어버릴지 모르는 엄청난 대재앙이 될 것입니다.

역설적으로 코로나19는 우리에게 자연환경의 소중함을 일깨워 주는 순기능을 하고 있습니다. 많은 분들이 막연하나마 그동안 우리가 자연을 너무 많이 훼손하며 살다가 이런 꼴을 당하게 된 것이라고 생각하는

것 같습니다. 그래서 저는 이참에 우리의 삶에 '생태적 전환ecological turn'
을 이뤄야 한다고 호소하고 있습니다. 언어적 전환, 문화적 전환에 이어
기술적 전환, 정보적 전환 등을 이야기하고 있지만 죽고 사는 문제에 봉
착한 상황에서 우리에게 남아 있는 유일한 선택지는 생태적 전환입니
다. 나와주어서 고맙긴 하지만 실험실에서 제조하는 백신은 일이 이미
벌어지고 난 다음에 선택하는 미봉책에 불과합니다. 그보다 더 근원적
인 해법은 저 자연계로부터 나쁜 바이러스나 박테리아가 우리 인간계로
건너오지 못하게 생태백신eco-vaccine을 치는 일입니다. 생태백신을 접종
해야 할 가장 시급한 문제가 바로 기후변화입니다.

이 책은 기후변화가 우리의 삶에 끼치는 구체적인 위협을 식량, 건
강, 교육, 노동, 주거 등 우리 실생활의 다양한 영역에서 입체적으로 조
명하고 분석합니다. 구체적인 문제들에 대한 구체적인 분석과 제안이
담겨 있습니다. 그러나 어느 것 하나 결코 간단히 해결할 수 있는 문제
가 아닙니다. 제가 기후변화에 관한 강연을 할 때 종종 내거는 제목이
있습니다. '아주 불편한 진실과 조금 불편한 삶.' 앨 고어 전 미국 부통령
이 책을 쓰고 동명의 다큐멘터리 영화 제작을 지원하며 경고했던 '불편
한 진실'은 그의 노력에도 불구하고 그 후 점점 더 불편해져서 지금은
정말 위협적인 진실이 되었습니다. 물론 그 불편한 진실을 해결해 줄 기
술이나 방안을 찾기 위해 최선의 노력을 다해야 하겠지만, 저는 그보다
더 현실적이고 확실한 해결책은 우리 모두가 그저 조금씩만 더 불편하
게 살겠다는 결심을 하는 것이라고 생각합니다.

기후변화가 지구의 역사에서 처음 있는 일은 아닙니다. 지금으로부터 6,500만 년 전 공룡을 싹쓸이했던 제5의 대절멸 사건도 거대한 운석 충돌에 이은 기후변화로 인해 벌어진 일입니다. 다만 지금의 기후변화는 이 지구 구성원 중 한 종인 호모 사피엔스에 의해 너무 빠른 속도로 진행되고 있다는 게 문제입니다. 저는 우리가 하루아침에 〈나는 자연인이다〉 수준으로 엄청난 불편을 감수하며 살아야 한다고 주장하는 게 아닙니다. 그저 조금만 불편하게 살자는 겁니다. 웬만한 거리는 걷고, 되도록 대중교통을 이용하고, 접을 수 있는 장바구니 하나쯤 호주머니나 핸드백에 상비해 다니며 비닐봉투를 받지 않는 정도의 '조금 불편한 삶'을 살자는 겁니다. 10년 넘도록 하루에 1만 보 이상 걸어서 출퇴근한 덕분에 내일모레 칠순인 저는 제 생애를 통틀어 가장 굵은 다리를 자랑합니다. 길을 걸으며 가끔 지구와 대화도 나눕니다.

"야, 지구야. 너도 내 덕에 조금 건강해지고 있지?"

2022년 8월

최재천(이화여대 에코과학부 석좌교수·생명다양성재단 이사장)

차례

일러두기
각 장 앞에 수록된 에피소드는 구성작가가 창작한 허구임을 밝힙니다.

정의의 눈으로 보는 기후위기

인권의 문제이자
생존의 문제, '기후정의'

이진우

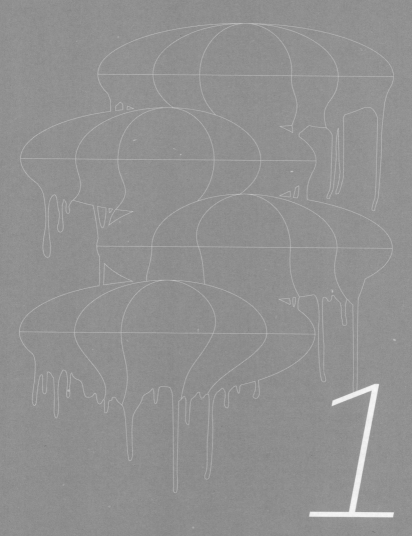

1

PROFILE

이진우

더불어민주당 김성환 국회의원 보좌관

전 에너지기후정책연구소 부소장

전 환경정의 초록사회국장

『시민참여 에너지 시나리오』(2017) 공저

『나쁜 에너지 기행』(2013) 공저

『기후정의』(2012) 공역

카페 새봄 사장 전서경

평소 기후위기와 환경문제에 관심이 많은 카페 새봄의 사장 전서경은 일주일 전부터 카페에서 사용 중이던 플라스틱 빨대를 종이 빨대로 바꾼 상태다. 빨대를 교체하려고 찾아보니 재료에 따라 종이, 갈대, 유리, 스테인리스, 실리콘, 세몰리나로 만든 일명 '파스타 빨대'까지 다양한 대체 빨대가 많았지만, 여러 임상실험을 거친 결과 결국 쉽게 흐무러져도 재활용이 가능한 종이 빨대를 선택하는 수밖에 없었다. 빨대를 바꾼 것 말고도 일회용 컵 사용을 줄이기 위해 텀블러와 같은 다회용 컵을 챙겨온 고객에게는 소정의 금액 할인을 해주고, 작은 과자 같은 것들을 건네기도 했다. 물론 전서경이 처음부터 이런 활동을 했던 것은 아니다.

계기는 단순했다. 하릴없이 웹서핑을 하다 보게 된 바다거북 구조 동영상이 이 모든 일의 시작이었다. 수중 연구를 하고 있던 해외의 연구팀이 10~12센티미터가량의 플라스틱 빨대가 콧구멍에 박힌 바다거북을 구조하는 영상이었다. 구조자가 콧구멍 안에 깊숙이 박힌 빨대를 빼내려 애쓸 때마다 애처로이 고갯짓하는 바다거북의 콧구멍에서는 새빨간 피가 흘렀다. 빨대를 제거할 때까지 비명도 지르지 못하고 쌕쌕거리던 바다거북의 슬픈 눈이, 계속해 흐르던 그 새빨간 피가 전서경의 마음 한구석을 떠나지 않았다.

이후 전서경은 다양한 환경 관련 영상을 찾아보기 시작했다. 국내

외를 가리지 않고 기후위기와 환경보호, 멸종동물보호와 관련된 콘텐츠를 섭렵했다. 활동가가 될 생각까지는 없었다. 다만 행동해야겠다고 결심했다. 환경을 지켜야겠으니 나만이라도 지금 할 수 있는 일을 하자는 그런 정도의 결의였다.

처음에는 집 안에서 사용하는 일회용품을 줄이기 시작했고, 가정에서의 플라스틱 줄이기가 어느 정도 습관으로 자리 잡혔을 무렵 좀 더 행동의 폭을 넓히기로 마음먹었다. 카페 새봄에서도 일회용품 줄이기를 실천하기로 나선 것이다.

손님이 없는 틈을 타 늦은 점심을 먹은 전서경의 귀에 '딸랑' 하는 종소리가 들렸다. 재빠르게 도시락통 정리를 마친 전서경이 계산대에 섰다. 마침 오랜 단골손님이 문을 열고 들어서는 모습이 눈에 보였다. 자주 오는 손님은 아니지만 카페 새봄이 개장한 이래, 정기적으로 들러 음료를 두 잔씩 테이크아웃해 가는 손님 나현선이었다.

"어머, 오랜만에 오셨네요."

"네, 여기는 동생 병원 때문에 오는 건데, 지난 2주간은 사정이 생겨서 진료를 보러 올 수가 없었어요."

아픈 동생을 데리고 병원에 나온 김에 카페 새봄에 들르던 거였다니. 그간 홀로 방문하던 나현선을 떠올리며 병문안이라도 다니러 왔던 건가 생각한 전서경이 고개를 갸웃거렸다. 문득 전서경의 시선이 계산대 아래로 닿았다. 그제야 나현선의 옆에 휠체어가 있는 것이, 그 휠체어에 누군가가 앉아 있는 것이 보였다. 나현선의 동생인 것이 분명했다. 아, 어쩐지 테이크아웃을 두 잔씩 해가더라니. 음료가 두 잔이면 당연히 두 사람 몫이었을 텐데.

"아, 동생분이 계셨군요. 그간 한 번도 뵙질 못했던 것 같은데."

"그러실 수밖에요. 제가 평소에는 테이크아웃만 했으니까요. 그런데 오늘은 병원에 일찍 도착하기도 했고, 날이 더워서 그런지 동생이 차 안은 답답하다고 해서요."

전서경의 말에 대구하며 나현선이 의자 하나를 다른 테이블로 옮겼다. 동생의 휠체어를 위한 공간을 마련하려는 모양이었다. 계산대 안에서 튀어나온 전서경이 재빨리 손을 보탰다. 짧게 감사인사를 건네며 동생의 휠체어를 테이블 앞으로 끌어다 세운 나현선이 여상한 얼굴로 마실 음료 두 잔을 주문했다. 시원한 아이스 아메리카노와 바나나 망고 스무디였다. 주문을 받은 전서경의 손길이 바빠졌다.

'주문한 음료가 나왔습니다' 하고 외치려던 전서경이 멈칫했다. 동생을 향해 몸을 돌린 채인 나현선은 무언가 굉장히 분주해 보였다. 몸이 불편한 동생을 돌보는 듯했다. 원래라면 주문한 메뉴가 나오면 손님이 받아가는 게 카페 새봄의 원칙이지만 지금 같은 상황에서 그런 걸 따져서는 안 될 것 같았다. 직접 음료를 서빙해 주기로 마음을 정한 전서경이 쟁반에 음료 두 잔을 옮기며 종이 빨대를 챙겼다.

테이블 위에 음료를 놓자 기척을 느낀 나현선이 전서경을 향해 고개를 돌렸다.

"음료가 벌써 나왔어요? 말씀하셨으면 가지러 갔을 텐데."

"아니에요, 바빠 보이셔서요. 시원할 때 드세요."

서빙을 마친 전서경이 웃으며 계산대로 향했다. 그 순간, 전서경을 부르는 나현선의 목소리가 카페 안에 울려 퍼졌다. 걸음을 멈춘 전서경이 나현선을 바라보았다.

"플라스틱 빨대는 없나요? 전에는 이런 종이 빨대가 아니었던 것 같은데요."

종이 빨대를 손에 든 나현선은 당혹스러운 기색이 역력했다. 그러고 보니 나현선이 마지막으로 방문했던 건 카페 새봄의 친환경 정책이 시작되기 전이었다. 나현선이 당황해하는 정도가 좀 심해 보이긴 했지만 '그럴 수도 있지' 하며 대수롭지 않게 여긴 전서경이 대답했다.

"기후위기 상황이고, 조금이라도 플라스틱을 덜 쓰는 게 나을 것 같아서요. 종이 빨대로 바꾼 지 한 2주쯤 됐어요. 혹 불편하신 점 있으신가요?"

"아, 사실 저는 큰 상관이 없긴 한데, 이러면 제 동생은 음료를 마실 수가 없어서요. 동생이 좀 심한 신경근 질환을 앓고 있거든요. 플라스틱 빨대 없이는 물도 못 마셔요."

나현선의 말에 전서경의 눈이 자연스레 휠체어 쪽을 향했다. 빨대가 없으면 물조차 마실 수 없는 몸이라니. 이런 사람도 있구나. 나현선이 좀 더 단호한 어조로 말을 이었다.

"제 동생처럼 플라스틱 빨대가 필요한 사람들은 생각보다 꽤 많아요. 뇌병변 장애인 같은 경우에 빨대 없이 물을 마시면 사례가 들리기 쉬운데, 사례가 들리면 질식의 위험이 있거든요. 그리고 죽이나 미음 같은 유동식을 먹어야만 하는 장애인이나 환자들도 플라스틱 빨대는 필수고요."

나현선의 이야기를 들을수록 전서경의 마음은 복잡해졌다. 전서경으로서는 미처 생각지 못했던 일이었다. 고작 플라스틱 빨대를 종이 빨대로 바꾸었을 뿐인데 한 사람의 생존과 직결된 문제일 수 있다니. 내가 생각지도 못했던 사각지대에 선 사람들이 이렇게나 많았다니. 주변을 헤아리지 못한 데서 오는 수치심과 자괴감이 들었다.

"잠시만요. 찬장에 남은 플라스틱 빨대가 있을 거예요. 금방 찾아 드릴게요. 미처 생각 못 한 부분이라, 정말 죄송합니다."

전서경은 금세 플라스틱 빨대를 찾아 나현선에게 건넸다. 나현선이 괜찮다며, 플라스틱 빨대를 꽂은 아이스 아메리카노를 동생의 입가에 대주었다. 동생은 익숙하다는 듯 아메리카노를 빨아 마셨다. 그 모습을 지켜보던 전서경이 계산대로 되돌아갔다.

계산대 앞에 앉은 전서경은 생각이 많아졌다. 멸종위기의 동물을 보호하고 기후위기에 대응하는 변화는 분명 필요했다. 다만 이런 변화에서도 소외되는 사람들이 있었다. 모두를 위한 변화에는 더 섬세한 고민, 더 나아가 구조적 변화가 필요하다는 생각이 들었다. 개인의 실천에만 머물지 않고, 구조적 변화를 이끌어 내려면 어떻게 해야할까. 이제 전서경은 새로운 고민을 시작해 보기로 했다.

기후위기와 국가 간 불평등

한 마을에 모두가 공동으로 사용하는 목초지가 있었다. 어느 날 한 목동이 생각했다. '내 땅은 그대로 두고, 공동 목초지에 양을 더 많이 풀어놓으면 남들보다 더 이득을 보는 거잖아?' 목동은 공동 목초지에 더 많은 양을 풀어놓기 시작했다. 그 목동을 본 마을의 다른 사람들이 생각했다. '어, 저 목동이 양을 더 풀어놓으면 그만큼 나한텐 손해잖아? 나도 양을 더 많이 풀어야겠네.' 마을 사람들은 손해를 보지 않기 위해 저마다 더 많은 양을 목초지에 풀어놓기 시작했다. 그러나 조그마한 마을의 공동 목초지에 양이 가득 들어차면서 얼마 가지 못해 마을 공동 목초지는 황폐화되기 시작했고, 곧 마을 사람 모두가 이용할 수 없는 상태가 됐다.

1968년 미국의 생태학자인 개릿 하딘Garrett Hardin이 《사이언스》에 발표한 「공유지의 비극The Tragedy of the Commons」이라는 짧은 에세이는 세상을 발칵 뒤집어 놓았다. "사람들이 자신의 이익을 열심히 추구하면 사회나 국가의 이익은 증대한다"는 주류 경제학의 주장과 정면으로 배치되는 내용이었기 때문이다. 그 전까지 주류 경제학은 환경과 같은 공공재의 역할과 영향력을 거들떠보지 않았다. 그러나 자신의 이익을 극대화하기 위한 행위가 공동체 공공재의 수용력을 넘어가는 일이 발생하면서 주류 경제학은 더는 힘을 발휘하지 못하기 시작했다.

캐나다 뉴펀들랜드섬의 그랜드뱅크스Grand Banks 어장은 공유지의 비극이 현실이 된 대표적인 사례다. 그랜드뱅크스는 엄청난 양의 대구가 서식하는 세계 3대 어장 중 하나였지만 1960~1970년대에 어업 기술이 진보하고, 남획이 이루어지면서 어획량이 줄어들기 시작하더니 1990년 대부터 대구의 개체수가 회복 불가능한 수준으로 감소했다. 캐나다 당국은 규제와 관리를 통해 대구 어장을 되살리려고 했지만, 어장은커녕 대구 생태계조차 유지하기 어려운 상황에 빠졌다. 그랜드뱅크스는 여전히 회복되지 않고 있다.

그 외에도 공유지의 비극을 증명하는 사례는 많다. 농업용수의 남용으로 사막화된 아프리카의 차드 호수, 태평양에 위치한 한반도 16배 크기의 쓰레기 섬, 비료 남용이 만들어 낸 멕시코의 데드 존dead zone 등도 모두 공유지의 비극을 겪었다. 그리고 이제는 기후위기가 전 지구적인 공유지의 비극으로 떠올랐다. 지구가 수용할 수 있는 연간 온실가스의 양은 제한적인데, 배출되는 온실가스의 양은 이를 훨씬 초과하기 때문이다. 메르카토르 연구소가 발표하는 기후시계에 따르면 지구의 연평균 기온 상승을 1.5도로 억제할 수 있는 시간은 2021년 12월 기준 7년 7개월밖에 남지 않았다. 2028년경이면 지구라는 목초지가 빠르게 황폐화되기 시작할 것이다. 그 이전에 인류는 해답을 찾아내야 한다. 아니, 우리는 이미 해답을 잘 알고 있다. 그러면 대체 해답을 뻔히 알고 있으면서도 실행하지 않는 이유가 무엇일까?

매년 초 선진국의 정치, 경제, 학계 지도자들은 스위스의 휴양도시인 다보스에 모인다. 그리고 심각한 얼굴로 회의를 한다. 회의 주제는 다양하지만, 주로 국제사회를 이끌어가는 정치, 경제 이슈들이 선정된다. 최근에는 국제질서를 위협하는 이야기를 자주 다루고, 연례 보고서까지 펴내고 있다. 전 세계적으로 많이 인용되는 「지구위기보고서The Global Risks Report」가 바로 그것이다.

2021년 보고서를 보면 발생 가능성이 가장 높은 위험 요소로 극한 기상이변이 뽑혔다. 2위는 기후 대응 실패, 3위는 인위적 환경재해가 차지했다. 생물다양성 손실도 5위에 위치했다. 상위 10위 안에 기후위기와 직접적으로 관련된 주제만 네 가지다.

영향력이 가장 큰 위험 요소로는 모두가 예상했다시피 감염병이 뽑혔다. 코로나19 팬데믹이 세계를 강타한 것이 주요한 원인으로 보인다. 2위는 기후 대응 실패가 꼽혔다. 그 외에도 생물다양성 손실이 4위, 자연자원 위기가 5위, 인위적 환경재해가 6위, 극한 기상이변이 8위를 차지했다. 대량살상무기와 같은 파괴적이고 직접적인 위협이 3위, 고용위기가 7위에 놓였다는 걸 감안하면 기후위기에 관한 경각심이 어느 정도인지를 가늠할 수 있다.

그러나 더 큰 문제는 기후위기를 바라보는 선진국의 시각에 있다. 2010년대 초반에는 기후위기 관련 의제가 많지 않았다. 중요 의제 10개가운데 한두 개 정도에 지나지 않았다. 그러나 겨우 10년 만에 최상위순위를 휩쓸 정도로 관련 의제가 늘어났다. 여러 면에서 의미심장하다. 첫째는 기후위기가 정말로 심각한 수준에 이르렀다는 것이고, 둘째는 선진국들의, 혹은 세계경제포럼(다보스포럼)에 참여하는 선진국 지도자들의 기후위기에 대한 인식이 자신들의 질서가 위협을 받는 수준에서야 달라지기 시작했다는 점이다. 기후위기에 대한 우려가 이미 수십 년 전에 제기된 의제라는 점을 고려하면 심증은 더욱 깊어질 수밖에 없다. 그 긴 간극 사이에 기후불평등이 있다.

세계자원연구소에 따르면 1990년부터 2018년까지 전 세계는 누적 1,150기가톤Gt의 온실가스를 배출했다. 그중 906기가톤은 G20 국가들이 배출한 양이다. 전체의 78.8퍼센트에 이른다. 반면 나머지 200개에 가까운 국가들이 배출한 온실가스 양은 11.2퍼센트에 지나지 않았다(1인당 배출량으로 보면 중국과 인도가 억울한 면이 있겠지만, 절대 배출량이 많고 GDP가 높기 때문에 다른 개발도상국들과 같은 선상에 놓기보다는 선진국들과 같이 분류를 하는 것이 타당하다).

반면 저먼워치German Watch가 매년 발표하는 「지구기후위험보고서Global Climate Risk Index」에 따르면 2019년 기후위기로 가장 큰 영향을 받은 상위 10개 국가는 일본을 제외하고 모두 개발도상국(모잠비크, 짐바브웨, 바하마, 말라위, 아프가니스탄, 인도, 남수단, 니제르, 볼리비아)이다. 특히 기후위기에 취약한 적도 인근 국가들의 피해가 컸던 것으로 나타났다.

2010~2019년 사이 중장기적으로 기후위기에 가장 심각한 피해를 입은 것으로 평가되는 국가들은 푸에르토리코, 미얀마, 아이티, 필리핀, 모잠비크, 바하마, 방글라데시, 파키스탄, 태국, 네팔 등의 순이다. 일본이 2019년에 태풍 피해를 크게 입기는 했지만, 장기적으로는 기후위기에 취약한 국가로 분류되지는 않는다.

이러한 점에서 볼 수 있듯 기후위기는 평등하지 않다. 온실가스는

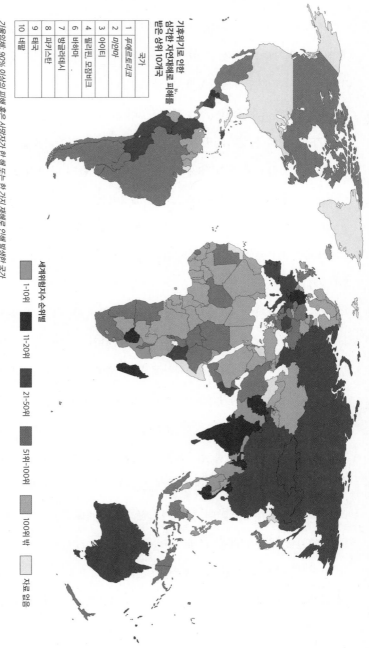

세계기후위험지수Global Climate Index 지도(2000~2019년)

기후위기로 인한
심각한 자연재해로 피해를
받은 상위 10개국

	국가
1	푸에르토리코
2	미얀마
3	아이티
4	필리핀, 모잠비크
6	바하마
7	방글라데시
8	파키스탄
9	태국
10	네팔

기울임체: 90% 이상의 피해 혹은 사망자가 한 해 또는 한 가지 재해로 인해 발생한 국가

세계위험지수 순위별

- 1~10위
- 11~20위
- 21~50위
- 51위~100위
- 100위 밖
- 자료 없음

선진국들이 거의 대부분을 배출하고, 피해는 사회 인프라가 부실한 개발도상국들이 입는 기후부정의Climate Injustice가 발생하고 있다. 그간 선진국들이 기후위기를 심각하게 거론하지 않았던 것은 자국의 피해가 아니었기 때문은 아닐까?

혹자는 환경문제를 정치적으로 확대해석하는 것은 아니냐고 지적한다. 그러나 기후변화 문제를 단순히 환경만의 문제로 인식하는 건 기후위기의 영향력을 지나치게 단순화한 것에 지나지 않는다. 자신에게 막연하게만 느껴지는 환경오염의 문제라고 모두가 똑같이 느끼는 것은 아니다. 기후위기는 누군가에게는 생존의 문제이자 인권의 문제가 된 지오래다. 이는 또한 기후위기로 일어날 수 있는 불편한 의제를 회피하거나 고착화된 세계질서의 변화를 거부하는 것이나 마찬가지다. 지금까지 선진국들의 눈에는 '기후정의'를 요구하는 개발도상국과 사회적 약자들의 주장이 과도해 보였을 것이다. 선진국들은 기후위기의 당사자가 되고 나서야 '기후위기는 21세기 인류가 맞이한 최대 위기'라고 말하기 시작했다.

모두가 공유하던 마을 목초지가 황폐화됐지만, 양을 먼저 풀어 경제적 이득을 얻은 목동은 과소비 경쟁에 참여하지 않았던 사람들보다는 상황이 나은 편이다. 1990년, 환경학자 도넬라 메도스Donella Medows는 세계 인구를 100명으로 가정하여 성별과 나이, 종교, 식량과 부, 에너지 등의 문제를 동화적으로 정리해 발표했다. 이 보고서는 전 세계에서 빠르게 공유되며, 지구에서 사람들이 어떻게 살고 있으며 어떤 문제를 겪고 있는지를 생각해 볼 계기를 마련해 주었다. 주기적으로 자료를 업데이트하는 웹사이트(100people.org)가 생겨나기도 했다. 가장 최신 자료인 2016년 자료의 일부를 살펴보자.

- 25명은 14살 이하고, 15~64살까지가 66명, 65살 이상은 9명입니다.
- 31명은 교회에 다니고, 23명은 이슬람교도예요. 절에 가는 사람은 7명인데, 종교가 없는 사람도 16명이나 되지요.
- 86명의 사람은 읽고 쓸 줄 아는데 14명은 그렇지 못해요. 7명 이상은 대학을 다녔어요.
- 22명은 바람과 비를 피할 수 있는 장소가 없어요.
- 9명은 아직도 안전한 물을 구할 수 없어요.
- 11명은 영양실조로 위험한 상황이고, 1명은 결핵환자예요.
- 11명은 1.9달러(2,000원) 이하로 하루를 살아요.
- 82명은 전기를 쓸 수 있지만 18명은 그렇지 못해요.
- 68명은 청결한 위생환경에 있지만, 18명은 더러운 화장실을 쓰고, 14명은 화장실도 없어요.

이 글을 읽는 독자는 어디에 속해 있을까? 외국의 독자가 아니라면 적지 않은 수가 대학에 다닌 7명 중 한 명일 것이고, 바람과 비를 피할 수 있는 장소가 없는 22명에 속해 있진 않을 것이다. 어딜 가도 안전한 식수를 먹을 수 있고, 영양실조 상태일 경우도 드물 것이다. 라면 하나

가격이 1,000원을 넘는 나라에서 2,000원으로 하루를 사는 사람도 거의 없을 테다. 전기 보급률이 100퍼센트에 가까운 나라이니 전기도 자유롭게 쓰고 있을 것이고, 화장실이 없지도 않을 테다. 1989년 한 설문조사에서 스스로를 중산층이라고 답했던 사람은 75퍼센트에 달했다. 그러나 2019년 통계를 보면 체감 중산층의 비중은 40퍼센트까지 떨어졌다. 스스로를 서민이라고 생각하는 사람들이 많아졌다는 의미다. 그러나 고급 외제차는 아니지만 자동차가 있고, 밥을 굶지는 않는 소시민도 100명의 마을에서는 가장 잘사는 10명에 속한다.

사단법인 기후변화행동연구소는 세계 10대 경제대국이 자국의 온실가스 감축목표에 따라 이산화탄소를 감축할 경우, 우리나라가 2030년경 1인당 온실가스 배출량이 가장 많은 나라가 될 것이라는 연구결과를 발표했다. 불행 중 다행으로 이후 국가 온실가스 감축목표가 소폭 강화되긴 했지만 한국인의 1인당 온실가스 배출량이 세계에서 가장 많은 수준이라는 점은 부동의 사실이다. 우리나라보다 1인당 온실가스 배출량이 많은 국가는 비교가 무의미한 산유국과 군소 도서국가들을 제외하면 미국과 호주 등 극히 일부밖에 없다.

일각에서는 가정용 배출량은 유럽보다 낮은데 개인에게 책임을 전가하는 것 아니냐는 지적을 쏟아낼지도 모르겠다. 사실이다. 국내 온실가스 배출량의 절반 이상을 기업들이 차지한다. 철강, 시멘트, 정유, 석유화학 등 생산 과정에서 온실가스를 다多배출할 수밖에 없는 산업들이 기간산업으로 자리 잡으며 우리나라는 전 세계적으로도 악명 높은 온실가스 다배출구조가 만들어졌다. 그러나 기업들이 온실가스를 더 많이 배출한다고 해도 개인이 온실가스 배출에 대한 책임에서 자유로워지는 것은 아니라는 점을 간과해서는 안 된다. 가령 우리가 가정에서 쓰는 전기 등은 석탄 화력발전소 등의 배출량으로 분류되지, 가정의 직접 배출량으로 잡히지 않는다. 우리는 마을에서 가장 잘사는 10명 중 한 명으로서, 마을을 지켜야 할 의무가 있다. 그것이 '기후정의'다.

세계적 구호단체인 옥스팜Oxfam은 최근 「탄소불평등보고서Confronting Carbon Inequality」를 통해 소득별 기후불평등 문제를 심도 있게 분석했다. 보고서에 따르면 경제소득 상위 10퍼센트의 인구가 1990~2015년 사이 배출한 온실가스는 전체의 52퍼센트에 달한다. 최상위 1퍼센트가 배출한 양만 15퍼센트에 이른다. 반면 하위 50퍼센트가 배출한 온실가스는 7퍼센트에 그쳤다. 가장 잘사는 사람 1명이 소득이 낮은 100명분의 온실가스를 혼자 배출하고 있는 셈이다. 더 심각한 문제는 이 간극이 점점 더 심해지고 있다는 점이다.

생태발자국이라는 개념이 있다. 우리가 소비하는 자원의 양을 생산하기 위해 필요한 땅의 면적을 계산해 제시한 것이다. 현재 전 세계 사람들의 생활을 유지하기 위해서는 지구가 1.73개 정도 필요하다. 생태발자국은 1970년 무렵에 이미 지구가 수용할 수 있는 면적을 넘었고, 현재는 2배 가까운 수준까지 소비를 늘려왔다. 즉, 현재 소비의 50퍼센트 가까이를 줄여야만 지구가 지속가능해진다는 의미다.

지역별로 보면 불평등의 양상은 더욱 선명해진다. 전 세계 사람이 모

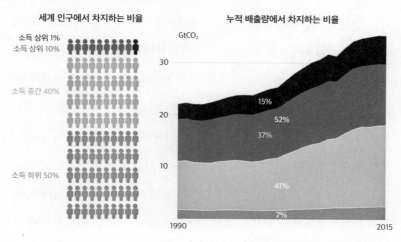

1990~2015년 소득별 온실가스 배출 비중

세계 인구에서 차지하는 비율

소득 상위 1%
소득 상위 10%

소득 중간 40%

소득 하위 50%

누적 배출량에서 차지하는 비율

GtCO₂

30

20

10

15%

52%

37%

41%

7%

1990   2015

자료: 옥스팜, 2019, 「탄소불평등보고서」

두 미국인처럼 생활하려면 지구가 5.03개 필요하고, 유럽 사람처럼 생활하려 해도 3.06개가 필요하다. 한국인처럼 생활하기 위해서는 3.86개의 지구가 필요하다. 다시 말해, 우리는 현재 소비를 25퍼센트 수준으로 낮추거나 아니면 어디 가서 지구와 같은 별을 3개 더 구해 와야 한다. 인류에게는 영화 〈인터스텔라〉처럼 식민지로 삼을 새로운 별을 탐험할 수 있는 기술이 없을뿐더러 그런 기술을 개발하기에 우리에게 남은 시간은 턱없이 모자라다. 다른 선택의 여지가 없다. 불필요한 소비를 줄임과 동시에 재생에너지, 에너지제로빌딩 등 기온 상승을 억제하는 실현 가능한 기술부터 적극적으로 상용화해야 한다.

반면 아프리카의 생태발자국은 지구 0.77개, 남아시아는 지구 0.7개에 지나지 않는다. 약 0.3개 정도 더 자원을 소비해도 지구가 수용할 수 있는 용량을 넘어서지 않는다. 이를 '온실가스개발권Greenhouse gas Development Rights'이라고 부른다. 기후변화협약 당사국총회에서 개발도상국들이 줄기차게 '발전할 수 있는 권리'를 요구하는 이유가 여기에 있다. 온실가스 누적배출량이나 현재 배출량 등 어떤 데이터를 봐도 기후위기에 책임은 선진국에 있는데, '기후위기에 대한 공동 대응'이라는 미명하에 개발도상국들까지 책임을 지도록 하고 있기 때문이다.

물론 기후위기 대응은 촌각을 다투는 문제이고, 모두의 책임이기 때문에 개발도상국들의 참여는 필수적이다. 그러나 문제는 기후위기에 일차적 책임이 있는 선진국들이 자국 경제 보호를 이유로 정작 온실가스 감축에 소극적이라는 것이다. 개발도상국들의 입장에서는 이런 상황을 도무지 용납할 수가 없다. 자신들의 경제발전은 생존과 인권의 문제지만, 선진국들의 경제보호는 과소비를 유지하기 위한 변명일 뿐이기 때문이다. 1992년 기후변화협약이 체결되면서 전 세계는 '공동의 차별화된 책임 원칙common but differentiated responsibilities: CBDR'을 만들었다.

> 당사국들은 현세대와 미래세대의 이익을 위해 공정의 원칙과 공동의 차별화된 책임, 각각의 역량에 부합되는 방식으로 기후시스템을 보호해야 한다. 따라서 선진국들은 기후변화와 부작용과 맞서 싸우기 위해 앞장서야 한다(기후변화협약 제3조).

국가별 생태용량 대비 자원 소비 수준

주: 초록색은 이미 자원 소비가 생태용량을 넘어선 국가를 의미하고,
검정색은 생태용량이 자원 소비보다 큰 국가를 의미한다.

　　그러나 현재 이 원칙이 잘 지켜지고 있다고 보는 사람은 아무도 없
다. 선진국은 경제대국이자 온실가스 다배출국가로 떠오른 중국과 인도
등을 견제하기 위해 '공동의 책임'을 강조하고, 아직 경제 분야에서 갈
길이 먼 개발도상국들은 '차별화된 책임'을 강조한다. 이 와중에 지난
20년간 전 세계 온실가스 배출량은 점점 늘어만 갔다.

　　더는 기후위기 대응을 늦출 수 없다는 것은 사실이다. 선진국에게
더 많은 책임이 있다는 것도 사실이다. 개발도상국도 책임을 분담해야
한다는 것도 사실이다. 온실가스를 줄일 수 있는 기술과 재정이 있다는
것 또한 사실이다. 우리에게 없는 것은 의지뿐이다.

　　2009년 기후변화협약 당사국총회가 열렸던 코펜하겐에서는 옌스

갈시외트Jens Galschiot의 〈뚱보의 생존〉이라는 조각상이 전시됐다. 깡마른 흑인 남성의 등에 비만의 백인 여성이 올라타 오른손에는 저울을 왼손에는 지팡이를 들고 있는 기이한 모습이었다. 작가는 조각상의 작품 의도를 대신해 등 뒤에 올라탄 백인 여성의 말을 기록했다.

> 나는 한 사내의 등 위에 올라타 있다.
> 그는 나 때문에 점점 아래로 가라앉고 있다.
> 나는 그를 위해 뭐든 할 생각이다.
> 단, 사내의 등 위에서 내려가는 것만 빼고.

기후위기 대응에 소극적인 선진국들에 대한 조롱이었다. 개발도상국의 등 위에 올라타 있는 선진국이 짐짓 공정과 평등을 암시하는 저울과 기후위기 대응의 주도성을 의미하는 지팡이를 들고 있는 위선을 보여준다. 자신들이 피해를 감수할 생각은 없는 것이다. 대표적인 '사다리 걷어차기'에 해당한다. 선진국들이 지구 자원을 남용하며 사다리를 올라 경제발전의 열매를 따먹은 후, "너희들까지 올라오면 지구가 아파"라며 사다리를 걷어차고 있는 모양새다. 공동 대응을 위해서는 상호 간의 신뢰 회복이 급선무이다. 환경문제를 빌미로 고통 분담을 과도하게 요구하는 사다리 걷어차기가 중단되어야 선진국과 개발도상국 간의 신뢰가 회복되고, 공유지의 비극을 공유지의 희극으로 만들 수 있는 최소한의 여지를 만들 수 있다.

전쟁은 인류가 저지르는 최대의 실수이자 가장 끔찍한 인격 말살의 시공간이다. 현생인류는 다양한 이유로 전쟁을 벌여왔지만, 최근 기후 위기가 중요한 전쟁요인으로 등장하고 있다. 대표적인 것으로 2003년부터 시작된 수단에서 벌어진 다르푸르 사태다.

아프리카 이집트 아래에 위치한 수단은 다인종 국가다. 북쪽 지역에는 이슬람교를 믿는 아랍계 사람들이 거주했고, 남쪽에는 샤머니즘이나 기독교를 믿는 아프리카계 사람들이 거주했다. 두 지역 사람들은 서로 사용하는 언어도 달랐다. 그런데 나일강이 흐르던 이 비옥한 땅에 기후 위기로 인해 수십 년간의 간헐적이지만 강력한 가뭄이 닥치기 시작했다. 강이 완전히 메말라 물을 얻기 위해서는 강바닥을 파야 할 정도였다. 식수를 구하기 어렵게 되자 먼저 영향을 받은 건 목축을 업으로 삼던 아랍계 수단인들이었다. 국경을 넘을 수는 없으니 그들은 물을 구하기 위해 남하하기 시작했고 갈등이 시작됐다. 물을 둘러싼 두 지역 사람들 간의 갈등이 걷잡을 수 없이 커지면서 급기야 서로에게 총칼을 들이대기 시작했다. 물로 시작된 갈등이었지만 인종, 언어, 종교 문제가 결부되면서 상호 간의 증오범죄로 번지는 양상을 보였다. 이 과정에 21세기 최악의 홀로코스트가 자행됐다. 30만 명 이상이 죽고, 이재민만 220만 명이 발생했다. 전쟁 후에는 씨를 말살시키겠다는 목적으로 남자들은 잡으면 무조건 처형했고, 여자를 잡으면 씨를 바꿔버리겠다는 이유로 집단 강간했다는 증언이 쏟아졌다. 말 그대로 인권이 실종된 상태였다. 기후위기가 없었다면 과연 수단인들이 그런 혹독한 피해를 입었을까? 강이 메마르지 않았다면 인격을 상실한 전쟁범죄들이 과연 일어났을까? 이것이 바로 수단 다르푸르 사태를 최초의 기후전쟁이라고 부르는 이유이다.

제2, 제3의 수단 다르푸르 사태가 일어날 수 있는 환경도 크게 증가하고 있다. 인터내셔널 얼럿International Alert의 분석에 따르면 아프리카와 서남아시아, 남미를 중심으로 기후위기로 인한 군사적 충돌 가능성이 높아지거나, 정치적 불안정이 고조되고 있는 것으로 나타났다. 대부분 심각한 기후위기에 노출된 지역들이다. 2011년에 시작된 시리아 내전도 가뭄으로 인해 곡물생산량이 줄어들자 내전으로 비화한 것으로 평가받고 있고, 1991년부터 시작된 소말리아 내전도 극심한 가뭄이 분쟁을 키운 사례. 이 같은 사례들은 기후위기가 심각한 갈등 요인으로 등극했음을 보여준다.

기후위기로 인한 문제는 전쟁과 같은 극단적인 상황에 국한되지 않는다. '환경난민' 문제도 기후위기로 인해 새로 등장한 사회적 이슈로 꼽힌다. 「기후변화가이드」는 2050년경 전 세계적으로 1억 5,000만 명 이상의 기후난민이 발생할 것으로 내다보고 있다. 내륙지역 사람들은 가뭄으로 인해 식수와 농업용수 등이 부족해지고, 연안지역 사람들은 바닷물 침수로 농경이 불가능해지고 해안선이 침식되면서 이주할 수밖에 없는 상황에 몰리는 것은 이미 다반사이다. 해당 지역 거주민들은 생존을 위해 다른 지역으로 이주하지만, 정작 대규모의 이주민을 경제적·사회적으로 수용할 수 있는 지역이나 국가는 제한적이다. 인류가 아무리 노력해도 금세기 안에 지도에서 사라질 것으로 예측되고 있는 남태평양의 투발루는 이미 2000년대 초반에 국토 포기에 가까운 위기상황임을 선언하고 전 세계에 이주를 요청한 바 있다. 그러나 환경난민이나 기후난민은 가해자를 특정할 수 없다는 이유로 아직까지 국제법상 난민 지위를 인정받지 못하고 있다. 이면에는 그 많은 인구를 수용할 수 없다는 이해관계가 자리 잡고 있음이 분명하다. 이로 인해 가해자는 없고 피해자만 양산되는 불합리한 상황이 이어지고 있다.

옥수수는 쌀, 밀에 이어 주식으로 삼는 인구가 많은 주요 곡물이다. 농촌진흥청이 성인 1인 기준으로 하루 필요 칼로리를 3,000킬로칼로리로 가정해 분석한 결과 옥수수는 인구 부양능력이 가장 높은 작물 순위에서도 고구마와 쌀에 이어 3위를 차지했다. 1헥타르당 연간 인구 부양능력이 가장 많은 작물은 고구마로 25.1명이고 이어 쌀 20.4명, 옥수수 13명, 사과 8.6명, 배추 7명 순이다. 이처럼 주식으로 사용되는 작물이 부족할 경우 어떤 일이 일어날까?

2008년은 기후위기와 식량 역사상 가장 처절했던 해로 기억되고 있다. 12월 멕시코에서 있었던 이른바 '토르티야 폭동' 때문이다. 토르티야는 멕시코 전통 요리로 옥수수 혹은 밀가루로 빚은 얇은 빵이다. 고기나 채소 등 각종 재료를 말아서 싸 먹는데, 이것이 타코, 부리토 등으로 불린다. 우리의 쌀밥처럼 매 끼니마다 먹는 멕시코인의 주식이다. 그러나 몇 년 사이 북미자유무역협정NAFTA의 영향으로 멕시코 내 옥수수 생산기반이 붕괴된 상황에서 기후위기에 따른 농산물 수급 불균형이 심각해지자 옥수수의 가격이 80퍼센트 이상 폭등했다. 식량 가격이 천정부지로 치솟고 민생경제가 붕괴 조짐을 보이자 시민들이 거리로 뛰쳐나왔다. 펠리페 칼데론Felipe Calderón 당시 멕시코 대통령이 재계 대표들과 긴급회동을 가진 후에 100개가 넘는 식품 품목의 가격 동결을 결정하고 나서야 민심이 안정됐다.

그러나 토르티야 폭동은 '기후위기는 곧 식량위기'라는 공식의 시발점에 불과하다. 2022년 상반기 국제 식량가격은 가뭄, 홍수 등의 기상이변과 러시아-우크라이나 전쟁으로 인해 사상 최고치를 기록했다. 유엔 식량농업기구FAO가 발표하는 세계식량가격지수가 151.2까지 뛰어 올랐는데, 이는 토르티야 폭동이 있었던 2008년(117.5)은 물론이고, 전 세계적인 이상기후로 식량생산량이 급감했던 2011년(131.9)을 크게 상회하는 수준이다(2014~2016=100 기준).

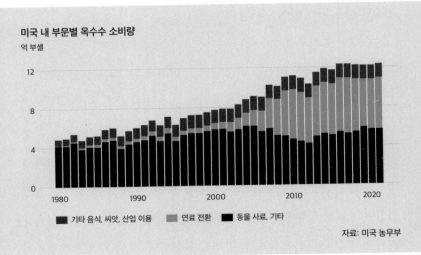

미국 내 부문별 옥수수 소비량
억 부셸

■ 기타 음식, 씨앗, 산업 이용   ■ 연료 전환   ■ 동물 사료, 기타

자료: 미국 농무부

식량생산 문제의 원인이 기후위기만 있는 것은 아니다. 사람들의 잘못된 선택이 부메랑처럼 돌아오는 경우도 있다. 미국 농무부 자료에 따르면 1980년 이후 옥수수가 가장 많이 소비된 분야는 동물 사료였다. 그러나 현재는 연료로 더 많이 쓰인다. 일부 국가가 옥수수로 만들 수 있는 바이오에탄올이 석유에 비해 온실가스 배출량이 낮다는 점을 들어 막대한 연료전환 보조금을 지급하면서부터다. 보조금이 높아지자 사료용이나 음식용으로 옥수수를 재배하는 것보다 연료용으로 공급하는 것이 더 이득이라고 생각한 농부들은 옥수수를 '바이오 석유bio-petroleum' 회사에 납품하기 시작했다. 결과는 명약관화했다. 자동차를 포기하는 대신 식량을 포기한 대가도 마찬가지였다. 세계의 절반은 여전히 굶주리고 곡물 가격은 지속적으로 상승했다. 반면 온실가스 감축량은 미미했다. 인간의 입과 자동차 주유구가 경쟁하는 시대를 우리는 어떻게 바라봐야 하는 것일까?

기후위기 앞에서 길을 잃은 성평등

2016년 영국 NGO인 '카본 브리프Carbon Brief'는 의미심장한 보고서를 발표했다. 이에 따르면 세계 기후위기 관련 논문 130건을 분석한 결과, 남성보다 여성이 기후위기에 더 취약하고 더 많은 위험에 놓여 있다는 논문이 세 배 가까이 많다는 것이다.

여성이 극한 기후로 인해 죽거나 다칠 위험성은 64퍼센트(남성 25퍼센트)에 이르고, 음식을 확보하지 못할 위험성은 79퍼센트(남성 14퍼센트), 정신적 질환 위험도는 69퍼센트(남성 21퍼센트)에 이르는 것으로 나타났다. 반면 남성이 여성에 비해 취약한 것은 전염병(남성 64퍼센트, 여성 29퍼센트) 한 가지뿐이었다.

이런 위험성의 차이는 남녀 신체 차이에서 비롯되는 것도 있지만 상당 부분은 사회적 지위와 연결되어 있다. 여성의 지위가 낮은 방글라데시에서 1998년 홍수가 발생했을 때 여성들이 병원 치료를 받은 비율은 남성에 비해 현격히 낮았다. 여성은 혼자 외출하지 못하는 관습 때문이었다. 또한 집안의 경제권을 남성이 가지고 있는 경우가 많아 음식 확보에 문제가 생길 수밖에 없고, 자연재해 이후 영아 사망률도 성별에 따라 차이가 컸는데 남아선호사상의 영향으로 남아에게 먼저 음식을 제공했기 때문이라는 논문이 발표되기도 했다. 또한 경제활동을 하는 남성들에 비해 여성들은 살림을 챙기는 경우가 많아서 땔감과 같은 전통연료를 구하러 갔다가 폭염, 한파 등의 극한 기후에 노출되는 경우도 발생한다. 환경변화에 따른 정신질환의 경우 더 심각하다. 동남아시아 같은 개발도상국뿐만 아니라 미국, 호주 등 선진국에서 발표된 논문에서조차 여성이 자연재난 이후 심리적 외상 후 스트레스 장애PTSD를 더 많이 경험한다고 지적하고 있다.

기후정의를 지지하는 이들은 성평등이 전제되어야 한다고 요구한다. 여성을 자연과 같이 정복의 대상으로 인식하거나 여성의 의견이나 피해를 무시하기 일쑤인 인식부터 개선되어야 한다는 것이다. 이는 폭압적인 형태로 이루어진 성장과 개발의 문제점과 마찬가지다. 이들은 또한 기후위기로 인한 피해에 노출될 위험성도 여성이 훨씬 높기 때문에 여성들의 목소리가 기후위기 대응의 시작부터 끝까지 평등한 형태로 반영되어야 한다고 주장한다. 시혜적 시각의 접근이 아닌 동반자적인 접근이 필요하다는 것이다.

낮은 사회적 지위로 인한 조건 몇 가지가 조합되면 기후위기에 훨씬 더 취약해진다. 에너지기후정책연구소의 정은아, 하바라 연구원이 발표한 보고서(2021)에 따르면 이주여성 농업노동자들은 폭염과 혹한에 무방비로 노출되어 있고, 열악한 주거환경에서 지내고 있다. 실제로 최근 뉴스에 보도된 이주여성들은 남성 고용인들의 성적·물리적 학대에 고통 받으며 사람이 살 수 없을 것 같은 곳에서 집단생활을 하고 있다. 이들은 코로나19 등 전염병에도 취약하다. '이주'+'여성'+'농업'+'노동자'라는 여러 조건이 조합된 결과이다. 이들의 온실가스 배출량은 미미하다. 소비행위 자체가 적기 때문이다. 그러나 기후위기가 심각해지면 극한의 자연재해로 피해 받는 첫 번째 희생자는 이주여성 농업노동자들이 될 가능성이 높다.

비슷한 사례를 보자. 인도 남부는 전통적으로 남성이 경제활동에 집중하고, 여성은 살림을 책임지는 가부장제 사회였다. 문제는 가옥구조였다. 비를 피하기 위해 실내에 있는 조리용 화덕에서 땔감을 태우다 보니 여성의 폐질환 발병률이 남성보다 훨씬 높았다. 또한 땔감을 구하러 먼 거리를 오가다 보니 여성이 짐승의 습격이나 성폭력과 같은 끔찍한 일에 노출되는 경우도 많았다. 이 지역 여성들의 삶을 달라지게 한 것은 사소한 변화였다. 독일 출신 발명가인 볼프강 셰플러Wolfgang Scheffler가 만든 태양열 조리기가 설치되기 시작한 것이다. 셰플러 조리기는 최고 온도가 1,450도까지 올라가며 단시간 내에 조리가 가능하다. 태양열 조리기가 보급되면서 여성들은 화덕에서 나오는 매연을 피할 수 있었다. 폐질환의 위험에서 벗어난 것이다. 또 땔감을 구할 필요가 없어져 외부 폭력에 노출될 위험도 낮아졌다. 시간적 여유가 생기면서 여성들은 교육과 경제활동에 참여할 수 있게 됐고, 그 결과 사회적 지위가 재정립되기 시작했다. 셰플러는 자원 부족과 사회적 불평등으로 고통받는 제3세계 여성들을 위해 조리기의 특허를 등록하지 않았다. 변화의 물결은 이렇게 시작됐다.

그러나 안타깝게도 이미 현대화되어 있는 사회에서는 태양열 조리기에 대한 수요가 낮다. 또 '선의를 가진 천재적 리더'의 등장이라는 행운이 모든 사회에 있을 수는 없다. 선진국 여성이 차별을 받는 양상은 제3세계 여성과 다르다. 일괄적으로 적용할 수 있는 표준이란 건 없다. 사회마다 여성들이 억압받는 방식이 다르기 때문이다. 전 세계가 공유해야 하는 것은 젠더 불평등, 기후불평등의 기울어진 추를 조속히 맞추어야 한다는 목표 의식이고, 그 해결 방식은 각 사회에서 찾아내야 한다. 우리에게는 우리나라에서 기후정의, 젠더정의를 실현하기 위해 무엇을 해야 할 것인가 하는 과제가 남아 있다.

불태워지고 있는 미래세대의 권리

스웨덴의 청소년 기후활동가인 그레타 툰베리Greta Thunberg는 2019년 유엔 기후정상회의에서 기성세대의 무책임에 대해 일갈했다.

이건 모두 잘못됐습니다. 제가 여기 올라와 있으면 안 됩니다. 저는 대서양 건너편에 있는 학교에 돌아가 있었어야 합니다. 그런데 여러분은 우리 청년들에게 희망을 바라며 왔다고요? 감히 어떻게 그럴 수 있죠?

여러분은 헛된 말들로 내 꿈과 어린 시절을 훔쳐갔습니다. 그렇지만 전 운이 좋은 사람 중 한 명입니다. 사람들이 고통받고 있습니다. 사람들이 죽어가고 있습니다. 생태계 전체가 붕괴되고 있습니다. 우리는 대멸종이 시작되는 시점에 있습니다. 그런데 여러분은 돈과 영원한 경제성장에 대한 동화 같은 이야기만 할 뿐입니다. 감히 어떻게 그럴 수 있죠?

30년이 넘는 세월 동안, 과학이 보여준 것은 명확했습니다. 어떻게 감히 외면하고 있다가 여기 와서 충분히 행동하고 있다고 말하고 있는 거죠? 필요한 정치와 해결책은 여전히 어디에도 보이지 않는데요.

여러분은 우리의 말을 듣고 있고 긴급함을 이해하고 있다고 말합니다. 하지만 내가 아무리 슬프고 화났더라도, 그 말을 믿고 싶지는 않습니다. 정말로 상황을 이해하면서도 여전히 행동하지 않는 것이라면, 여러분은 사악한 사람들이기 때문입니다. 그래서 저는 그 말을 믿지 않겠습니다.

앞으로 10년 동안 배출량을 반으로 줄이자는 요즘 각광받는 의견은 1.5도 이하, 즉 인간이 감당할 수 없는 돌이킬 수 없는 연쇄반응이 시작될 위험에 빠뜨릴 확률을 50퍼센트 줄일 뿐입니다.

여러분은 50퍼센트를 받아들일 수 있을지 모릅니다. 하지만 이 수치들은 티핑 포인트, 대부분의 피드백 고리, 대기오염 문제에 가려진 다른 온난화 요인을 포함하지 않고 있을뿐더러 평등과 기후정의의 측면도 담고 있지 않습니다. 사실상 존재하지 않는 기술을 근거로 여러분이 대기 중에 뿜어댄 수천억 톤의 이산화탄소를 감축해야 하는 책임을 우리 세대에게 떠넘기고 있습니다.

그러므로 우리 세대는 50퍼센트의 위험을 간단히 받아들일 수 없습니다. 여러분이 떠넘긴 짐을 짊어지고 살아가야 하는 세대 말입니다. 지구 평균 기온 상승을 1.5도 이하로 유지하는, IPCC에서 제시한 최상의 확률인 67퍼센트를 위해서는 2018년 기준으로 이산화탄소를 420기가톤까지 배출할 수 있었습니다. 지금은 이산화탄소 배출가능량이 이미 350기가톤 이하로 줄었습니다.

어떻게 감히 이 문제를 여느 때처럼 단지 비즈니스와 몇몇 기술적 대안으로 해결할 수 있는 척할 수 있습니까? 현재의 배출 수준으로는, 남아 있는 이산화탄소 배출가능량도 앞으로 8년 반 정도면 다 없어질 겁니다.

현재 이 자리에서 이런 수치들과 연관되어 제시할 수 있는 해결책이나 계획은 없을 겁니다. 왜냐하면 이 수치들은 매우 불편한 것이고, 여러분은 그 사실을 있는 그대로 말할 만큼 충분히 성숙하지 않기 때문입니다.

여러분은 우리를 실망시키고 있습니다. 하지만 젊은이들은 여러분의 배신을 이해하기 시작했습니다. 모든 미래세대의 눈이 여러분에게 향해 있습니다. 여러분이 우리를 실망시키는 쪽을 선택한다면, 우리는 여러분을 절대로 용서하지 않을 겁니다. 이러고도 무사히 넘어가도록 놔두지 않을 겁니다. 바로 지금 여기가 우리가 선을 긋는 지점입니다. 세계가 깨어나고 있습니다. 여러분이 좋아하든 싫어하든 변화는 다가오고 있습니다.

세계 정상들 앞에서 진행된 그레타 툰베리의 연설은 기성세대의 정치적 무책임과 미래세대의 절박함을 잘 보여주었다. 기후위기는 기성세대보다 미래세대에게 더 절박한 문제다. 물질적 풍요를 누린 기성세대와 기후위기의 피해만 온전히 짊어질 미래세대 사이의 불평등도 존재한다. 실제로 미국의 '기후변화 소통Climate Change Communication'이 2019년 진행한 설문조사에서 MZ세대의 73퍼센트가 '지구온난화가 개인적으로도 중요한 문제'라고 답변한 반면, 기성세대에서는 58퍼센트만이 그렇다고 대답했다. 또 지구온난화와 관련해 정부 관료들과 접촉할 의향이 있는지 묻는 질문에서도 MZ세대는 37퍼센트가 그렇다고 답했지만, 기성세대는 28퍼센트에 그쳤다.

이산화탄소는 대기 중에서 온실가스 역할을 하는 기간이 100년 이상인 것으로 알려졌다. 다시 말해, 지금 당장 모든 이산화탄소 배출을 멈춘다고 하더라도 지구의 평균기온은 100년 정도 계속 상승할 가능성이 있다는 의미다. 모든 배출을 일거에 멈출 수 있는 것도 아니기 때문에 평균기온은 계속 상승하고, 기후위기는 가속화 단계로 접어들 수밖에 없을 것이다. 기후위기에 따른 피해는 이제 시작일 뿐이며, 우리의 다음 세대는 더 많은 피해를 볼 수밖에 없다는 뜻이다.

최근 '세이브 더 칠드런Save the Children'이 펴낸 보고서(2021)에 따르면, 2020년생이 1960년생에 비해 산불에 노출되는 빈도는 2배, 농작 실패는 2.8배, 가뭄 2.6배, 홍수는 2.8배, 혹서는 6.8배 많을 것이라고 한다. 가혹환경 발생빈도의 차이가 2배가 넘는다면, 일상의 변화는 훨씬 더 심각한 수준일 것이다. 그러나 1.5도로 평균기온 상승을 억제하면 산불은 10퍼센트가 감소되고, 농작 실패는 28퍼센트, 가뭄은 39퍼센트, 홍수는 38퍼센트, 혹서는 45퍼센트가량 줄어드는 것으로 나타났다. 기성세대가 누렸던 자연환경은 아니어도 최악의 상황은 막을 수 있다는 것이다. 그러나 아쉽게도 기후위기에 적절히 대응하는 미래를 결정할 수 있는 권한이 미래세대에게는 없다. 기술개발이나 변화된 기후에 대한 적응, 온실가스 감축 모두 오랜 시간이 걸리는 일임에 반해 미래세대는 우리 사회에서 여전히 정치적으로 소외되고, 각자의 직장에서 무엇인가를 결정할 수 있는 위치에 있지도 않다. 기후변화에 직접적으로 대응할 수 있을 만한 경제적 여력도 물론 없다. 그래서 미래세대는 피켓을 들고 거리로 나온다. 기성세대에게 "우리의 미래를 불태우지 말라"라고 외치는 것 외엔 할 수 있는 게 거의 없기 때문이다. 그러므로 기성세대는 그들의 외침을 외면해서는 안 된다. 그들에게 더 많은 기회를 주고, 더 많은 목소리를 낼 수 있도록 하는 것은 우리가 선택할 수 있는 문제가 아니다. 당연한 반성이자 미래를 위한 투자다.

"수백만의 얼굴, 단 하나의 메시지, 기후정의"

- 질문 1: 코로나19에 600명이 감염될 위기에 처해 있다. 정부가 문제를 해결하기 위해 두 가지 대안을 국민에게 제시했다. 첫 번째 안을 선택하면 200명이 코로나로부터 안전하지만, 두 번째 안을 선택하면 600명 모두 감염되지 않을 확률이 3분의 1, 모두가 감염될 확률은 3분의 2다. 당신은 어떤 정책을 지지할 것인가?
- 질문 2: 코로나19가 발생한 상황에서 정부는 두 가지 대안을 제시했다. 첫 번째 대안을 선택하면 400명이 감염되고, 두 번째 안을 선택하면 아무도 감염되지 않을 확률이 3분의 1, 모두가 감염될 확률이 3분의 2다. 당신은 어떤 정책을 지지할 것인가?

눈치가 빠른 분들은 알아채셨을 것이다. 두 질문은 같은 내용이다. 첫 번째 안을 〈질문 1〉에서는 감염에서 안전한 사람이 200명이 될 것이라고 제시했고, 〈질문 2〉에서는 400명이 감염될 것이라고 바꿨을 뿐이다. 그러나 놀랍게도 첫 번째 질문에서는 72퍼센트가 1안을 선택했고, 두 번째 질문에서는 78퍼센트가 2안을 선택했다(심리학자 대니얼 카너먼 Daniel Kahneman과 아모스 트버스키Amos Tversky가 '아시아 질병 문제'라는 이름으로 조사한 결과를 각색했다). 같은 질문이지만, 전자에서는 대다수가 위험 회피 성향을 보인 반면, 후자에서는 대다수가 위험 추구를 선택했다. 어떤 숫자를 어떻게 제시하느냐에 따라 사람들의 선택이 달라진 것이다.

결국 문제의 결정권자들이 원하는 시나리오에 맞춰 응답 결과가 달라질 가능성이 높다는 의미다. 여기에 경제학의 함정이 있다.

예를 하나 들어보자. 1킬로와트의 전기요금이 100원이라고 가정할 때 지금 재생에너지에 투자하면 당장은 요금이 130원으로 올라가지만, 점점 낮아져 2030년에는 다시 100원이 되는 시나리오가 있다. 반면 지금 원전에 투자하면 전기요금은 100원으로 유지할 수 있지만, 2030년 경 폐기물 비용으로 30원을 지출해야 하는 시나리오도 있다. 독자는 과연 어떤 것을 선택할 것인가? 후자일 가능성이 높다. 지금 당장 전기요금이 올라가는 것에 대한 우려와 함께 미래에 발생할 비용에 대해서는 책임을 회피할 가능성이 크기 때문이다. 그러나 재생에너지에 투자할 경우 2030년대에는 추가 비용 없이 100원의 가격이 유지되고 두 번째 시나리오에서는 2030년 이후 계속 30원의 추가 비용이 발생하기 때문에 손해가 심해진다. 원전을 주장하는 쪽에서는 두 번째 시나리오는 숨기고 첫 번째 시나리오만 얘기한다. '재생에너지=전기요금 인상'이라는 프레임은 그렇게 만들어졌다.

그들은 이걸 경제학이라고 부른다. 경제적으로는 최소 비용을 지출해서 최대 편익을 얻는 것이 가장 중요한 문제다. 우리 사회의 기초를 구성하고 선택해야 하는 시나리오는 모두 숫자로 제시된다. 비용-편익분석(B/C분석)만으로는 돈으로 환산하기 어려운 변수들이 철저히 배제되고 숨겨진다.

B/C분석의 맹점을 보여주는 대표적인 예가 철도 사업이다. 철도를

놓으려면 투입되는 비용보다 사회적 편익이 더 큰지 여부가 중요하다. B/C가 1이 넘으면 경제성이 있고, 1보다 낮으면 손해라는 개념이다. 그러다 보니 산출할 수 있는 편익을 극대화하기 위해 철도는 주로 인구가 많은 수도권에 집중된다. 경제성이 없으면 신설이 허가되지 않기 때문이다. 반면에 인구가 적은 산간지역은 경제적 손해를 이유로 기존노선까지 폐지한다. 그 과정에서 철도가 자동차에 비해 온실가스 배출량이 6분의 1밖에 되지 않는다는 사실이나 교통약자들의 행복도 등은 전혀 고려되지 않는다. 이 과정이 반복되다 보니 교통이 편리한 수도권에는 사람이 더 몰리고, 지방은 소멸 위기에 놓이게 됐다. 청년 세대는 도시로 떠나고 지방의 고령화는 심각한 수준까지 진행됐다. 도시란 괴물은 그렇게 만들어지고 있다.

사회적 불평등과 기후위기도 최소 비용, 최대 편익을 추구하는 현대 사회의 시스템으로 인해 발생했다. 그 두 개가 합쳐진 것이 '기후부정의'라는 개념이다. 환경, 평등, 정의가 경제적 가치와 동등한 위치에서 검토되고 숙의되는 구조가 필요하다. 우리는 우선 성장의 굴레에서 벗어나야 한다. '성장'이라는 신화를 깨지 않으면 경제학과 상충되는 많은 것들이 사라져 갈 수밖에 없다. 우리는 지나치게 '경제적'인 이유로 사라지는 많은 것들을 보아왔다.

지난 2010년 볼리비아 코차밤바에서는 '기후변화와 지구 대지의 권리를 위한 세계민중총회CMPCC'가 열렸다. 선진국들과 각을 세우고 있던 볼리비아의 에보 모랄레스Evo Morales 대통령이 기후 협상의 주체는 가장 많은 피해를 받는 원주민, 여성, 빈곤층 등이어야 한다면서 당사국총회와 별도로 세계민중총회를 개최한 것이다. 당시 전 세계의 많은 NGO들은 일부 선진국이 주도하는 기후변화협약 당사국총회는 기후위기 해결을 위한 의지도, 능력도 없다고 비판하던 상황이었다(현재도 마찬가지다). 당사국총회가 온실가스 배출의 근본적인 원인을 해결하기는커녕 오히려 기술과 시장경제에 기대 상황을 더 어렵게 하고 있다는 주장이었다. '기후변화 세계민중총회'에는 전 세계 241개 단체가 참여와 지지의사를 표명할 정도로 응원을 받았고, 총회에는 125개 국가에서 2만 명 이상의 기후정의 활동가들이 참석해 성황을 이뤘다. 산발적으로 이뤄지던 기후정의 운동이 한목소리로 내딛은 첫걸음이었다.

세계민중총회는 크게 세 가지 주장을 내놓았다. 첫 번째는 반反자본주의였다. 탄소배출권 거래제나 '산림전용 및 황폐화 방지를 통한 온실가스 감축방안REDD+'과 같이 시장 메커니즘에 기반한 기후 대응이 문제 해결에 도움이 되지 않을뿐더러 오히려 상황을 심각하게 만든다는 인식에서 나온 주장이었다. 참석자들은 자본주의 시스템이 기후위기의 근본 원인인데, 자본주의로 문제를 풀려 한다며 조롱 섞인 분노를 쏟아냈다. 두 번째는 전 세계 평균기온 상승 억제 목표를 2도(450피피엠)가 아니라 1도 상승(300피피엠)까지로 강화해야 한다는 내용이었다. 2도 목표는 부자들이 살아남을 수 있는 한계가 되겠지만, 기후 취약계층은 기온이 2도 상승할 경우 생존을 장담할 수 없다는 경고 때문이었다. 10년이 지난 지금 파리협정으로 목표가 1.5도로 강화된 것은 세계민중총회가 지속적으로 제기한 목표 강화 요구가 한몫했다. 세 번째는 대안적 삶의 방식으로 돌아가야 한다는 것이다. 자연과 어우러져 살아가는 원주민의 삶의 방식을 확장해야 하고, 인류의 전통적인 관습을 보호해 온실가스 배출을 최소화해야 한다는 주장이다.

가장 눈에 띄는 주장은 단연 '반자본주의'였다. 기후위기는 다양한 구조적 원인에서 비롯됐고, 특히 '경쟁과 무한 성장의 원리'를 가진 자본주의 체제가 기후위기를 야기한 주요 원인이라는 점을 지적한 것이다. 세계민중총회에 따르면 자본주의 시스템의 귀결점은 자본을 앞장세운 새로운 식민주의나 제국주의이며, 인간 대 인간, 자연 대 인간 사이에서 서로를 착취하는 형태로의 진화일 수밖에 없다. 따라서 기후변화에 대응하기 위해서는 배출권 거래와 같은 자본주의 시스템을 혁파하는 것이 가장 급선무라고 세계민중총회는 주장했다.

기후위기를 극복하기 위해서는 기후정의 관점에서 매우 급진적인 개혁이 필요하다는 세계민중총회의 인식은 현재도 유효하다. 저명한 저널리스트인 나오미 클라인Naomi Klein은 『이것이 모든 것을 바꾼다This Changes Every Thing』라는 저서를 통해 자본주의 시스템의 문제점을 심도 있게 다뤘다. 이 책에서 클라인은 특히 화석연료 기업들은 천문학적인 보조금을 받는 데 반해, 원주민과 빈곤층 등은 지원을 받기는커녕 피해를 감수해야 하는 현실을 지적하며 기후위기에 정의적 관점에서 접근해야 할 필요성을 강변했다. 부정의한 구조는 자본의 논리에 따라 움직이는 부유한 세력이 만든 것이라는 클라인의 지적은 세계민중총회의 주장과도 궤를 같이한다.

　세계민중총회가 중요한 이유는 기후위기 피해자가 운동의 전면에 나서는 시발점이 됐기 때문이다. 그 전까지 일부 환경단체에서 주장하던 비주류 시각에 지나지 않았던 기후정의는 세계민중총회를 기점으로 기후위기 대응의 전면에서 논의되기 시작했다. 특히 원주민들은 기후위기 피해의 최전선에 있었지만 세력화되지 못해 자신들의 목소리를 내지 못하고 있었는데, 세계민중총회에서 만난 다양한 NGO와 결합하면서 제 목소리를 내기 시작했다. 실패로 돌아갔다는 평가를 받았던 코펜하겐협정을 대신해 세계민중총회에서 결의한 '민중협정People's Agreement'에는 개발도상국 원주민들의 요구 사항이 충실히 반영되어 있다.

인류는 거대한 딜레마에 빠져 있다. 자본주의, 약탈, 그리고, 죽음의 길로 계속 갈 것이냐 아니면 자연과의 조화와 생명에 대한 존중의 길을 택할 것이냐 하는 과제이다.

우리가 자연과 인류의 조화를 회복하는 새 체제를 구축하는 것은 필수불가결한 과제이다. 그리고 자연과의 균형을 맞추기 위해 인류가 평등해져야 하는 것은 무엇보다 중요하다. 우리는 세계의 민중들에게 회복, 가치 복원, 원주민들의 지식과 지혜, 관습을 확장하자고 제안한다. 그들은 인류와 개인적이고 상호의존적이며, 상호보완적이고 정신적인 관계로 엮인 살아가는 생명체로서의 지구 대지를 인지하는 방법인 '잘사는 법'의 생각과 방법을 단적으로 보여준다(세계민중총회 결의문 '민중협정' 중에서).

2007년 인도네시아 발리에서 열린 제13차 기후변화협약 당사국총회는 열대우림 파괴와 열악한 생존 조건에 대한 큰 관심을 바탕으로 그 어느 때보다도 기후정의를 요구하는 목소리가 높았다. 수많은 원주민과 여성, 아동 들이 모여 기후위기에 대응하는 아동의 권리 보장을 위한 공동선언문을 채택하기도 했다. 이때 나온 구호가 그 유명한 "사회가 변하면 기후도 변한다Social Change, Climate Change"였다. 기후변화Climate Change라는 용어를 멋들어지게 비튼 이 구호는 여전히 기후정의 진영을 대표하는 구호 중 하나로 손꼽힌다. 그들에게 이런 구호를 만든 이유를 물어볼 기회가 있었는데, 대답은 한결같았다. '그게 정의'기 때문이라는 것이었다.

그들은 회의장 한가운데 "수백만의 얼굴, 단 하나의 메시지, 기후정의Million Faces, One Message, Climate Justice"라고 적힌 입간판을 세워두고 원주민과 여성, 청소년, 빈곤층, 장애인 들이 동등하게 살아가고 기후위기에 같이 대응할 수 있는 권리를 요구했다. 그 결과 10여 년이 지난 현재, '기후정의'는 기후위기를 규정하는 핵심 개념으로 부상했다. 기후위기 피해의 최전선에 있는 그들에게 '정의'의 학문적 개념에 대해 질문하고 다양한 해석을 기대하는 것 자체가 어리석은 일이었을 터다. 그건 명백한 사실 앞에서 다양한 변주를 강요하는 것에 지나지 않는다. 정의의 눈으로 보는 기후위기에 다양한 해석은 필요하지 않다. 다만 두 가지의 분명한 사실은 지금의 기후위기 대응이 너무나 불평등하며, '그들'이 처한 불평등한 현실은 이제 곧 '우리'의 미래가 될 것이라는 점이다.

유엔에 제출해야 하는 온실가스 단기 감축목표, 이른바 NDC(국가의 자발적 기여Nationally Determined Contribution) 때문에 논란이 끊이질 않는다. 진보적인 입장을 취하는 시민사회에서는 NDC를 결정한 탄소중립 위원회가 민주적이지 않다고 말한다. 반면 정부는 국가의 정책 심의 기구가 100명 규모로 조성된 사례가 드물다는 점을 들어 충분히 시민 의견을 수렴했다고 주장한다. 평가는 엇갈리지만 이전까지 국책 연구 기관의 전문가 몇 명과 공무원 몇 명의 협의를 통해 결정됐던 기후위기 관련 정책 목표가 시민들의 요구를 반영해 결정됐다는 것은 큰 진전이었다. 여전히 하향식 의사결정을 완전히 벗어나지는 못하고 있지만, 시민들이 직접 에너지 정책 결정 과정에 참여할 수 있는 길이 열렸다는 점은 중요한 변화다.

미래는 예측하는 것이 아니라 선택하는 것이다

『에너지 민주주의』를 집필한 이이다 데쓰나리飯田哲也 일본 환경에너지정책연구소 소장의 일성이다. 이이다 소장은 현대사회가 모든 에너지를 석유로 환산하면서부터 오히려 에너지의 폭이 좁아졌다고 지적하며, 이것이 에너지 수급 전망이라는 경직된 형태로 나타났다고 보았다. 결국 단일화되고 전문화된 에너지 시스템으로 인해 일반 시민은 자신들이 선택하지 않은 에너지 정책을 강요받으며 일부 전문가가 정한 미래상에 지배받을 수밖에 없게 된 것이다.

국내에도 일반 시민들이 에너지를 사고팔 수 있는 '소규모 전력거래시장(에너지 프로슈머)'이 열렸고, 직접 발전사업자가 되어 기업들과 전력거래를 할 수 있는 제도도 생겼지만, 일반 시민 대부분은 여전히 정부가 정한 정책에 맞춰 움직일 수밖에 없다. 일반 시민들이 적극적으로 재생에너지를 생산하는 전력회사를 만들어 지역기업, 마을기업으로 운영하며 자신들의 에너지를 결정하는 독일의 경우와는 거리가 멀다. 독일에서는 재생에너지 설비의 절반 가까이를 일반 시민들이 투자해 만든다. 전문화된 발전기업이 생산하는 양은 20퍼센트 수준에 지나지 않는다. 정책결정권자나 대기업이 아니라 시민들이 정책을 변화시키고 있는 셈이다. 튀링겐주는 '시민에너지 프로젝트'를 시작하며 '시민에 의한, 시민을 위한 에너지'라는 슬로건까지 내걸었다.

지난해 신안군은 이익공유 방식의 태양광 발전사업으로 주민 1인당 11만 원에서 35만 원을 받았다. 주민들이 지역에 생기는 태양광발전소에 투자하고 이익금을 배당받는 방식이었다. 인근 주민들이 재생에너지 사업에 투자하는 방식은 최초가 아니지만, 신안군은 이익공유제를 조례로 만들고 시행한 최초의 지자체라는 점에서 의의가 있다. 에너지 문제에 관한 시민참여 방식이 늘어나면 지역의 전력 시스템 관련 의제를 시민들이 직접 결정하고 참여하는 방식이 가능하다. 신안군의 정책 실험에 아쉬운 점이 없는 건 아니다. 태양광발전소 사업을 주민들이 주도한 것이 아니었고, 이 과정에서 주민들과의 소통이 제한적이었다. 기업이 주도하는 사업에 일부 투자만 한 것이어서 주민들이 발전소의 주인이라고 말할 수도 없다. 외지인들이 들어와 땅을 사들이고 주민 동의 없이 태양광을 설치한 과정에도 분명 아쉬움이 남는다.

탄소중립을 조기에 달성하기 위해서는 이익이 다시 재생에너지에 투자되는 선순환구조를 만드는 것이 중요하다. 이를 통해 독립적인 지역에너지를 구축하고 더 나아가 생산, 유통, 판매까지 주민들이 참여하는 형태를 만들어 지역의 미래를 지역의 주민들이 결정할 수 있도록 해야 한다. 녹록지 않은 과제다.

몇 가지 아쉬움은 있지만, 신안군의 정책 실험은 주민들이 수동적인 전기소비자에서 전기생산자로 전환되고, 탄소중립과 에너지전환 결정 과정에 직접 참여하는 에너지 민주주의 체계로 나아가기 위한 긴 여정의 시작이었음이 분명하다. 신안군 사례에 주목해야 하는 이유다.

새로운 에너지 체계의 주역은 시민이어야 한다. 그래야 소수가 독점하고 다수가 불평하는 에너지 불평등을 해소할 수 있다. 원전 역시 마찬가지다. 아직도 사회적으로 찬반양론이 팽팽하지만, 원전과 화력발전 등 대규모 발전원 운영과 결정 과정에 시민들이 참여했다면 이들 발전소가 지금과 같은 규모를 유지하기는 어려웠을 것이다. 분산화된 소규모 발전원, 그리고 그것들을 이어주는 정보통신기술과 에너지 저장시설의 발전으로 상징되는 미래 에너지 체계는 '에너지 민주주의'에 의해서만 가능하다.

기후위기와 식량

벼랑 끝에 선 식량위기에서
식량주권 확보하기

\# 민정희

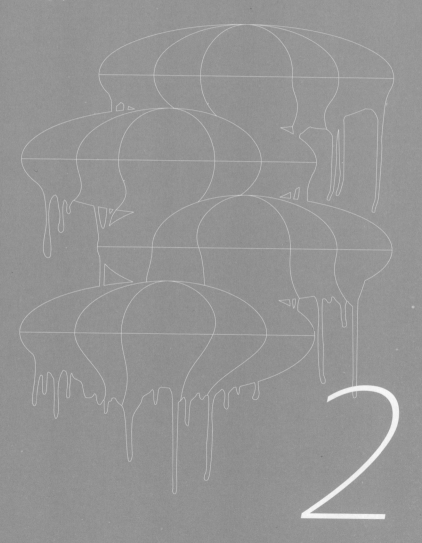

2

PROFILE

민정희

국제기후종교시민네트워크 사무총장

세계자연보전연맹(IUCN) CEESP위원

전 기후위기비상행동 공동운영위원장

새봄 마트는 생긴 지 오래된 편이지만 주변에 대형 마트가 없어서인지 늘 손님이 많았다. 또한 고객들의 수요에 맞추기 위해 야금야금 규모를 키운 덕분에 청과물, 정육, 수산물, 식품 등 다루지 않는 품목이 없었다. 이 근처 사는 사람들이라면 새봄 마트에 들러 장을 보지 않는 사람은 없을 것이다.

올해 나이 스물셋의 송호찬은 새봄 마트 정육 담당 직원이다. 새봄 마트가 문을 연 지 어언 이십 년, 마트의 첫 시작을 함께해 온 정육점 주인이 송호찬의 아버지였고, 송호찬은 그런 아버지를 보며 정육사의 꿈을 이룬 청년이었다. 물론 일을 시작한 지 고작 1년밖에 안 된 새내기 정육사지만 말이다.

한창 바쁜 시간이 지나갔다. 손님이 뜸해진 틈을 타 멍하니 정육 진열대를 바라보던 송호찬의 얼굴이 어두웠다. 오전 장사가 잘되어 괜찮은 매출을 찍었는데도, 좀처럼 펴질 줄을 몰랐다. 오늘 오전에 정육 코너에 들렀던 손님 때문이었다.

점심거리 장을 보러 나왔는지 오전에 정육 코너에 들렀던 손님은 두리번거리며 진열대를 살폈다. 그러다 찾는 게 안 보이는지 고개를 갸웃거렸다. 손님을 살피던 송호찬의 아버지가 급히 말을 붙였다.

"손님, 뭘 어떻게 해드릴까?"

괄괄한 아버지의 말에 손님이 새초롬하게 물었다.

"여기, 대체육 같은 건 안 파나요?"

정육 코너에서 대체육을 찾다니. 능글맞게 손님을 대하던 아버지의 표정이 사정없이 일그러졌다. 송호찬에게는 애써 치밀어 오르는 성질을 꾹꾹 내리누르며 대구하는 게 훤히 드러나 보였다.

"손님, 여기는 소나 돼지, 닭 같은 고기를 파는 데지, 그런 콩 쪼가리 파는 곳이 아니에요."

"대체육이 뭐 콩고기만 있나요. 여하튼 안 판다면 됐어요."

송호찬의 아버지는 손님이 자리를 떴음을 확인하자마자 송호찬을 향해 울분을 터뜨렸다. 주된 내용은 어떻게 정육 코너에서 콩고기를 찾을 수 있냐는 것이었다. 송호찬은 어지럽혀진 진열대를 정리하며 적당히 아버지의 말에 고개를 끄덕였다.

아버지가 보기에 콩고기나 버섯 대체육 같은 것은 고기가 아니라 야채로 만든 가공식품에 지나지 않을 것이다. 물론 생물학적인 기준을 두고 따지자면 아버지의 말이 맞기는 했다. 아니 새내기 정육사인 송호찬의 입장에서도 대체육은 고기가 아니다.

하지만 고기냐 아니냐를 떠나 정육 코너라는 판매처에서 '판매하는 상품'이라는 관점으로 본다면 어떨까. 여기서 두 사람의 입장이 갈렸다. 송호찬은 콩고기와 같은 대체육을 정육 코너에서도 충분히 팔 수 있다고 생각했고, 송호찬의 아버지는 정육 코너에서 대체육을 파는 것은 절대 있을 수 없는 일이라고 여겼다. 아들과 아버지, 2000년생 새내기 정육사와 평생 칼을 잡아온 정육인의 입장은 생각

이상으로 달랐다.

　그렇다고 송호찬이 대체육에 대한 아버지의 마음을 이해하지 못
하는 것은 아니었다. 다만 최근 국내 채식 실천 인구가 250만 명을
넘어섰다는 기사도 나왔고, 요즘은 특별히 채식주의자라 스스로 정
체화하지 않은 사람들조차도 건강한 식단이나 다이어트 등을 위해
대체육을 많이들 찾는다는 기사도 많았다. 기사로만이 아니라 쉽고
간편하게 먹을 수 있는 게 장점인 패스트푸드 매장에서도, 길을 지나
가다 보면 발로 차이듯 흔한 프랜차이즈 카페에서도 대체육을 사용
한 비건 메뉴를 선보이는 판이었고, 유명한 모 대형 마트는 최근 들
어 정육 코너에서 대체육을 판매하기 시작했다.

　벌써 대체육을 향한 사람들의 시선이 바뀌어가는 것이다. 하다못
해 동네 장사가 위주인 새봄 마트 안을 둘러만 봐도 이런 변화를 방
증할 수 있었다. 새봄 마트에서도 적은 종수이긴 하지만 대체육으로
만든 떡갈비나 만두 등 다양한 냉동식품을 판매하고 있었으니까. 물
론 오전의 손님이 정육 코너에서 대체육을 찾던 것을 보면 냉동식품
같은 간편 조리식품을 원했던 게 아니라 양념이 되지 않은 상태의 콩
고기나 버섯 대체육 같은 걸 원했던 건지도 모르겠지만. 여하튼 대체
육을 찾는 손님들이 늘어나고 있다는 것만은 분명했다.

　송호찬도 호기심에 비건용 버거를 사 먹어본 적이 있었다. 양념을
잘 쓰기 때문인지 고기를 쓰는 버거와 맛에서는 큰 차이를 느끼지 못
했다. 아버지가 안다면 정육사를 한다는 놈이 고기 맛도 모른다며 구

박할 것이다. 하지만 남들이 다 먹는 식품을 직업이 정육사라는 이유로 먹지 않을 이유도 없었고, 직접 먹어보고 나니 대체육에 대한 입장을 분명히 하게 됐다.

송호찬은 자신의 직업인 정육사를 포기할 마음은 없었다. 그러나 가게를 운영하는 입장에서, 또 한 사람의 소비자로서의 입장에서 대체육을 크게 반대할 마음도 없었다. 정육 코너는 분명 육류를 파는 곳이지만, 채식을 하는 사람들이 고기를 대신해 대체육을 찾는다면 그 사람들에게는 대체육이 고기와 같은 의미를 갖는 게 아닌가.

간간이 들르곤 하는 동네 누나 민지영의 말에 따르면 온실가스 방출의 주요 원인으로 손꼽히는 것이 육류 중심의 소비라고 했다. 사실 송호찬은 온실가스와 가축 사이에 어떤 상관관계가 있는지, 어떤 이유로 육류 소비가 기후위기의 원인이 된다는 건지 아직 이해하지 못했다. 민지영이 설명에 재주가 없기도 하고 송호찬이 좋은 청자가 아닌 탓이다. 게다가 송호찬은 민지영이 해준 이야기들을 깊게 파고들어 찾을 의욕 또한 없었다.

다만 민지영과의 대화를 계기로 송호찬은 생각했다. '하루라도 바삐 아버지를 설득해 새봄 마트 정육 코너 한편에 대체육을 위한 자리를 만들어야겠다. 찾는 사람이 있으면 팔아야지.' 그것이 송호찬이 내린 결론이었다.

식량증산 역사의 빛과 그림자

기후환경에 따른 식량의 생산성과 인구 변화

농업은 수렵채집이나 유목에 비해 생산량이 월등히 많다. 농업이 없었다면 도시 문명과 고대국가의 형성이 불가능했을 것이다. 그 이면에는 유목민과 달리 생존 수단인 토지를 떠날 수 없는 농민의 상황도 있다. 곡물은 재배와 수확 시기가 일정할 뿐만 아니라 생산량을 측정하기 편리하고 운송과 장기간 보관이 용이해 세금으로 걷혔다. 곡물은 지배층의 입장에서 보면 국가를 효과적으로 운영하는 데 중요한 토대였다. 그러나 이렇게 곡물을 세금으로 냈다는 것이 다수의 국민들에게 식량이 충분했다는 의미는 아니다.

식량 공급을 거의 농업에만 의지했던 대다수 국가는 날씨 변화만으로도 심각한 위기 상황에 빠지곤 했다. 농업의 특성상 파종과 경작을 잘했더라도 수확 직전에 한두 번 닥치는 태풍만으로도 일 년 농사를 망칠 수 있다. 숲과 호수, 습지와 갯벌이 없이 넓은 평야 지역에서 한 종류의 작물을 재배하는 경우, 흉년이 들면 굶어 죽는 이들이 속출했다. 중국 역사에서 황하와 장강 사이의 대평원 지역에서 농민반란이 끊이지 않았던 이유다.

한편 몽골 초원에 기상이변으로 가축들이 떼죽음 당하는 재앙(조드 dzud)이 발생하면 몽골 사람들은 식량을 확보하기 위해 남쪽 지역으로 원정을 떠났다. 남쪽 지역에서 농사를 주로 하던 사람들은 이를 침략으로 기록됐다. 그러나 일시적인 기상이변을 넘어서 장기화되는 기후변화 수준에 이르면 몽골 사람들은 아예 남쪽으로 이주하기 위해서 남쪽 사람들과 전쟁을 벌이거나 새로운 왕조를 수립하기도 했다. 끝이 보이지 않는 대초원 위에서 풀을 뜯는 가축들과 소년들이 말달리는 목가적 풍경을 보면서 유목민의 삶을 동경하는 경우도 많다. 그러나 실상은 긴장의 연속이다. 농사를 지을 수 있는 땅은 극히 제한되고 농업지역에 비해 기후와 날씨 변화로 인한 재앙에 더 쉽게 노출된다.

캘리포니아와 호주를 집어삼킨 초대형 산불과 같은 들불의 재앙, 여름 가뭄에 이은 겨울의 극심한 가뭄으로 물이 고갈되는 검은 재앙(하르조드), 폭설과 한파가 겹쳐서 땅이 얼고 가축들이 풀을 먹지 못하는 하얀 재앙(차강 조드), 그리고 구제역 같은 가축 전염병 등 몽골은 이런 재앙들로 일순간에 가축이 거의 절멸할 수 있는, 생태적으로 생존환경이 대단히 취약한 곳이다. 이런 취약한 생존환경 탓에 유목민들은 정주민들에게 지속적으로 곡류와 같은 식량과 생존에 필수적인 제품을 거래할 수 있는 국경 시장의 개설과 국경 무역의 허용을 요구했다.

유목지역이라도 풀이 부드럽고 무릎까지 자라는 곳이 있는가 하면 거칠고 발목 높이까지만 자라는 메마른 땅이 있듯이, 농경지마다 비옥도에 차이가 크다. 인류의 4대 문명이 꽃피웠던 메소포타미아, 이집트, 인도, 중국의 공통점은 강을 따라 형성됐다는 점이다. 강을 따라 풍부한 양분을 함유한 흙이 운반되고 퇴적되어 충적평야가 형성됐고, 정기적인 범람으로 퇴적물이 계속해서 쌓였다. 나일강, 유프라테스강, 인더스강,

황하는 모두 충적토, 범람, 수량 안정의 세 요소를 갖춘 지역이다. 지금은 건조지역이지만 당시에는 건조하지 않았고 강수량도 더욱 풍부했다.

세계 인구는 4대 문명 지역을 포함하여 식량생산에 유리한 자연환경을 갖춘 지역을 중심으로 서서히 증가했다. 옥스퍼드대학의 데이터 시각화 사이트인 '데이터로 본 세상Our World In Data'의 인구 페이지에 의하면 인류가 최초로 농경을 시작한 직후인 기원전 7000년경에는 전 세

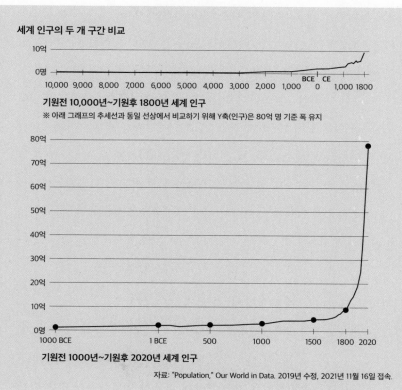

세계 인구의 두 개 구간 비교

기원전 10,000년~기원후 1800년 세계 인구
※ 아래 그래프의 추세선과 동일 선상에서 비교하기 위해 Y축(인구)은 80억 명 기준 폭 유지

기원전 1000년~기원후 2020년 세계 인구

자료: "Population," Our World in Data. 2019년 수정, 2021년 11월 16일 접속.

계 인구가 약 960만 명으로 1,000만 명에 미치지 못했다. 4대 문명 탄생 전후인 기원전 3000년경 인구는 약 4,500만 명이었으며, 기원전 1000년에는 약 1억 1,000만 명으로 2,000년 동안 약 2.4배가 증가했다.

기원전 1만 년부터 기원후 1800년 사이의 인구 변동 폭을 그래프로 살펴보면, 기원전 1만 년부터 기원전 2000년까지는 바닥에 붙어 있는 상태로 보인다. 특별한 변수가 없었다는 의미다. 기원전 1000년부터 기원후 2020년 구간을 확대해 보면, 1500년대를 지나면서 상승 각도가 높아지다가 거의 10억 명이 되는 1800년경을 기점으로 인구가 급증한다. 1900년경에는 16억 명, 다시 100년 후인 2000년 즈음에는 60억 명을 돌파하고도 상승세는 꺾이지 않고 2020년에는 약 78억 명에 이른다.

인구는 기원전 2000년경 7,300만 명에서 기원후 1년경에 약 2억 3,000만 명이 되어 2000년간 약 3.2배가 증가했다. 반면 기원후 1년경을 기준으로 약 2,000년이 조금 지난 2020년까지는 무려 33.9배가 증가했다. 자연 상태에서 이 같은 폭발적인 인구 증가가 가능한 일일까? 1800년 직후의 추세선은 거의 수직상승에 가까운데 지구에 무슨 일이 있었던 것인가?

기적의 천연비료, 바닷새의 똥 수탈 전쟁

기후·날씨 요인이 충족됐더라도 유기물과 미생물이 풍부해 생명체에게 양분과 수분을 제공하는 표토층이 없으면 농작물 재배는 불가능하다. 지속적인 생산을 위해서는 재배 작물이 흡수한 영양분보다 많은 양의 영양분을 표토층에 계속 공급해야 지력(농작물을 기를 수 있는 땅의 힘)을 유지할 수 있다. 바다와 함께 지구 생명체의 산실인 표토층은 지표면으로부터 겨우 30센티미터 정도밖에 되지 않는데 외부 개입 없이 1센티미터가 형성되는 데에만 100~200년의 세월을 필요로 한다.

신체의 피부와 같이 연약한, 살아 있는 흙인 표토층은 결코 무한한 자원이 아니다. 표토층의 다양한 요소 중에서도 식물의 성장에 영향이 가장 커서 비료의 3요소라고 불리는 질소, 인산, 칼륨의 양은 한정적이다. 그렇기에 영양물질을 담은 강물이 범람하는 곳이라면 지속적으로 농사를 지을 수 있는 최고의 자연환경에 해당한다. 이런 환경에서 4대 문명이 시작됐고, 한반도 충적평야의 대부분도 범람원 지형에 속한다. 인위적으로 지력을 유지해야 하는 밭농사에 비해 논의 물 대부분은 1,000제곱미터당 5킬로그램 정도의 양분 3요소를 함유하고 있어 수경 농법을 이용한 아시아의 벼농사는 생산성이 월등히 높다.

여기에 아열대 지역은 2~3모작까지 가능했고, 쌀은 단위면적당 생산량이 높아서 유럽에 비해 압도적으로 많은 인구를 먹여 살릴 수 있었다. 반면 유럽은 지력을 엄청나게 소모하는 밀을 주로 재배하는데, 온도가 상승하는 여름에는 비까지 내리지 않는 기후환경 탓에 토질이 나빠져 늦은 시기까지 지력 회복과 병충해 억제를 위해 휴경을 해야 했다.

지력을 유지하기 위한 농법은 지역과 시기에 따라 차이가 크다. 중세 이전의 유럽에서는 밭(포圃)을 경작지와 씨를 뿌리지 않은 휴경지로 나누어 번갈아 가며 농사를 짓는 이포제二圃制 농법을 이용했다. 묵혀둔 휴경지에서는 가축을 방목해 키우면서 가축의 분뇨가 지력을 회복하도록 했다. 이포제는 2년을 주기로 번갈아 농사를 지었기 때문에 토지의 절반가량에서만 수확하는 비생산적인 방법이었다.

770년경부터는 춘경지, 휴경지, 추경지로 나누어 돌아가면서 농사를 짓는 삼포제三圃制가 보급됐다. 봄에 파종해 9~10월에 수확하는 보리, 귀리, 콩과 가을에 파종해 초여름에 수확하는 가을밀, 호밀, 그리고 남아 있는 3분의 1인 휴경지를 3년을 주기로 돌려가며 경작했다. 휴경지가 절반에서 3분의 1로 줄어들고 땅도 더 자주 갈아 생산량도 늘어났고 수확을 연 2회 할 수 있어서 흉작으로 인한 기근 위험성이 줄었다.

16세기경 전후에는 4년을 주기로 작물을 재배하는 4윤작법四輪作法으로 변화한다. 보리에 이어 콩과 식물인 클로버를 재배하는데, 클로버는 뿌리에 있는 뿌리혹박테리아를 통해 공기 중에 78퍼센트를 차지하는 질소를 질소산화물로 고정하는 역할을 한다. 자연 상태에서 질소가 공급(고정)되는 양은 연간 약 1억 톤인데 이 중 약 10퍼센트는 번개로 인해서 만들어진다. 나머지 90퍼센트는 대부분 토양에서 독립생활을 하는 질소 고정 박테리아나 식물 안에 있는 미생물이 생산하고 일부는 콩과나 버드나뭇과에 속한 식물 뿌리에 공생하는 질소 고정 박테리아가 만든다.

이렇듯 휴경지를 둘 필요 없이 땅을 기름지게 하는 클로버를 재배하고 겨울에 가축 사료가 될 순무를 재배하면 지력 향상에 큰 도움이 됐다. 겨울철에도 가축에게 먹일 사료가 확보되면서 가을에 도축하는 가축의 수가 줄었다. 겨울 동안 쌓인 가축의 분뇨가 많아지면서 보리 파종시 거름으로 사용되어 보리의 수확량을 크게 높이는 선순환 사이클이 형성됐다.

세계 인구는 1500년대를 기점으로 증가속도가 올라가다가 1800년대를 기점으로 급속하게 빨라진다. 시기별·지역별 편차가 있으나 아메리카에서 유럽으로 들여와 아시아와 아프리카에까지 도입된 감자와 옥수수, 그리고 밀보다 훨씬 칼로리가 높은 사탕수수가 인구 증가에 기여했다. 새로운 식량작물 보급과 신농법 확산에 따른 생산성 증대는 영양 상태를 개선해 사망률을 감소시켰다. 한편, 서유럽 지역은 식민지로부터의 식량 공급, 전염병의 온상이었던 상하수도의 개선, 의료보건 기술의 발전이 인구 증가에 기여했다.

급증하는 인구는 블랙홀처럼 식량을 빨아들이며 식량 수요를 높이는 원인이 됐다. 저임금의 노동 시스템을 유지하기 위해서도 식량증산은 절박한 과제였다. 식량증산의 전환점은 식물학자이자 탐험가이며 근대 지리학의 시조인 알렉산더 폰 훔볼트Alexander von Humboldt에서 비롯된다. 1802년부터 중남미 3만 킬로미터를 누비면서 지리, 광물, 식물, 동물 등을 조사하던 훔볼트는 페루의 잉카 농부를 통해 과나페섬에서 신비한 물질인 구아노guano를 알게 된다. 그는 1805년 바닷새의 배설물이 쌓여 화석화한 구아노 샘플을 프랑스에 건넸다. 성분 분석 결과, 질소와 인이 풍부해 일반 비료의 33배에 달하는 영양분 덩어리라는 것이 밝혀지면서 구아노 붐이 일어난다.

구아노 거래가 절정이던 1850년대 후반에 영국은 1년에 약 30만 톤의 구아노를 수입했고, 영국 농민들이 사용하고 남은 구아노는 다른 유럽 국가에 유통시켰다(디스리스, 2018: 131). 바닷새의 배설물은 곧 탐욕의 대상이 되어 국제 전쟁까지 불러왔다. 수십 년이 지난 후 구아노가 감소하던 시기에 볼리비아의 안타카마사막에서 질소가 풍부한 초석이 발견된다. 결국, 1879년 안토파가스타Antofagasta 지역에서 '질산염 전쟁'으로 불린 태평양 전쟁이 발생한다. 결과는 서구 열강의 꼭두각시인 칠레가 볼리비아와 페루 연합군에게 승리하면서 초석 또한 구아노와 같은 운명이 된다. 1800년대 초반 이후의 인구 급증을 추동한 농업혁명의 기폭제는 천연 질산 덩어리인 구아노와 초석이었다.

인간과 가축은 태양에너지를 흡수하고 땅에서 자라나는 식량을 통해 생명을 유지한다. 먹고 남은 에너지는 배설을 통해 본래 자리인 땅으로 되돌아간다. 배설물인 분뇨가 지력을 북돋는 거름이 되듯이 바닷새가 물고기를 먹고 남은 영양분을 바다 위 혹은 해안가 바위에 배설하는 것도 순환농법과 다르지 않다. 배설물이 다시 본래의 자리로 돌아가 새로운 생명을 살리는 공간은 당연히 인간과 가축 혹은 바닷새들이 먹이를 취했던 그곳이어야 한다. 태평양의 구아노가 그곳을 떠나 2만 킬로미터 밖의 런던과 파리 근교의 밀밭에 비료로 사용됐으므로, 그 성분은 천연일지라도 순환은 인공적이다.

본래 있어야 할 구아노가 태평양에서 사라지면 구아노의 풍부한 영양소가 바다에서 식물성 플랑크톤의 먹이가 되고, 동물성 플랑크톤, 크릴, 고래로 연결되는 먹이사슬 관계는 약화된다. 이러한 상황을 바다의 표토층이 사라진다고 표현할 수 있겠다. 그 과오는 결국 수산 자원의 고갈로 이어지고 있다.

분뇨가 본래 그 자리에 있어야 하는 것처럼 화석연료를 포함한 자연 자원과 인적자원 역시 태어난 곳에서 순환하며 지속가능한 생태계를 형성하는 것이 순리다. 지구적 차원의 물질 순환의 파괴는 1492년 콜럼버스의 대서양 횡단으로 촉발돼 산업혁명으로 가속됐다. 본래 있어야 할 위치를 이탈한 물질은 예외 없이 한 방향으로 흘렀다. 샤먼의 세계에서 유일신의 세계로, 식민지에서 서유럽으로, 개발도상국에서 선진국으로, 남반구에서 북반구로의 흐름은 현재도 진행형이다. 생명 에너지가 사라진 남반구는 만성적인 식량위기로 인해 기아의 고통이 계속되고 있다.

인구 폭발의 불씨가 된 인공비료의 두 얼굴

1900년에 가까워지면서 초석의 매장량마저 고갈되기 시작했다. 그러자 과학자들은 천연비료에 의존하지 않고도 지력을 유지할 수 있는 인공비료 개발에 몰두한다. 1909년 공기 중의 질소로 암모니아를 합성하는 방법을 개발한 독일의 프리츠 야코프 하버Fritz Jakob Haber가 그 해법을 만들어 냈다. 1913년, 그는 카를 보슈Carl Bosch와 공동으로 암모니아를 대량 생산할 수 있는 기술마저 개발에 성공해 인류사에 엄청난 영향을 미쳤다. 2만 킬로미터 밖의 한정된 초석을 두고 전쟁을 벌이지 않고도 전 세계의 농경지에서 질소비료를 사용할 수 있는 길이 열린 것이다.

대량생산 기술이 개발된 다음 해인 1914년 유럽을 중심으로 제1차 세계대전이 발발한다. 1939년에는 인류 역사상 가장 많은 인명과 재산 피해가 발생한 제2차 세계대전이 시작됐고 1945년 9월 2일에야 종료된다. 두 번의 세계대전이 이어진 기간에도 인구 증가율은 이전 시기에 비해 높았다. 1950년까지는 유럽과 북미 중심으로 합성 질소비료를 이용할 수 있었다. 전후 복구가 이뤄지고, 세계적으로 서서히 확산되기 시작한 인공비료 이용은 1950~1960년부터 급증한 세계 인구를 지탱하는 데 기여했다. 세계 인구는 1960년 30억 3,000만 명에서 2015년에는 73억 8,000만 명으로 두 배 이상 늘었다. 자연 상태의 지구가 감당할 수 있는 식량자원 생산성으로는 불가능한 결과다.

전 세계 인구 유지에 합성 질소비료가 기여한 정도를 연구한 한 데이터에 따르면(Erisman et al., 2008: 636~639), 1960년에는 전 세계 인구의 13퍼센트(3억 9,000만 명)가 질소비료에 의해 부양됐다. 55년이 지난 2015년도에는 질소의 인구 부양 기여도가 절반에 가까운 48퍼센트로 크게 늘었다. 지구 인구 10명 중 5명은 합성 질소비료로 키워진 식량으로 살고 있다.

합성 질소비료의 생산은 식량생산의 혁명적인 변화와 함께 복합적 의미가 얽혀 있다. 첫째, 인공적으로 생산된 질소비료는 화석연료(주로 석탄과 천연가스)를 지속적으로 사용하지 않고서는 결코 얻을 수 없는 물질이다. 증가한 인구를 부양할 식량을 생산하기 위해 질소비료의 이용이 늘어나면 그만큼 아산화질소와 같은 온실가스 배출도 증가한다. 결과적으로 인공비료를 이용하는 지금의 식량생산은 기후에 영향을 미치

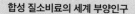

합성 질소비료의 세계 부양인구

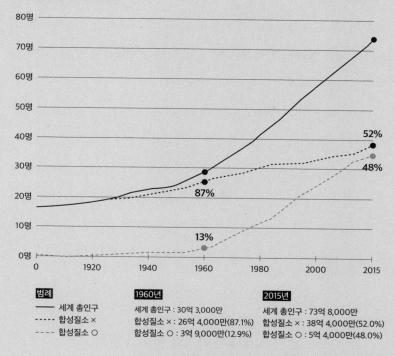

자료: "How many people does synthetic fertilizer feed?" Our World in Data.
2017년 11월 7일 수정, 2021년 11월 16일 접속.

고, 반대로 기후변화가 식량생산에 영향을 미치게 된다.

둘째, 식량증산을 위해 살포된 인공비료는 이산화탄소 배출에만 그치지 않고 표토층의 생태계를 메마르게 한다. 또한 강과 바다로 흘러 들어가 강과 바다의 영양분이 과도한 상태에 이르게 된다. 부영양화로 인해 녹조류가 과잉번식하면서 물속에 산소가 고갈돼 생명체가 살 수 없는 데드존dead zone이 형성된다. 이로 인한 어패류의 폐사도 문제지만, 이산화탄소를 흡수하는 바다의 기능도 저하되어 기온상승의 원인이 된다. 농민과 어민 중 어느 하나, 아니면 모두 피해를 보더라도 인공비료를 생산하는 기업만이 이득을 취하는 시스템이다.

셋째, 세계 인구 가운데 35억 명 이상이 화석연료, 인공비료에 의존해 생명을 유지하고 있다는 사실은 화석연료와 인공비료를 생산·관리·통제하는 초국적 기업의 영향으로부터 국가와 개인의 삶이 자유롭지 않다는 것을 의미한다. 비료와 살충제·제초제 산업, 에너지 산업과 종자 산업, 사료 산업과 축산업은 외형은 다르나 자본의 속성상 경계가 없다. 때로는 소수의 주주가 이 모든 분야에 영향을 미칠 수도 있다.

인간의 생태계 파괴와 지구의 반격

인류가 아프리카를 떠나 전 세계로 이동한 토대, 육식

인류사에서 인간의 이동과 확장을 가능하게 했던 것은 이동에 유리한 신체 변화와 식량 확보였다. 식물과 버섯은 대체로 자기를 보호하기 위해 독성을 갖고 있기 때문에 충분한 정보가 없으면 먹을 수가 없다. 또한 위도와 기후환경에 따라 헤아리기 어려울 정도로 종류가 많기 때문에 다른 지역으로 이동하면 그 지역에만 자라는 식물의 정보를 다시 얻어야 한다. 반면 육류와 해산물은 지역과 종류가 달라도 독성이 거의 없어 아프리카를 떠난 인류가 이것을 식량으로 삼아 멀리까지 이동할 수 있었다.

인류 초기에는 해안과 갯벌, 강 하구와 습지에서 쉽게 채집할 수 있었던 어패류와 해조류를 따라 이동하기도 했다. 이 집단은 지금보다 해수면이 120미터 이상 낮아 100킬로미터 이상 넓게 펼쳐진 해안 저지대를 따라, 육지인 말라카해협과 타이완해협을 통과하고 지금의 한반도 서해안과 남해안인 대평원에 이르렀다. 그리고 육지로 연결된 일본열도와 알류산열도를 징검다리 삼거나 연륙교인 베링해를 건너, 캘리포니아 해안을 따라 남미대륙 끝자락까지 이동했다. 유라시아 내륙으로 깊숙하게 들어간 인류는 큰 동물을 따라 이동했으며, 고위도의 툰드라 지역에서는 순록 유목과 고래 사냥도 했다.

약 1만 년 전부터 기후가 안정되기 시작한 현세(홀로세) 이후에는 지역별로 이동이 더 다양화되는데 그중에서 동유럽과 중앙아시아에 걸쳐 유목 생활을 하던 아리아인들은 기후변화의 영향으로 이란과 아프가니스탄 방향으로 남하한다. 일부는 카이베르 고개Khaibar Pass를 넘어 인도 아대륙의 입구인 간다라 지역을 지나 다섯 개의 강줄기가 흘러드는 펀자브 평원에 정착한다.

이들은 계속 동쪽으로 이동하여 갠지스강 중류에 이른 후에도 한 번에 백 마리 이상의 동물을 제단에 바치는 희생제의와 육식 중심의 음식 문화를 유지했다. 그러나 기원전 5~6세기 전후에 출현한 불교 중심의 당시 사상계가 강조한 '살아 있는 것을 죽이지 말라'라는 가르침이 확산되기 시작했다.

이러한 불살생不殺生의 가르침이 확산되자 당시 인도의 브라만교(나중에 힌두교로 발전한 종교) 성직자인 브라만 사제들은 육식의 방법과 종류를 제한하기 시작한다. 그 후 수백 년 동안 서서히 변화한 끝에 유목 문화와 인도의 토착신앙이 융합한 힌두교는 육식과 결별한다. 신도 수가 10억 명이 넘는 힌두교가 엄격한 채식주의 종교가 되지 않고 유목 전통의 식단을 유지했다면 지구의 온실가스 배출에 미치는 영향이 어떠했을까? 상상만으로도 두렵다.

0.01퍼센트의 인간이 저지른 생태계 파괴 보고서

인류는 오랫동안 식량의 안정적인 수확은 하늘(날씨)이 살피고 땅(지력)이 도와야 가능하다고 믿었다. 하늘이 인간의 영역 밖이라 생각했던 인류는 하늘의 노여움을 사지 않도록 자연의 순환을 거스르는 일을 삼갔으며, 땅은 모든 생명체가 공존하는 터전이라고 믿었다.

지력을 북돋는 과정도 농부가 일방적으로 하지 않고 새와 곤충, 벌레, 미생물과 더불어 했다. 땅을 일구는 일은 소에게 도움을 청하기도 했으나 지렁이와 두더지, 미생물과의 공동 작업이었다. 수분(번식)은 바람과 새와 벌이 주도했고 제초작업은 물벌레와 우렁이와 오리가 앞다투어 노동했다. 농부는 함께 식량을 생산한 모든 생명체를 위해 짚이나 겨와 같은 부산물을 남겼다. 수확한 식량과 사료를 먹고 남은 에너지인 인간과 동물의 분뇨는 숙성시켜 땅에 되돌려 주었다.

인구가 증가하고 가축이 늘어나면서 땅이 받는 압박은 커지고 부양 능력은 한계에 이르렀다. 자연 상태에서 지력이 회복되는 속도보다 인류가 지력을 사용하는 속도가 빠르기 때문이다. 현대에 들어서 자연생태계를 파괴하는 산업화와 도시화를 위한 개발, 대량생산과 대량소비, 화석연료 이용과 같은 인간의 행동은 그 어느 때보다 수많은 생물종들을 대멸종의 위협 속으로 몰아넣고 있다. 유엔 산하의 생물다양성과학기구IPBES에 따르면 지난 50년 동안 육상과 민물과 해양에 서식하는 야생 척추동물이 감소했다. 확인된 동식물군 가운데 약 25퍼센트가 위협을 받고 있으며 약 100만 종의 생물종이 수십 년 내에 멸종할지도 모를 위기에 처해 있다(IPBES, 2019). 전 세계 생물종의 멸종 속도는 지난 1,000만 년 동안의 속도보다 최소 수십 배에서 수백 배 빠르다.

생물종의 멸종이 가속화되면 우리 인간의 생명을 유지하는 식량생산에 적신호가 켜진다. 따라서 생물다양성 손실을 야기하는 원인들을 시급하게 해소해야 한다. 앞서 언급한 바 있는 우리 인간의 행동을 바로잡는 것이 필요하다. 과다하게 인공비료를 이용하고, 육류를 생산하기 위해 숲을 개간하고, 먼 거리에 유통하는 식량생산 방식은 인간이 생태계에 가하는 가장 큰 위협 가운데 하나다.

온실가스 배출 주범 그리고 6퍼센트

기후감시Climate Watch와 세계자원연구소World Resources Institute의 데이터를 반영한 전 세계 온실가스 부문별 배출 현황에 따르면 농업, 임업과 토지 이용 분야는 18.4퍼센트로 두 번째로 많았다. 가장 많은 분야는 73.2퍼센트인 에너지(전기, 열 및 운송)이고, 다음으로는 직접 산업 공정 5.2퍼센트, 폐기물 3.2퍼센트 순이다. 그러나 식량생산과 관련된 배출량을 정확하게 파악하기 위해서는 전 부문에 흩어져 있는 관련 항목을 추출하여 비교 분석하는 것이 적절하다.

　전 세계 온실가스 총배출량에서 식량생산의 비중은 26.0퍼센트다. 농업 분야를 포함한 모든 에너지를 단일 항목으로 묶어 놓은 에너지(전기, 열 및 운송) 분야 73.2퍼센트를 산업 단위별로 나누어 보아야 26.0퍼센트의 비중이 제대로 드러난다. 산업 분야 전체(철강, 화학, 펄프, 기계

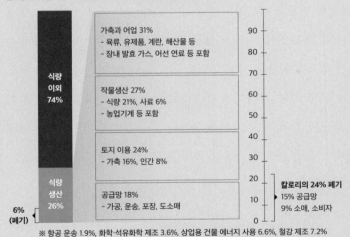

전 세계 온실가스 배출량 중에서 식량생산의 비중

식량
이외
74%

식량
생산
26%

6%
(폐기)

가축과 어업 31%
- 육류, 유제품, 계란, 해산물 등
- 장내 발효 가스, 어선 연료 등 포함

작물생산 27%
- 식량 21%, 사료 6%
- 농업기계 등 포함

토지 이용 24%
- 가축 16%, 인간 8%

공급망 18%
- 가공, 운송, 포장, 도소매

칼로리의 24% 폐기
15% 공급망
9% 소매, 소비자

※ 항공 운송 1.9%, 화학·석유화학 제조 3.6%, 상업용 건물 에너지 사용 6.6%, 철강 제조 7.2%

자료: "Food waste is responsible for 6% of global greenhouse gas emissions," Our World in Data.
2020년 3월 18일 수정, 2021년 11월 22일 접속.

등) 사용 에너지 24.2퍼센트, 건물(주거용, 상업용) 유지에 필요한 에너지 17.5퍼센트, 운송 분야 전체(도로, 항공, 해운, 철도 등) 사용 에너지 16.2퍼센트 순이었다.

식량생산 부문의 온실가스 배출량을 100퍼센트로 환산하면 가축과 어업이 31퍼센트, 작물생산이 27퍼센트, 토지 이용이 24퍼센트, 공급망이 18퍼센트 순이다. 기본 데이터가 작성자 의도에 따라 다양한 모습으로 가공될 수 있는 것처럼 이렇게 단순나열만 하면 의미 있는 메시지를 찾기 어렵다. 이 분류 방식에는 많은 함정이 있다. 그중 대표적인 것은 가축(축산업)이다.

어업과 묶여 있어 작물생산보다 배출량이 적어 보이는데 작물생산에는 가축의 사료 6퍼센트가 포함되어 있다. 가축에 먹일 사료의 생산을 위해 산림을 개간하고 숲을 벌채함으로써 발생하는 배출량, 즉 토지이용부문에서 가축 관련 배출량(16퍼센트)이 인간의 주거와 도로 등 인프라에 사용되는 토지 이용으로 인한 배출량(8퍼센트)의 2배라는 사실에 주목해야 한다. 곡물생산의 온실가스 배출량과 비교해 보면 가축, 즉 육류와 유제품 생산에서 배출되는 비중은 압도적으로 많은데 교묘하게 감춰져 있다. 산업형 가축 생산 시스템은 온실가스 배출 문제 외에도 열대 우림의 파괴에 따른 생물다양성 위협, 사막화 확대, 전염병 확산 등 돌이키기 어려울 정도로 인류와 지구 공동체를 벼랑으로 내몰고 있다.

주의해서 봐야 할 대목은 가축과 곡물의 인구 부양 능력이다. 축산업은 경작지의 83퍼센트 이상을 점유하고 있으며, 농업부문 온실가스 배출량 가운데 58퍼센트, 수질오염 가운데 57퍼센트를 차지한다. 그러나 정작 육류가 제공하는 것은 인간이 섭취하는 칼로리의 18퍼센트, 단백질의 37퍼센트에 불과하다.

앞서 '힌두교가 엄격한 채식주의 종교가 되지 않고 유목 전통의 식단을 유지했다면 지구의 온실가스 배출에 미치는 영향은 어떠했을까'라는 질문을 던졌다. OECD 데이터에 따르면 2018년 기준 전 세계 1인당 연평균 육류소비량은 34.7킬로그램이다. 일반적으로 크기 작은 가금류(닭, 오리, 칠면조)의 경우 '마리', 중대형 가축에 대해서는 '근'을 단위로 사용한다. 34.7킬로그램을 근으로 환산하면 57.8근에 해당한다. 가금류는 1인당 14.2킬로그램을 소비하는데 이는 중닭으로 치면 14마리 정도된다. 돼지고기는 12.3킬로그램(20.5근), 쇠고기는 6.4킬로그램(10.7근), 양고기는 1.8킬로그램(3근)을 소비한다.

육류를 가장 많이 소비하는 미국의 1인당 연평균 소비량은 99.3킬로그램이고, OECD 평균은 70.1킬로그램, 한국은 59.3킬로그램이다. 인도는 통계마다 차이가 많은데 4킬로그램 내외로 보면 무난하다. OECD 평균은 아니더라도 인도 사람들이 한국인들처럼 고기를 먹는다면, 육류 생산을 지금보다 15배 더 많이 늘려야 한다. 문제는 인구 규모다. 인도 아대륙의 17억 명이 넘는 인구마저 중국 사람들의 식습관을 따라간다면 남아 있는 열대우림을 모두 밀어내도 부족할 수 있다.

인도 아대륙, 아프리카대륙 국가들이 현재와 같이 영양이 부족한 식단을 유지해야 한다는 의미는 아니다. 남반구와 북반구 간의 영양 상태에서 균형이 형성될 필요가 있다. 물이 위에서 아래로 흐르는 것처럼 자연 상태에서는 에너지가 큰 데서 작은 데로 흐르는 것이 정상적이다. 적도 바다에서 데워진 따뜻한 바닷물이 차가운 극지방에 에너지를 나눠주기 위해 움직이는 것처럼, 한국인을 포함해 북반구에서 태어난 사람들은 지속가능하고 건강한 자신의 삶을 위해서라도, 스스로 현명한 실천을 택해야 한다. 질병과 비만은 삶의 자신감을 빼앗고 대인관계도 위축시키며 과도한 의료비 지출로 경제적으로도 위험에 빠뜨린다. 과도한 육식과 칼로리 섭취로 인한 각종 질병과 비만만큼 아이러니한 것이 있을까? 국민건강보험공단이 2018년 12월에 발표한 「비만의 사회경제적 영향」에 따르면 한 해 동안 비만으로만 발생한 사회경제적 비용이 11조 4,679억 원을 넘었다. 남반구의 아동과 청소년은 먹을 것이 없어 만성적인 영양 부족 상태인데 우리 사회에서는 비만이 사회문제가 되고 있다.

놀랍게도 땅, 물, 비료, 농기계와 많은 에너지를 투입하고 온실가스를 배출하며 생산한 식량 가운데 4분의 1(24퍼센트)이 폐기된다. 공급망 단계에서 15퍼센트, 소매업체와 소비자가 버린 음식물 쓰레기가 9퍼센트다. 각 가정에서 버려지는 음식물 쓰레기보다 2배 이상 많은 식량이 생산, 가공, 운송 과정에서 폐기된다는 점은 기후위기 극복을 위한 운동에서 시사하는 바가 크다. 각 가정에서 음식물 쓰레기가 나오지 않도록 애쓰는 것 이상으로 운송망 단계에서 폐기되지 않도록 법률과 제도를 마련하는 것이 중요하다. 그레타 툰베리의 "규칙에 맞춰 행동해서는 세계를 구할 수 없어요. 규칙이 바뀌어야 하는 거니까요"라는 말은 기후위기 운동의 방향과 핵심을 정확하게 담고 있다. 버려진 식량의 온실가스 배출량만으로도 전 세계 배출량의 6퍼센트를 차지한다. 온실가스 배출로 논란이 많은 1.9퍼센트의 항공 운송보다 3배 이상이 많고 화학·석유화학 제조 3.6퍼센트의 2배에 육박한다. 비유하자면, 세계적인 규모인 울산, 여수, 서산의 석유화학단지에서 365일 내내 가동해 배출한 온실가스양보다 음식물 쓰레기에서 배출된 온실가스양이 2배 더 많다는 의미다.

이미 벼랑 끝에 선 식량생산 환경

미국의 과학월간지 《사이언티픽 아메리칸》 2014년 12월호에 실린 유엔 식량농업기구FAO 관계자의 인터뷰와 보고서에 0.01퍼센트를 위한 과도한 가축 사육과 작물 재배에 대한 우려가 압축되어 있다.

3센티미터의 표토를 만드는 데 1,000년이 걸리며, 현재의 황폐화 속도가 계속된다면 전 세계의 표토가 모두 60년 이내에 사라질 수 있다.

세계 토양의 약 3분의 1이 이미 황폐화됐다. 토양 파괴의 원인에는 화학 농법, 침식을 증가시키는 삼림 벌채, 지구온난화가 있다.

토양은 생명의 기초다. 우리 식량의 95퍼센트는 흙에서 나온다.

2050년, 인구 증가와 토양 황폐화로 인해 경작 가능하고 생산적인 전 세계의 1인당 토지 면적은 1960년의 4분의 1 수준으로 줄어들 것이다.

집약적인 농업으로 인해 1분마다 축구장 30개 크기의 토지를 잃고 있다.

식량작물을 재배하기 위해서는 날씨와 토양이라는 바탕 위에 적당한 물이 있어야 하는데, 특히 산업화한 농업과 축산업에는 엄청난 양의 물이 필요하다. 지구 표면의 71퍼센트가 물로 덮여 있지만 2.5퍼센트를 제외한 97.5퍼센트는 바닷물이다. 지구의 수자원을 고갈시키는 가장 대표적인 기업은 자본주의 상징이자 대명사인 다국적 패스트푸드 프랜차이즈 맥도날드다.

워싱턴주립대학과 미국 농무부 경제연구소의 자료에 따르면 쇠고기 햄버거 하나를 만들기 위해서는 2,500리터의 물이 필요하다. 큰 생수병(2리터 페트병) 1,250개 분량으로 샤워를 30일 동안 하지 않고 아껴야 하는 양이다. 여기에 숲 1.8평을 벌목해야 하고 사료 재배를 위해 비료, 살충제, 제초제, 항생제, 촉진제 등이 추가로 필요하다. 그리고 메탄가스 57그램 외에도 이산화질소, 질소, 질산염 등을 배출한다. 이 외에도 햄버거 하나를 만드는 데 필요한 자원과 연쇄적으로 영향을 미치는 요인을 제대로 설명하려면 최소한 A4 용지 한 페이지 이상이 필요하다. 그 햄버거가 하루에만 전 세계에서 1억 개 이상 소비된다.

바닷물을 제외한 2.5퍼센트의 담수 중에서 69.6퍼센트는 극지방과 고산의 빙하, 영구 동토, 만년설 등이고 30.1퍼센트는 지하수로 존재하므로 쉽게 접근하기 어렵다. 우리가 강이나 호수에서 만날 수 있는 담수는 0.4퍼센트에 지나지 않는데 공장식 축산업의 이익을 위해 뭇 생명의 최후 자원인 물이 고갈되고 있다. 설상가상 기후변화로 인해 제3의 극점이라고 하는 티베트고원의 만년설이 녹으면서 물 부족 사태가 점점 악화되어 10억 명 이상의 사람들이 위기에 직면해 있다.

토양에서 자라는 곡물, 과수, 채소와 같은 식량자원을 포함해 식물이 번식하기 위해서는 들짐승, 날짐승과 벌, 여러 곤충이 부지런을 떨어야 한다. 때로는 바람이 힘을 보태기도 한다. 그리고 추수하기까지는 보이지 않은 많은 생명의 합주가 있어야 한다. 2019년 개봉된 다큐멘터리 영화 〈환상의 버섯Fantastic Fungi〉을 보면 인간이 그동안 과학이라는 돋보기로 코끼리 한쪽 다리만을 만지듯 지구의 생명체와 시스템을 설명한 것은 아닌지 의문이 든다.

브리티시콜롬비아대학의 수전 시머드Suzanne Simard 박사의 인터뷰는 놀라움을 선사한다.

숲에 균류가 얼마나 많냐면, 발을 딛는 곳마다 그 밑에 균류들이 480킬로미터나 연결되어 서식해요. 그것도 전 세계적으로요. … 엄마 나무는 균근망network을 통해 혈연관계를 인지하죠. 엄마 나무와 아기 나무가 신호를 주고받는다는 겁니다. 서로 연결되어 탄소가 오가면 나무들은 약한 개체를 도와줍니다. 주변에 해충이 있어서 위험이 감지되면 엄마 나무는 아기 나무들을 더 적극적으로 지원해 더 멀리 뻗어갈 수 있게 하죠. 마법 같은 일이에요. 균류가 없다면 불가능한 일이고요.

보이지 않는 세계도 이 정도인데 식량생산에 곤충과 벌들의 기여도는 어떠하겠는가? 그런데 그 식량생산을 위해 살포한 살충제와 제초제로 인해 수분受粉과 식물 재생산에 필수적인 생명들이 사라지고 있다. 전 세계적으로 재배되는 대표적인 작물 중에서 87종은 동물 수분 매개체를 필요로 한다. 밀, 쌀, 옥수수 등 식량작물 생산량의 60퍼센트를 차지하는 28종은 자가수분이나 바람의 도움을 받는다. 사과, 양파, 아보카도, 아몬드 등은 꿀벌에 크게 의존한다(Palmer, 2015). 주요 곡물은 직접적인 영향을 받지 않지만, 식량작물의 40퍼센트에 동물 수분이 필요하다는 사실만으로도 수분 매개체의 멸종은 큰 영향을 미친다.

인간은 육지와 바다를 가리지 않고 이미 식물의 50퍼센트, 야생 포유류의 85퍼센트와 해양 포유류의 80퍼센트, 어류의 15퍼센트가 멸종하는 데 영향을 미쳤다. 바다 역시 생계를 위해서 지속가능한 방식으로 물고기를 잡는 어부들은 문제가 아니지만, 과거의 상업 포경선과 지금의 쌍끌이 대형 저인망으로 상징되는 산업형 어업이 화근이다. 2015년 10월 미국 국립과학원회보PNAS에 소개된 영국 옥스퍼드대학과 미국 버몬트대학의 국제공동연구에 따르면 해양생태계에서 고래가 갖는 특별한 역할이 있다고 한다. 육지의 식물과 같이 해수면에서 햇빛을 받고 자라는 식물성 플랑크톤은 동물성 플랑크톤의 먹이가 된다. 이어 크릴이 이 동물성 플랑크톤을 먹고 마지막으로 고래 같은 대형 해양 포유류가 크릴을 먹은 후에 해수면 위로 올라와 호흡과 배설을 한다. 인燐과 철분을 포함한 영양분이 풍부한 고래의 배설물은 다시 식물성 플랑크톤을 살찌우며 순환 관계를 이어간다. 고래는 천연비료인 인과 철분을 대양에 흩뿌리는 바다의 농사꾼이다.

그런데 고래 기름을 얻기 위해 포경선이 전 세계 바다를 누비며 남획한 결과 몸무게 100톤이 넘는 수염고래들은 35만 마리에서 수천 마리로 급감했다. 해양 포유류의 개체수가 80퍼센트까지 줄어든 결과 바다를 기름지게 하는 인과 철분의 이동이 이전보다 95퍼센트로 줄었다. 육상에서 자행되는 산업형 농업과 목축으로 토양이 생명력을 잃어가는 것과 같은 일이 바다에서도 벌어지고 있다. 햄버거와 팜유를 만들기 위해 지구의 허파인 열대우림이 잘려나간다는 것은 잘 알려져 있다. 반면 바다의 식물성 플랑크톤이 아마존 열대우림보다 4배 이상 탄소를 많이 흡수하고 지구에서 만들어지는 산소의 50퍼센트를 담당한다는 사실은 거의 알려지지 않았다.

바다와 해양생태계에 가한 인간의 해악은 여기서 그치지 않고 가속 페달을 밟는 형국이다. 합성 질소비료는 1913년 개발된 이후 식량과 사료 생산을 위해 지속적으로 뿌려졌고 화학비료는 더욱 다양하게 생산됐다. 강으로 흘러 바다에 이른 비료 성분들은 영양이 과도하게 많은 상태를 만들어 녹조현상을 일으켰고 해수면 아래에 산소가 공급되지 못하면서 데드존이 확산되고 있다.

씨를 말리는 남획, 먹이사슬 관계의 파괴와 영양소 순환 정지, 데드존의 확산, 지구온난화로 인한 해수 온도의 상승과 탄소 배출 영향으로 해양의 산성화가 가속되면서 산호가 하얗게 변한(백화) 후 죽어가고 있다. 종종 산호를 돌로 오해하는 경우도 있는데 산호는 해파리, 말미잘과 같은 자포동물이다. 산호초는 물고기들이 태어나는 산란장이자 보금자리로 바다 생물의 4분의 1이 서식하는 보물 창고다. 인간의 입장에서는 '바다의 문전옥답門前沃畓'이라 할 수 있다. 태풍과 거친 파도를 막아주는 역할도 마다하지 않으며 사람들에게도 든든한 보호자 역할을 한다. 여기에 열대우림에 맞먹을 정도로 이산화탄소를 많이 흡수하는 존재이기도 하다. 그런데 일부 지역에서는 95퍼센트까지 백화현상이 진행돼 산호 무덤으로 전락했다. 산호가 사라지면 200개 어종의 어류가 추가로 멸종할 수 있다.

지구의 반격: 곡창지대의 침수와 슈퍼 재앙

화석연료를 기반으로 한 산업형 식량 시스템은 하늘, 땅, 바다를 오염시키고 뭇 생명을 멸종시키며 성장했다. 그 결과 현재 지구 온도는 산업화 이전 대비 1.09도 높아졌고 해수면도 1901년보다 20센티미터 상승한 것으로 나타났다(IPCC 제6차 평가보고서 제1 실무그룹 보고서). 고온, 가뭄, 산불, 폭풍, 홍수 등 극단적 기상 현상의 빈도와 강도가 증가하고 있는데 극한 기후 발생 비율은 4.8배 늘어났다.

이전에는 볼 수 없었던 초대형 산불은 그 규모와 피해를 가늠하는 것조차 어렵고 두려운 상황이다. 호주 대륙 전체가 반년 넘게 화염에 휩싸여 코알라, 캥거루를 비롯해 수많은 생명을 앗아갔던 충격이 가시기도 전에 스페인, 이탈리아, 그리스, 튀르키예, 지중해를 사이로 둔 북아프리카의 알제리에도 화마가 덮쳤다. 대표적인 온실가스 저장고로 알려진 아한대의 대삼림지대가 있는 러시아와 베링해 건너 북아메리카 대륙의 캐나다도 예외가 아니다. 매년 수개월 이상 지속되는 미국 서부의 캘리포니아 산불은 이제는 뉴스거리도 되지 않는 상황이다. 2021년 8월 발행된 IPCC 제6차 평가보고서는 이러한 기후재난이 인간이 벌인 영향의 결과라는 것을 명확히 했다.

최근 빈도가 높아지고 강도가 더해진 기후재난이 진짜 공포스러운 이유는 2022년 현재까지 배출된 이산화탄소 농도 때문에 발생한 결과가 아니라는 점이다. 하루 중 햇빛이 가장 강한 시간은 태양이 하늘의 중앙에 위치해 직선으로 비추는 정오이지만 온도가 가장 상승하는 시간은 2시경이다. 이처럼 우리가 지난 몇 년간 겪고 있는 가공할 수준의 기후재난은 지금으로부터 20~30년 전, 어쩌면 그 이전에 배출한 온실가스의 결과다. 이것을 '이미 저질러진 온난화committed warming'라고 한다. 그로부터 2022년 현재까지 수십 년 더 배출한 이산화탄소 등 온실가스 배출량의 결과는 아직 닥치지도 않은 상태다.

현재 겪고 있는 재해의 강도만으로도 지구의 반격 앞에서 인간의 과학기술 문명이 얼마나 무력한 존재인지 알 수 있다. 한 번의 초대형 태풍(허리케인, 사이클론)으로도 핵폭탄에 버금가는 피해를 낳는다. 2008년 5월 2일 미얀마의 이라와디 삼각주를 강타한 사이클론 나르기스로 양곤에서만 가옥 2만 채와 인프라가 파괴됐다. 총 13만 3,600여 명의 희생자(사망 7만 7,738명, 실종 5만 5,917명)가 발생한 것으로 발표됐다. 이라와디 삼각주는 한때 미얀마가 세계 쌀 수출 1위를 자랑하던 시기에 대표적인 쌀 생산지였다. 나르기스의 상처는 수년 동안 정상적인 쌀 재배를 어렵게 했다.

태풍으로 인해 곡창지대가 피해를 입어 식량생산이 감소하더라도 다른 지역의 생산물과 대체 작물로 위기를 최소화하고 회복할 수는 있다. 그러나 기후변화로 인한 구조적인 위기가 발생할 경우, 회복 불가능한 상황이 된다. 수백 년 이상 안정적인 물을 공급했던 수원지인 히말라야의 만년설이 사라지는 경우가 그렇다. 이로 인해 인도 아대륙 북부 대평원의 인더스강과 방글라데시 삼각주를 적시는 갠지스강, 브라마푸트라강이 영향을 받는다. 동쪽으로 이라와디강, 살윈강, 메콩강, 장강 역시 히말라야산맥과 티베트고원의 설산에서 발원한다. 중앙아시아 대초원과 오아시스 지역의 생명수인 시르다리야강과 아무다리야강 역시 파미르고원과 텐산산맥의 만년설에서 시작된다. 지구온난화로 인해 만년설이 빠르게 녹으면서 대홍수가 발생하고 계곡과 하구까지 범람하는 피해가 잦아지고 있다. 점점 줄어드는 하천 수량은 하구의 곡창지대를 적시는 것은 고사하고 식수마저 부족한 상황을 낳고 있다. 세계 5대 쌀 수출국인 인도, 태국, 베트남, 파키스탄, 미얀마 모두 이 지역에 속한다.

해수면 상승은 쌀농사에 영향을 미치는 또 다른 요인이다. 대부분 해안과 맞닿은 지역에 있는 쌀농사 중심지가 해수면 상승으로 잠기고 있다. 2·3위 수출국인 태국, 베트남의 곡창지대가 침수하기까지는 상당한 시간이 걸리기 때문에 긴급 상황이 아니라고 생각할 수도 있다. 그러나 기후재난의 특성을 안다면 생각이 달라질 것이다. 지구의 기후 시스템이 붕괴되면 홍수와 가뭄, 높은 파도와 해일 등이 동시다발적으로 발생하는 빈도가 높아진다. 실제로 메콩강 삼각주의 경우, 바다 쪽에서는 해수면이 점차 높아져 염분에 의한 피해가 시작됐는데, 상류에서 발생한 홍수까지 덮쳐 농경지와 마을이 물에 잠기는 피해까지 발생하고 있다.

　개발도상국이기 때문에 대처가 늦고 복구가 더디다는 선입견을 갖는 경우가 많다. 그렇다면 세계에서 가장 부유하고 과학기술이 발전한 군사 대국인 미국은 미얀마, 베트남 등과 다를까? 미국 하면 떠오르는 재난은 허리케인과 서부 캘리포니아 지역의 초대형 산불이다. 초대형 산불 발생 지역은 캘리포니아와 유타를 넘어 콜로라도의 로키산맥까지 확산되는 추세다. 태평양에서 로키산 국립공원까지 동서 폭이 1,500킬로미터인데 전라남도 해남에서 몽골 국경까지의 거리와 비슷하다. 매년 건조화와 고온 현상의 강도가 높아지는 추세를 감안하면 콜로라도주 접경지역인 캔자스, 오클라호마, 아이오와도 안전을 장담할 수 없다. 옥수수를 포함한 세계 최대의 곡물 생산지인 이곳 대평원이 위험성에 노출된 것만으로도 곡물 가격이 요동칠 것이다.

　우리가 먹고 있는 식품의 상당량은 이곳에서 재배한 옥수수가 원료다. 한우도 이곳의 옥수수가 포함된 사료를 먹고 자란다. 우리나라의 대형 마트에 진열된 1,439개의 가공식품을 전수 조사한 결과 옥수수가 직접 사용된 제품은 82개, 간접 사용된 제품은 1,229개, 사용되지 않은 제품은 8.9퍼센트인 128개였다. 과자, 라면, 술, 마요네즈, 각종 사료, 심지어는 전분, 포도당, 알코올 등으로 변형되어 바이오 연료에도 사용된다. 우리나라의 연간 옥수수 수입량은 약 220만 톤으로, 전 세계 옥수수 수입국 중 5위에 해당한다. 수입된 옥수수 가운데 사료용을 제외한 식용 옥수수 대부분은 전분과 전분당의 원료로 사용된다. 한 해 동안 생산되는 82만 1,000톤의 전분과 전분당 중 69퍼센트가 옥수수다. 이는 제과·제빵·음료·주류 등 식료품 원료로 사용된다. 미국의 산불은 결코 강 건너 불이 아니다.

미국의 남부는 해수면 상승에 취약한 지역이다. 플로리다와 미시시피강의 하구인 루이지애나의 저지대는 이미 바닷물이 들어와 거주지의 기능이 상실된 곳이 늘어나고 있다. 미국 정부를 가장 긴장시킨 재난의 유형은 서부의 초대형 산불과 중부의 가뭄, 남부에서 북상하는 허리케인이 동시에 발생하는 경우다. 2017년 8월 26일 허리케인 하비가 텍사스에 상륙했고, 9월 4일 캘리포니아 산불이 위험 단계까지 확산됐으며, 9월 5일 허리케인 어마는 카리브해 동쪽의 바부다섬을 강타했다. 9월 20일에는 허리케인 마리아가 미국령 푸에르토리코를 초토화했다.

재해 복구를 위해 핵추진항공모함과 순양함, 강습상륙함을 포함한 수만 명의 병력이 파견됐다. 피해 규모는 상상을 초월하는 규모였다. 푸에르토리코의 경우 모든 항구와 공항이 파괴되어 해병대의 강습상륙함을 이용해 육지에 올라갔다. 모든 도로와 전기마저 끊겨 일순간 중세시대로 회귀하는 상황이 됐다. 본토의 사정도 다르지 않다. 2012년 10월에 상륙한 슈퍼폭풍 샌디는 폭풍해일까지 일으켜 뉴욕의 지하철 터널과 발전소 등을 덮쳤다. 전력 공급이 중단되고 주유 시설마저 마비되면서 도심은 셧다운이 됐다(클레어, 2021: 177~200).

전 지구적 차원에서 발생하는 복합형 기후재난은 식량생산체계와 함께 제분, 가공, 운송 등에 필요한 인프라까지 파괴하고 국제적 유통체계에 의존하는 식량 시스템마저 붕괴시킬 것이다. 전 지역이 물바다가 되는 상황이 아니더라도 고온과 한파 등은 특히 가축의 떼죽음과 전염병을 발생시켜 육류 공급에 빨간불을 켠다.

식량주권과 기후위기 대응을 위한 행동

한반도의 기후변화와 식량안보 위기

토양과 바다의 황폐화, 수자원의 고갈과 함께 기후변화로 인한 재해는 전 세계의 식량안전을 위협하고 있다. 기온이 1도 상승할 때마다 곡물 수확량은 10퍼센트 감소한다. 영국의 싱크탱크인 채텀하우스는 「기후변화 리스크 진단 2021」 보고서를 통해 심각한 가뭄의 영향을 받는 농경지의 비율이 2040년에 32퍼센트까지 늘어날 것이라는 예측을 발표했다.

이산화탄소의 과도한 배출은 식량 수확량과 종류의 감소에 그치지 않는다. 대기 중의 이산화탄소 농도가 높아지면 농작물의 탄수화물 비중이 높아지는 반면, 인체 생리 기능의 필수요소로서 주요 식량작물에 포함된 비타민과 아연, 철분 등이 감소해 영양결핍의 원인이 될 수 있다. 하버드 공중보건대학의 연구에 따르면, 이로 인해 2050년이 되면 단백질 결핍증은 1억 2,200만 명, 아연 결핍증 1억 7,500만 명, 임산부와 5세 이하 어린이 14억 명이 철분 결핍에 노출될 것으로 전망했다. 이외에도 기후변화로 인한 위협 요인은 알려진 것보다 훨씬 다양하고 예측하기 어렵다.

현재까지의 식량위기 유형은 특정 지역에서 생산량이 서서히 감소하는 양상으로 그 심각성은 일시적이고 제한적이었다. 달러를 여유 있게 보유하고 있고 경제력이 20위권에 속하는 국가라면 곡물 가격이 상승해도 식량 확보에 무리가 없었다. 그러나 재난 유형이 복합적이고 전지구적 차원에서 동시에 발생한다면 달러를 갖고 있어도 식량을 구매할 수 없는 상황이 된다. 이런 상황이 되면 곡물 수출대국과 곡물 기업이 특정 국가의 존립에 영향을 미칠 것이다.

국회예산정책처가 2021년 10월 1일 발간한 「곡물 수급 안정 사업·정책 보고서」에 따르면 세계 식량 가격지수(2014~2016년 평균을 100으로 함)는 곡물 생산량 감소와 코로나19 영향으로 2020년 5월 91.0에서 2021년 8월 127.4로 증가했다. 우리나라 곡물자급률(사료용 포함)은 1990년에도 43.1퍼센트로 불안했는데 2019년에는 두 배 이상 감소해 21.0퍼센트까지 하락했다. 2016~2018년 평균 전 세계 곡물자급률은 101.5퍼센트다.

사료용 곡물을 제외한 식용 곡물만 기준으로 하는 식량자급률 역시 1970년 86.2퍼센트, 2000년 55.6퍼센트, 2019년 45.8퍼센트로 감소했다. 주요 국가의 식량자급률은 호주 289.6퍼센트, 캐나다 177.8퍼센트,

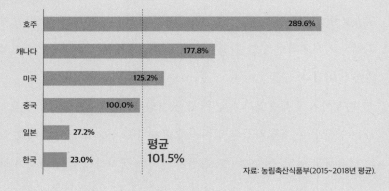

세계 곡물자급률

호주	289.6%
캐나다	177.8%
미국	125.2%
중국	100.0%
일본	27.2%
한국	23.0%

평균
101.5%

자료: 농림축산식품부(2015~2018년 평균).

미국 125.2퍼센트이며 인구 대국인 중국조차 100퍼센트인 점과 비교하면 한국의 식량자급률은 무언가 한참 잘못됐다는 느낌을 지울 수 없다. 한때 세계 최고의 쌀 생산국이었던 필리핀이 이제는 최대 수입국으로 전락해 버린 비참한 현실을 잊지 않아야 한다. 우리나라는 쌀 자급률 하락과 함께 경지면적도 감소하고 있다.

한반도는 지구온난화의 영향이 가장 빠르게 진행되는 지역으로 바다와 육지 모두 아열대 기후대로 변하고 있다. 온도가 상승하면서 경북 경산, 영천, 충남 예산 지역에서 주로 재배되던 사과의 재배 적합지가 휴전선 근처까지 북상했다. 제주 특산품인 한라봉의 재배 가능지역은 경기도까지 넓어졌다.

아열대 기후가 되면 감염병을 퍼뜨리는 매개 곤충의 서식이 늘어나고, 아열대 병해충과 잡초도 급증한다. 기후변화는 가뭄, 폭염, 홍수, 냉해, 일조량 부족 등을 발생시켜 벼와 과일 등의 생산량을 감소시킨다. 식물뿐 아니라 소, 돼지 등 가축에게도 악영향을 미친다.

50년 후에는 사과의 재배 적지가 사라지는 것과 마찬가지로 따뜻해진 바다에서는 명태 등 한반도의 대표 어종을 볼 수 없게 된다. 홍조류와 열대의 독성 생물 등이 확산하면서 어획량 감소는 물론이고 양식업의 비중이 큰 우리 수산업은 회복이 쉽지 않은 충격을 받을 수 있다. 2013~2015년 한국인의 하루 평균 동물성 단백질 섭취량(53.4그램) 중에서 축산물 비중은 63.9퍼센트(34.1그램), 수산물은 36.1퍼센트(19.3그램)다(김수암·강수경·이화현, 2018). 수산물은 전체 단백질 공급량 가운데 5분의 1인 약 19퍼센트를 차지하는 중요한 식량자원에 속한다.

2021년 7월 5~6일 남해안에 쏟아진 평균 488밀리미터의 폭우로 인한 피해는 기후재난이 식량에 미치는 영향을 분명하게 보여주었다. 민물이 다량으로 바다의 양식장으로 들어왔고 바닷물의 염분 농도가 떨어지자 하루 만에 강진군 마량 어촌계에서만 양식 중인 전복이 모두(2,291만 마리, 시가 400억 원 추산) 폐사했다. 주변 지역의 피해까지 더하면 피해액은 1,000억 원이 넘는다. 축산업에도 피해가 컸는데 장흥과 강진, 나주 등 13개 농가에서 닭 15만 9,000마리와 오리 5만 1,000마리 등 총 21만 마리가 폐사한 것으로 집계됐다. 폭우의 강도가 높지 않은 상황에도 이 정도 피해가 발생한 측면과 다량의 민물 유입만으로도 양식장이 100퍼센트 폐사한 사례는 기후위기가 농축수산물에 미치는 엄청난 파장을 가늠하게 한다.

지속가능한 일상의 삶을 위한 선택

주요 국가들(호주, 미국, 유럽, 캐나다 등)을 대상으로 개인이 온실가스 배출량을 줄이는 데 참고할 만한 방법과 그 효과를 종합한 데이터가 있다. 온실가스 감축을 위해 효과적인 생활 원칙을 만들고 실천의 우선순위를 정하는 데 유용한 그래프다.

크게 세 구간으로 나눠보면 효과적으로 분류해 볼 수 있다. 고효율 전구로 교체하거나 하이브리드차로 교체하면 1년에 0.5톤 미만의 이산화탄소 배출을 줄일 수 있는 효과(저감효과)를 얻는다. 전기차로 교체하고 비행기로 대서양을 왕복하는 여정을 1회 줄이면 평균 1.4톤의 이산화

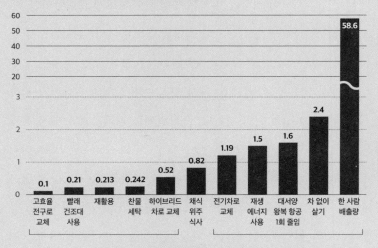

자료: "The climate mitigation gap," *Environmental Research Letters*, Vol.12, No.7.

탄소를 줄일 수 있고, 차 없이 살면 연간 약 2톤 이상의 이산화탄소를 줄일 수 있다. 0.5톤 이하의 항목들은 주로 온실가스 감축 캠페인 등에서 자주 등장한 내용들이다. 고효율 전구로 교체하기와 재활용은 정부나 자치단체 등에서 대대적으로 홍보했던 것과 비교하면 상대적으로 높지 않다. 1톤대에는 최근 온실가스 감축의 상징처럼 소개되고 있는 전기차 교체(1.19톤)와 재생에너지 사용(1.5톤)이 있다.

국토교통부가 발표한 2020년 말 자동차 등록 대수는 약 2,437만 대이며, 그중에서 친환경 차로 분류되는 전기, 하이브리드, 수소자동차는 82만 대(3.4퍼센트)다. 적지 않은 사람들이 모든 자가용을 전기차로 교체하면 온실가스를 획기적으로 축소할 수 있다고 생각한다. 그러나 이런 식의 접근은 사실과도 맞지 않을뿐더러 대단히 위험한 발상이다. 만약 전 국민에게 경제적 여유가 있어 차량을 모두 전기차로 교체하려 한다면 2,000만 대 이상 제작할 수 있는 차량용 강판을 제철소에서 뽑아내야 한다. 제철소는 온실가스를 가장 많이 배출하는 곳 가운데 하나다. 전기차 2,000만 대를 운용하기 위해서는 재생에너지 생산문제를 빼놓고도 전기차 배터리에 필수적인 리튬과 코발트 같은 금속과 희토류 등을 확보해야 한다. 청정에너지를 명분으로 지구의 피부를 더 넓게 자르고 깊게 도려내 채굴해야 한다. 각각 코발트와 리튬의 주요 매장지로 알려진 아프리카의 콩고와 라틴아메리카의 칠레에서는 금속 추출로 인해 지역의 생태계 붕괴와 함께, 토양과 물이 오염되고 고갈되면서 지역 주민들이 생계의 위협을 겪고 있다. 여기까지도 빙산의 일각이다.

온실가스 줄이기의 본질은 어떤 제품을 사용하느냐의 여부가 아니다. 무無에서 만들어지거나 허공에서 떨어지지 않은 자원과 에너지를 어떤 마음으로 대하고 사용할 것인가의 문제다. 누군가의 희생으로 키워졌으며 생명 그 자체인 식량도 이런 관점에서 바라봐야 인류의 멸종을 막고 지구의 모든 생명이 함께 공존할 수 있는 시대로 진입할 수 있다. 이런 것이 전제되지 않은 녹색성장, 그린 제품은 기후위기를 핑계 삼은 사업일 뿐이다.

전기차, 재생에너지보다 효과적인 것은 차 없이 생활하기이고 항공기를 이용한 출장이나 여행을 최소화하는 것이다. 그래프에서 전기차로의 교체 바로 다음으로 효과가 큰 것은 채식 위주의 식사이다. 나의 건강과 동물권, 기후위기를 극복하기 위해 채식 위주의 식사를 하는 것은 가장 효과적인 선택에 해당한다. 자신의 체질, 건강 특성 등을 감안해서 적당한 채식의 종류를 선택할 수 있고 주 1회 등 기간을 정해 실천하는 방법도 가능하다.

식량주권을 확보하는 유권자·소비자·생산자 운동

기후위기 시대에 모든 국민이 양질의 식량을 충분히 공급받을 수 있는 식량안보, 식량주권을 확보하기 위해서는 개인과 단체 등 다양한 주체의 노력이 필요하다. 정부 역시 식량주권 정책을 일관되게 유지해야 하지만, 정권의 성향과 국제 환경 또는 거대 기업 등의 영향에 의해 정책이 좌절되거나 변질될 우려가 있다.

기후위기 극복과 식량주권 확보를 지속적이고 강력하게 추진하기 위해서는 국회에서 관련법을 만드는 것이 무엇보다 중요하다. 《농민신문》과 김영진 국회의원이 2020년 공동으로 실시한 '농업·농촌·농식품 현안 여론조사' 결과 조사 대상의 75.3퍼센트가 식량자급률 목표치 법제화의 필요성에 공감했다. '매우 필요하다'가 40퍼센트, '대체로 필요하다'가 35.3퍼센트인 것에 비해 '필요하지 않다'는 응답은 12.1퍼센트에 지나지 않았다.

식량과 곡물자급률 목표제도를 비롯해 농사를 짓지 않는 사람이 투기 목적으로 농지 매입을 하지 못하도록 금지하는 농지소유제한법, 자급률 달성에 필요한 최소 농업인구를 유지하기 위한 청년 농업인의 준공무원화 제도, 농민에 대한 공익형 직불제도와 농민 기본소득 등 식량주권 확보에 필요한 정책은 법률로 제도화해야 실제로 현실화할 수 있다.

국내외 기업의 로비로부터 관료들을 보호해야 하며, 기업에 유리한 논리를 개발하는 일부 학자들과 전문가들의 영향력을 차단하기 위한 안전장치가 필요하다. 국민의 식량주권을 위한 일, 청소년의 안전을 확보하는 정책에 유보적이거나 부정적인 관료, 국회의원, 언론인 등은 기업체의 이익을 대변하는 셈이다. 행정부와 관료에게 가장 큰 영향력을 행사하는 기관은 국회의원이다. 그 국회의원을 선출하고 낙선시킬 수 있는 유일한 존재는 유권자다.

국회의원 개개인은 법을 만드는 기관이다. 제도화를 하지 않고 추진하는 사업은 성공 확률이 매우 낮고 많은 시간과 에너지를 필요로 한다.

현재의 유권자와 미래의 유권자들은 가장 쉽고 확실한 환경운동 방법과 절차가 어떤 것인지 분명하게 깨달아야 한다. 6개월 안에 결과를 얻으려 하거나 1~2년 안에 승부를 보려고 하기 때문에 먼 산, 높은 벽으로 인식될 따름이다. 느린 것 같으나 5년의 기간을 두고 입법기관을 대상으로 유권자 운동을 하면 10~20년 동안 다람쥐 쳇바퀴 돌듯이 진척이 없었던 목표도 달성할 수 있다.

중고등학교 청소년들도 유권자 운동을 선언하고 시작하면 된다. 만 18세가 되어 선거권이 생기면 청소년들도 국회의원의 당락에 영향을 미칠 수 있다. 정치인들은 오히려 그런 점에 대해서는 더 예민하고 셈법이 빠르다. 기후위기와 싸우는 그레타 툰베리가 처음 환경운동을 시작한 때가 만 15살이었음을 상기할 필요가 있다.

우리의 일상생활에서 온실가스 감축의 핵심은 탄소발자국을 줄이는 것이다. 엄청난 양의 온실가스를 배출하는 소고기 생산을 제외하면, 생산자와 소비자 사이의 거리가 탄소발자국에 가장 큰 영향을 미친다. 미국 대평원에서 생산한 곡물을 수입하기 위해서는 태평양을 횡단해야 하고, 노르웨이에서 잡은 고등어가 우리 식탁에까지 오르기 위해서는 수에즈 운하를 통해 인도양과 남중국해를 통과해야 한다. 수많은 생산자와 소비자가 연계되어 있고 대량의 거래가 이루어지는 현대의 농수축산물 유통 시스템에서는 항공기, 선박, 기차, 자동차 등 화석연료에 기반한 운송체계에 의지할 수밖에 없다. 거리는 비용 상승을 일으키는 요인인 동시에 온실가스 배출량, 즉 탄소발자국을 늘리는 요인이기도 한 것이다.

전기차로 교체해 1년 동안 탄소 배출을 줄인 것보다 단 한 번의 대서양 왕복 비행을 하지 않는 것이 탄소 배출 감소에 효과적이다. 이것이 2019년 8월 툰베리가 뉴욕의 유엔본부 연설을 위해 태양 전지판과 수중 터빈이 장착된 1.83미터 높이의 경주용 요트를 타고 영국 플리머스에서 미국 뉴욕까지 상징적인 항해를 한 이유다. 최대한 피해야 할 일은 생산지에서 비행기로 보내는 '항공 직송' 식품을 먹는 것이다. 길거리 간판이나 홍보 전단지에서 'OOO 생물 갈치 항공 직송', '미국 킹체리 항공 직송', '한 번도 얼리지 않은 북유럽에서 항공 직송한 생연어' 등의 문구를 볼 수 있다. 건강을 위해 꼭 먹어야 할 식품이라면 모르겠으나 이 같은 위험성을 알면서도 단지 혀의 즐거움을 위해 우리 종을 포함한 지구생물종의 생존을 위협하는 음식을 먹는 것은 피해야 한다.

근거리에서 재배된 먹거리 외에도 유기농으로 재배된 먹거리를 선택하는 것은 매우 중요하다. 유기농 재배는 인공비료 이용 증가로 침식된 토양을 회복시키고 작물 생산성을 높인다. 이는 기후재난의 영향을 줄이고 식량주권의 확보와 더불어 식량자급률을 높이며 지속가능한 식량생산의 토대가 된다. 특히, 유기농 재배 방식은 인공비료와 농약 이용에 따른 온실가스 배출을 줄이는 데 기여할 수 있다. 토양은 탄소 흡수원이지만 그동안 너무 과다한 양의 인공비료와 농약이 투입되면서 토양 속에 갇혀 있던 탄소가 대기 중으로 방출됐다. 유기농업은 대기 중으로 방출된 탄소를 다시 제자리인 토양 속으로 돌려보낼 수 있는 방법이다. 그래서 프랑스 정부는 온실가스 감축을 위해 매년 0.4퍼센트의 탄소를 토양 속으로 돌려보내자는 '4 per 1000' 운동을 전 세계 정부에 제안한 바 있다. 캘리포니아 주정부는 자연퇴비를 이용하는 농민들에게 보조금을 지급하는 정책을 실시하고 있을 정도다.

그런데 유기농으로 전환했을 때 수확량이 원래 수준을 회복하기까지는 일정 기간이 필요하고 모든 농가가 유기농 재배를 하지 않는 이상 해충이 유기농 재배 농지에 몰린다는 문제점 때문에 현재 우리나라에서는 소수의 농가들만이 유기농 재배를 한다. 이로 인해 유기농 먹거리 가격이 다른 먹거리보다 비싼 편에 속한다. 식량 재배 과정에서 배출될 온실가스를 줄이면서도 누구나 저렴한 가격에 건강한 유기농 먹거리를 구매할 수 있으려면 거의 모든 농부가 유기농을 할 수 있도록 정부의 지원이 필요하다. 유기농 먹거리의 중요성을 이해하는 시민들이 늘어나서 정부의 유기농 지원 정책이 법제화되도록 목소리를 내야 한다.

탄소 배출을 줄이면서 건강한 먹거리를 찾는 최선의 선택은 가까운 지역, 반경 50킬로미터 이내에서 제철에 생산된 것을 소비하는 것이다. 근교에서 생산되어 탄소 배출이 적고 생산자와 생산지(토양·강·바다) 그리고 현장 노동자와 소비자를 포함한 모든 이들의 건강을 돌보는, 공생과 정의가 있는 제품을 선택하는 소비자 운동이 필요하다. 과대 포장 제품과 온실가스를 다량으로 배출하는 기업을 SNS를 통해 알리는 등 기업주와 주주를 긴장시킬 방법은 차고도 넘친다.

여기에 도시 텃밭과 근교의 주말농장 등을 활용해 생산자로 직접 참여하는 도시농부 운동을 병행한다면 스스로 식량주권의 주체가 될 수 있다. 야외 텃밭이나 농장까지 가지 않더라도 집에서도 채소를 재배할 수 있다. 거실과 베란다에서도 대파, 고추, 피망, 토마토 등을 재배할 수 있는데, 특히 부추나 돌미나리처럼 다년생은 한번 심어놓으면 계속 수확이 가능하다. 그래서 부추를 '게으름뱅이 풀'이라고 한다. 중앙아메리카와 볼리비아 일대가 원산지인 고추도 원래는 다년생 목본식물로 나무에 가깝다. 병충해 관리를 잘 하고 기온이 영하로 내려가지 않는 실내라면 한 그루에 매년 수백 개 이상의 고추를 수확할 수 있다. 넓은 베란다나 옥상 텃밭 등을 이용할 경우 콩을 포함해 거의 모든 채소를 수확할 수 있다. 2021년 초에 한파와 폭설로 농산물 가격이 급등한 후 코로나 19 팬데믹의 영향이 더해지면서 서민층을 중심으로 '자가 채소 재배' 현상이 확산됐다. '파테크', '대파코인'이라는 신조어가 등장하고 인스타그램에는 관련 해시태그가 10만 회에 육박할 정도였다. 경제적 동기에서 시작된 '실내 텃밭 붐'이지만 탄소발자국 줄이기, 건강한 먹거리 확보, 먹거리 주권 강화의 측면에서 의미가 있고 필요한 일이다.

지구온난화를 상징하는 대표적인 것 중에 하나가 파괴된 숲이다. 동식물의 생명수와 토양의 영양분을 머금고 품어주는 숲이 사라지면 숲을 터전으로 살아가는 모든 생명체도 함께 사라질 것이다. 그렇게 되면 인간의 문명도 종말을 맞이할 수밖에 없다. 2019년 4월 스위스의 취리히 연방공과대학의 연구결과에 따르면 산림복원사업으로 산업혁명 이후 인류가 유발한 이산화탄소 3,000억 톤 중에서 3분의 2를 상쇄할 수 있다. 우리가 나무를 심고 숲을 보호하기 위해 자주 들과 산으로 가지 못하더라도 간접적으로 나무를 심는 것은 가능하다. 그것은 우리가 주로 먹는 먹거리의 종류를 바꾸는 것이다.

학교나 직장의 구내식당을 이용할 수 없는 경우 건강, 시간 관리, 경제적 이득, 탄소 줄이기 등 여러 측면에서 도시락을 준비해 먹는 것이 가장 좋다. 그러나 여건이 되지 않아 음식을 사먹을 경우라도 몇 가지 원칙과 정보로 기후운동에 동참할 수 있다. 저탄소식단Low Carbon Diet은 재료와 조리과정에 의해 결정되는데 식재료는 다량의 메탄가스를 발생하는 반추류(소·양) > 돼지 > 가금류(닭·오리) > 어패류 > 식물성 순으로 탄소 배출이 많다. 반추류 동물성 단백질을 재료로 하는 '불고기덮밥'은 식물성 단백질인 '두부스테이크'에 비해 온실가스 배출량이 11배 더 많다. 진한 국물을 우려내기 위해 온종일 연료를 써야 하는 설렁탕은 멸치육수를 사용한 잔치국수에 비해 8.3배 많다. 설렁탕 대신 일주일에 한 번만 잔치국수(채식)를 먹어도 이산화탄소 9.23킬로그램CO_2-eq을 줄일 수 있다. 1년이면 480킬로그램을 저감할 수 있고 4인 가족의 경우 연간 약 2톤을 줄일 수 있다. 우리나라 강원·중부지역의 수령이 20년 된 소나무 한 그루의 '연간 이산화탄소 흡수량'은 2.76킬로그램이다. 혼자서 주 1회 채식을 하는 것만으로도 20년생 소나무 연간 174그루, 4인이 함께 할 경우에는 약 700그루의 나무가 흡수하는 이산화탄소량만큼 줄일 수 있다.

나 혼자라서 영향이 크지 않다고 생각할 수 있지만 주 1회의 채식만으로도 들불을 일으키는 불씨가 될 수 있다. 우리 국민 1,000만 명이 주

1회 채식운동에 동참한다면 20년산 소나무를 연간 1억 7,400만 그루를 식목하는 효과를 얻을 수 있다. 가족을 넘어 학급 단위나 교회, 사찰과 같은 공동체가 함께 한다면 차원이 다른 이야기, 새로운 역사를 만들 수 있다. "우리 반은 여의도 면적만큼 나무를 심으면 줄일 수 있는 이산화탄소량을 목표로 할 거야", "우리 성당은 강화도 면적" 등 수치로 환산할 수 있고 직관적으로 알 수 있는 목표라면 더 훌륭하다. 그 목표를 글로 써서 벽에 붙여두거나 현수막으로 출력해서 모두가 볼 수 있는 곳에 걸어둔다면 목표 성취 가능성은 더욱 높아질 것이다.

2050년까지 탄소중립을 달성하기 위해서는 과감한 온실가스 감축과 온실가스 다배출 산업의 전환을 위한 정책, 기업의 윤리적이고 책임 있는 행동, 소비자의 전략적 행동이라는 세 축의 구조적인 변화가 필요하다. 이 밖에도 간과하지 않아야 할 부분은 개인의 삶의 태도와 일상 행동의 변화다. 2021년 11월 《네이처》는 온실가스 배출을 줄이는 개인의 행동들은 탄소발자국을 줄이는 것 외에도 사회에 더 큰 영향을 미친다고 말한다. 예를 들어, 채식하는 사람들이 늘면 식품산업에서 채식 제품 개발에 더 많이 투자하게 된다는 것이다.

2018년 9월 스웨덴의 그레타 툰베리는 홀로 피켓을 곁에 두고 '기후를 위한 등교거부 시위'를 시작했으나 2년 후에는 전 세계에서 600만 명이 넘는 청소년이 등교거부 시위에 동참했다. 그레타 툰베리가 다섯 살이던 2007년, 독일의 아홉 살 소년 펠릭스 핑크바이너Felix Finkbeiner는 어느 날 TV에서 지구온난화로 북극의 빙하가 녹으면서 북극곰이 죽어간다는 사실을 알고 충격에 빠진다. 핑크바이너는 노벨평화상 수상자인 왕가리 마타이Wangari Muta Maathai가 30년 동안 케냐에서 3,000만 그루의 나무를 심은 것에 영감받아 친구들에게 "지구상의 모든 나라에 100만 그루의 나무를 심자"고 제안했고, 또래들이 폭발적으로 호응하면서 순식간에 독일 전역으로 확산됐다. 단 3년 후에 독일에서 100만 번째 나무를 심었고, 어린이·청소년 단체인 '플랜트-포-더-플래닛Plant-for-the-Planet'을 설립해 현재 150억 그루가 넘는 나무를 세계 각지에 심었다. 앞으로도 지구촌 곳곳에 1조 그루의 나무를 심겠다는 야무지고 원대한 목표를 선언했다.

지구온난화의 공포로부터 시작된 소녀의 시위와 좋아하는 북극곰을 살리겠다는 한 소년의 약속이 거대한 들불이 됐다. 어느 성자는 "우리는 어리석게 이기적이기보다는 지혜롭게 이기적이어야 합니다. '나'에 관해서 덜 생각하세요. 다른 사람의 행복과 안녕에 관해 더 생각하세요. 그러면 당신은 최상의 이익을 얻게 됩니다. 바로 그런 것이 지혜로운 이기利己입니다"라고 말했다. 지금 이 순간 내가 선택한 행동이 고립된 개인의 영역으로 국한되지 않고 이웃과 교감하고 지역사회와 학교 혹은 직장에서 확산될 수 있도록 간절히 힘을 모아야 할 때다.

기후위기와 노동

어느 날 갑자기 당신의
일자리가 사라진다면

\# 김한솔

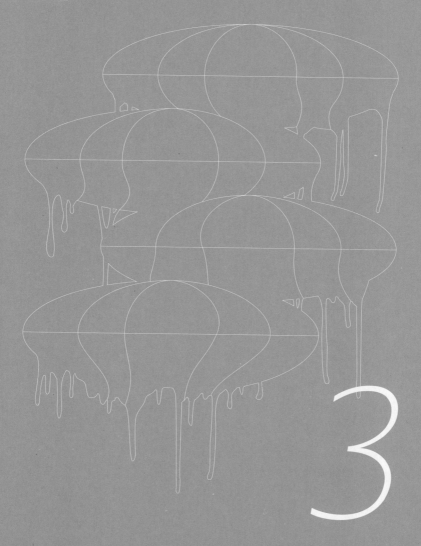

3

PROFILE

김한솔

경향신문 기자

『기후위기 시대, 정의로운 전환을 위하여』(2021) 기획

『기후변화의 증인들』(2020) 기획

2021년 12월 31일, 한 화력발전소의 불이 꺼졌다. 48년간의 전력생산을 마친 후의 퇴역이었다. 그렇게 높이 40미터에 달하는 대형 보일러로 쉼 없이 석탄을 태워 전기를 만들어 내던 국내 최고령 석탄 화력발전소는 자그마치 반세기에 가까운 시간 동안의 제 역할을 마치고 역사의 뒤안길로 사라졌다.

석탄 화력발전소의 폐쇄는 예견된 일이었다. 2013년, 정부는 새로운 에너지 정책을 발표했다. 기후위기 대응과 미세먼지 절감을 위해 낡은 화력발전소를 단계적으로 폐쇄한다는 내용이었다. 2020년 발표한 전력수급기본계획에는 2034년까지 총 30기의 발전소를 폐쇄하겠다는 내용이 포함되었다. 석탄을 태워 전기를 만드는 일은 온실가스 배출을 늘리는 데에 큰 영향을 미쳤고, 앞으로 다가올 시대는 오염되지 않은 환경 자산을 지키고자 새로운 에너지 발전 방식을 요구하고 있었다.

20여 년 가까이 석탄 화력발전소에 몸담고 있는 이상문은 주로 발전소 운영 과정에서 배출되는 대기오염 물질, 폐기물 따위를 처리하는 설비를 관리하는 일을 했다. 과거에는 발전소에서 일한다는 사실이 이상문에게 큰 자부심이 되어주곤 했다. 이상문은 외환위기로 국가적인 재난을 겪었을 때도 산업이 발전하고 국민 생활수준이 향상할 수 있었던 근간에는 공공을 위해 전기를 생산하는 자신과 같은 발전소 노동자들이 있었다고 믿었다.

시대가 달라지며 석탄 발전 과정에서 배출되는 미세먼지가 심각하다는 언론보도가 연일 주요 뉴스로 등장하자, 공공을 위한 전기를 생산해 낸다던 자부심은 온실가스 감축을 위한 '탈석탄'의 구호 아래 소리 없이 사라졌다. 더군다나 정책적으로도 석탄 발전소 폐쇄가 기정사실이 되니 스스로 환경을 망치는 가해자처럼 느껴지기도 했고, 발전소 폐쇄로 겪게 될 생계 문제에 덜컥 겁이 나기도 했다.

이상문도 이런 변화가 왜 이뤄져야 하는지 어느 정도는 수긍하고 있었지만, 수긍하는 것만으로는 해결되지 않는 무언가가 있었다. 화력발전소에 근무하는 노동자들의 처지는 다들 비슷했고, 특히 이상문과 같은 협력사 비정규직 노동자들의 생계는 사각에 놓여 있었다. 말로는 고용 보장을 해준다고 하지만 실상을 들춰보면 눈 가리고 아웅인 경우가 대부분이었다.

근무하는 발전소 폐쇄 일자를 뒤늦게 고지받는 것은 예사였고, 비정규직 노동자들은 내보내기 좋게 3개월 단위로 끊어서 계약을 하는 경우도 있었다. 발전소 폐쇄는 강행하면서 정작 발전소에서 일하던 노동자들을 재배치할 변변한 일자리가 많지 않았다. 운이 좋게 재배치를 받았다 하더라도 전라도에서 근무하고 있었는데 강원도로 발령이 났다는 둥 들려오는 이야기가 하나같이 흉흉했다. 도무지 남의 일 같지 않았다.

이상문이 근무하는 화력발전소도 언제 문을 닫게 될지 모르는 일이었다. 이상문은 혼란스러웠다. '지금이라도 그만둬야 하나' 하는 생각이 하루에도 수백 번씩 머릿속에 오르내렸다. 그러던 차에 수년 전까지 함께 근무했던 입사 동기 민창화가 찾아왔다. 발전소 일을 그만둔 후 민창화는 자그만 반찬 가게를 차렸다. 지금은 어느 정도 자리를 잡았다고 들었다. 이상문과는 발전소 시절부터 사이가 좋아 며칠 전에도 민창화의 딸이 새봄초등학교 교사가 됐다며 자랑하는 전화를 받았던 터였다. 점심을 같이 하자며 찾아온 민창화가 이상문의 아내 문덕례가 운영하는 새봄 백반으로 이상문을 이끌었다.

민창화는 배가 많이 고팠는지 문덕례가 정성스레 차린 밥상을 맛깔나게 욱여넣었다. 아내가 차린 음식을 맛있게 먹는 민창화의 모습이 보기가 좋은지 이상문의 얼굴에 미소가 스몄다. 순두부찌개를 한 뚝배기 비운 민창화가 입을 열었다.

"요즘 동기들 이야기 들으니 발전소 상황이 좋지 않더군. 이대로 가면 자네 일하는 발전소는 곧 폐쇄라던데, 앞으로 어쩔 텐가. 좀 생각해 본 건 있나?"

"음, 글쎄?"

이상문이 민창화의 말에 머리를 긁적였다. 민창화는 젓가락을 내려놓고 자판기 커피를 입에 물며 말을 이었다.

"내가 보기엔 폐쇄된 발전소 부지에 친환경 발전 시설을 세운다고 해도 그런 일자리가 뭐 우리 같이 나이 든 사람들에게 돌아오겠나 싶더라고."

이상문도 같은 고민을 하고 있었다. 평생 '석탄'을 만지며 앞만 보고 달려왔던 삶인데 일이 이렇게 되고 보니 허망했다. 쓸쓸함에 고개를 숙이는데, 어느새 다가온 문덕례가 대화를 거들었다.

"이 사람, 발전소 일 그만두면 내 옆에 착 붙여 놓고 우리 백반집 셔터맨 시킬 거예요."

문덕례의 셔터맨. 아내의 말 덕분에 이상문은 부유하던 마음의 닻을 내렸다. 식당 일에 잔뼈가 굵은 문덕례는 독립해 제 식당을 차린 이래 벌써 15년 가까이 새봄 백반을 홀로 꾸려온 여장부였고, 발전소 노동자 이상문은 자기가 언젠가 퇴사하면 문덕례의 옆을 지키리라 내심 생각하고 있던 차였다. 그러나 이상문도 알고 있었다. 문덕례의 옆만을 지키며 일을 하기엔 살림살이가 빠듯할 터였다. 아이들 학비며 이런 것들은 어떻게 할 것인가. 그런 고민을 읽어내기라도 한 듯 문덕례가 이상문의 어깨를 힘주어 잡았다. 문덕례가 이상문을 곧은 눈으로 바라보았다.

"일단 할 수 있는 일을 해요. 새봄 백반 셔터맨은 언제든 상시 모집이니까 그런 표정 지을 거 없어요."

평소와 다름없이 웃는 아내의 얼굴을 보고 이상문은 슬며시 웃으며 겉옷을 챙겼다. 민창화도 마찬가지로 자리에서 일어날 채비를 했다. 무심결에 틀어두었던 텔레비전 뉴스가 귀에 꽂혔다. 화면 속 뉴스 앵커는 2021년 12월 31일 퇴역한 화력발전소가 신재생에너지 권역센터로의 변화를 모색하고 있다는 기사를 전달하고 있었다. 바야

흐로 열리는 에너지 대전환의 시대, 하지만 그 안에 사람의 얼굴은
없었다.

일상의 구체적 위협으로서의 기후변화

경북 상주에 사는 농민 A씨는 몇 년 전 생강 농사를 크게 망쳤다. 충남에서 음식 배달을 하는 라이더 B씨는 일을 시작한 지 얼마 되지 않았던 어느 해 여름, 아스팔트 도로 위에 가만히 서 있다가 다리에 힘이 풀려 그 자리에 그대로 주저앉았다. 인천의 건설현장에서 일하는 C씨는 2020년 여름 두 달 동안 열흘밖에 일을 하지 못했다. D씨가 일하는 경기도의 한 실내 물류센터는 여름이면 35도 이상까지 온도가 오른다. 석탄 화력발전소에서 일하는 E씨는 요즘 발전소에 다니는 것이 예전만큼 자랑스럽거나 기쁘게 느껴지지 않는다. 내연기관 자동차 공장에서 일하는 F씨는 수십 년간 하던 엔진조립 작업 대신 갑자기 전혀 다른 일을 하게 됐고, G씨는 자동차 산업의 빠른 전환 속도에 놀라고 있다. 두 사람이 일하는 자동차 공장에 부품을 납품하는 회사에서 일하는 H씨는 요즘 미래가 불안하다고 느낀다.

농민과 라이더, 건설 노동자, 물류센터 노동자, 석탄 화력발전소 노동자와 내연기관 산업 노동자, 이 여덟 명의 노동자들은 서로 다른 지역에서 전혀 다른 일을 하며 살고 있지만 한 가지 공통점이 있다. 기후변화에 따른 노동환경의 변화를 고스란히 겪고 있다는 것이다.

2015년, 유엔기후변화협약UNFCCC 당사국들은 오랜 협상 끝에 프랑스 파리에서 열린 총회에서 파리협정을 채택했다. 지구 평균온도 상승을 산업화 이전 시기 대비 1.5도 이내로 제한하기 위해 노력하고, 2도보다 훨씬 아래로 유지하자는 이 협정은 모든 국가가 자국의 상황을 반영해 온실가스 감축에 참여하는 보편적 체제에 합의한 것이다. 하지만 협정이 채택된 지 6년이 지난 2022년까지 지구 평균온도는 산업화 이전 대비 1.09도 상승했다.

'1.5도' 목표를 달성하지 못했을 때 전망되는 지구의 모습은 지금과는 다르다. 기후변화에 관한 정부 간 협의체IPCC는 2018년 「1.5도 특별보고서」에서 온난화를 1.5도 이내로 억제하지 못했을 경우 10만 5,000개의 생물종 중 척추동물의 4퍼센트, 곤충의 6퍼센트, 식물의 8퍼센트가 서식할 수 있는 곳의 절반 이상을 잃을 것으로 전망했다. 2도 온난화일 때는 그보다 더 많은 생물종들이 서식지를 잃고, 아예 전 지구 육지 면적의 13퍼센트가 지금과는 다른 유형의 생태계로 전환된다. 1.5도 온난화일 때는 바다 속 산호초의 70~90퍼센트가, 2도 온난화일 때는 99퍼센트가 백화현상으로 폐사에 이를 수 있다. 지금의 추세대로라면, 향후 바다 속에서 더는 산호를 보기 힘들어지는 것이다. 폭염과 가뭄, 폭우, 태풍 등 극한 기상현상들의 발생이 더 잦아지고, 강도 역시 더 높아질 것으로 전망된다.

IPCC는 온실가스를 지금처럼 많이 배출할 경우 1.5도 온난화 도달 시점을 2021~2040년으로 전망하고 있다. 그렇다면 1.5도 온난화에 도달하기 전까진 괜찮은 것일까? 사실 '1.5도'라는 숫자 그 자체, 1.5도 온난화 도달 시점 등에만 집중하다가는 기후변화를 '먼 미래의 일'로 착각하기 쉽다. 기후변화는 이미 진행되고 있는 현실이고, 우리의 '현재'에도 영향을 미치고 있다. 기후변화로 인해 인간과 자연 모두 심각한 피해를 입게 된다는 것을 경고하는 과학적 데이터는 이미 너무나 많다. 이 데이터는 앞으로 우리가 지금보다 훨씬 적극적으로 기후위기에 대응해야만 한다는 것을 보여준다. 오랜 기간 '인간의 행위에 의해' 배출된 온실가스는 이미 기후 시스템 일부에 수백, 수천 년간 돌이킬 수 없는 심각한 영향을 끼쳤고, 그 결과가 세계 곳곳에서 나타나고 있다. 2021년, 재난에 대비할 수 있는 사회기반시설이 상대적으로 잘 갖춰졌을 거라고 생각됐던 서유럽에서 발생한 폭우 및 홍수로 인한 인명·재산 피해는, 기후변화는 빈국과 부국을 가리지 않고 발생한다는 것을 상기시켰다. 기후변화는 '미래의 위협'이 아니라 '현재의 위협'인 것이다.

'기후위기와 노동'을 다룬 이 장에서는 기후변화로 인해 '지금 현재'의 노동환경이 악화돼 고통을 겪고 있는 노동자들과, 기후변화에 대응하기 위한 과정에서 일자리를 잃게 되는 노동자들을 인터뷰했다. 다양한 분야에서 일하고 있는 이들의 이야기를 통해 기후변화가 노동 전반에 어떤 영향을 끼치는지, 어떻게 이들의 일상에 구체적 위협이 되고 있는지 살펴봤다.

롤러코스터 같은 날씨에 막막한 농민

결혼 후 30년째 농사를 짓고 있는 농민 A씨가 생강 농사를 망친 것은 2018년이었다. 그는 그해 농사를 망치기 전까지, 생강을 특별히 키우기 어려운 작물이라고 생각해 본 적이 없었다. "그냥 5월쯤 노지에 심어서,

10월 마지막 주쯤 수확하면 되는 거였어요." 그는 베테랑 농민이다. 벼 농사도 유기농으로 짓고 있고, 생강뿐 아니라 고추, 양파, 옥수수, 콩 등 20여 가지 밭작물과 함께 차를 만들기 위해 꽃 농사도 짓는다. 이런 그가 갑자기 생강 농사를 망친 이유는 무엇일까? 폭염 때문이었다.

2018년 폭염은 여러 기록을 남겼다. 일단 기간이 길었다. 2018년 폭염 일수는 31.5일로, 직전 최고 기록인 1994년의 31.1일을 넘어섰다. 1년 12개월 중, 한 달 동안 폭염이었던 셈이다. 서울의 공식적인 일 최고기온은 111년 만에 가장 높은 39.6도까지 올라갔고, 그해 8월 1일, 강원도 홍천에서는 우리나라 기상관측 사상 가장 높은 기온인 '41도'가 기록됐다. A씨가 사는 상주 바로 위 문경의 8월 평균 최고기온은 32.6도였다. 2018년 여름엔 모든 것이 평균을 넘어섰다. 예상치 못한 고온에 A씨의 생강은 땅 속에서 모두 썩었고, A씨의 수입도 그만큼 줄어들었다.

2년 뒤인 2020년, A씨는 이번엔 양파와 고추 농사를 망쳤다. "6월 중순쯤인가, 평소처럼 양파를 수확해서 늘어놨어요. 그런데 다음날 가보니 양파가 무슨 화상을 입은 것처럼 다 물러 있는 거예요. 깜짝 놀랐죠." A씨는 어렴풋이 "그때 6월 기온이 뭔가 평소와는 달랐던 것 같다"고 기억하고 있었다. 사실 2020년 여름은 2018년 여름만큼은 덥지 않았다. 하지만 A씨의 기억대로, 그해 6월에는 유독 '이른 폭염'이 찾아왔다. 2020년 6월 기온은 47년 만에 가장 높았다. 전국 최고기온이 28도, 평균 기온은 22.8도로 모두 평년보다 1.5도 이상 높았다. 평년보다 이르게 시작된 폭염에 공들여 키워 무사히 수확까지 마쳤던 양파는 그대로 물러버렸다.

이른 폭염이 끝나자 이번엔 갑자기 비가 내리기 시작했다. 여름 장마야 매년 있는 일이었지만, 그해 장마는 조금 달랐다. 너무 길었다. 2020년 장마 기간 내린 전국 평균 강수량은 693.4밀리미터로, 평년(356.1밀리미터)에 비해 약 두 배 가까이 많았다. 장기간 내린 비로 습한 날들이 이어지자 건강했던 A씨의 밭에는 병이 돌고 벌레가 생기기 시작했다. A씨는 그해 병충해로 애써 키운 고추를 거의 잃었다. "그때는 특별히 고추 모양을 잘 잡으려고 X자 기둥도 세웠거든요. 그런데 수확을 거의 못 했어요." 그해 고추 수확량은 모종 값도 못할 만큼 적은 수준이었다. 그는 마을에 언제부터인가 병충해가 갑자기 늘어 콩 농사를 짓는 이들의 수가 많이 줄었다고 말했다. "사실 콩 농사는 엄청 쉬운 농사거든요. 뿌리에 따로 거름을 안 줘도 잘 커요. 또 콩이 간장, 된장 같은 우리 음식에 다 들어가니까 (자급해서 먹기 위해서라도) 조금씩은 다 심었죠. 그런데 이제는 노린재(해충) 때문에 농사가 안 돼요. 콩은 6월쯤 심어서 9월쯤 여물고, 서리 한 번 맞고 10월에 수확하는 작물이거든요. 그런데 여물어야 될 시기에 노린재가 콩을 아주 싹 먹어버려요."

여름이 아닌 다른 계절은 괜찮은 걸까? A씨가 1년 중 밭에 가장 먼저 심는 작물은 감자다. 봄인 3월 중순쯤 심으면, 4월 중순에 초록 싹을 볼 수 있다. 그런데 최근엔 4월에 냉해와 서리가 내리는 일이 잦아졌다. 2021년 5월에는 우박과 낙뢰가 잦았고, 강원 산지에는 눈이 내리기도 했다. 그렇게 갑작스러운 추위가 찾아오면 그의 감자 싹도 모두 얼었다.

매년 반복되는 예측 불가능한 날씨에 A씨는 막막함을 느낀다. "차라리 서서히 기온이 올라가면 농민들이 대비도 하고 적응도 할 수 있을 텐데, 그렇지가 않아요. 어느 해는 너무 더웠다가, 또 어느 해는 비가 많이 내렸다가, 롤러코스터 같아요. 그런데 '위기가 기회'라면서 온난화로 기온이 올라가면 그냥 우리나라에서도 '아열대 작물'을 심으면 되지 않겠냐는 말을 들으면 너무 답답한 거죠."

그는 매일 새벽 6시 30분부터 저녁 6시 30분까지, 해가 긴 여름에는 밤 8시까지 논과 밭을 오가며 일을 한다. 그런데 이렇게 열심히 농사를 지어도, 언젠가부터 예전만큼의 성취감이 느껴지지 않기 시작했다. "일이 시들해졌어요. 열심히 농사를 지어도, 어느 날 갑자기 벌레들이 오거나 병이 번지는 걸 당하니까요. 희망이 없어요. 농민은 어떻게 살아야 하지? 불안하기도 하고, 우울하고 두려워요."

장마로 두 달간 열흘밖에 일을 못한 건설 노동자

A씨의 고추가 병충해에 시달리던 2020년 여름, 인천에 사는 건설 노동자 B씨는 장마 기간이 길어지면서 두 달 동안 열흘 정도밖에 일을 나가지 못했다. 그는 10년 차 형틀목수다. 공사 초기 단계에 나무와 쇠로 건물의 '틀'을 잡는 것이 그가 하는 일이다. "틀도 틀인데 건물 위에 뚜껑도 저희가 만들거든요. 그러니까 비가 오면 일을 할 수가 없어요. 건물의 틀을 세우면서 전기 작업도 같이 들어가는데 비가 오면 전기 작업을 할 수 없으니까요. 2020년은 1년 중에 두 달은 거의 돈을 못 벌었다고

봐야죠." B씨가 일하는 중부지방에는 그해 여름 54일 동안 장마가 이어졌다. 역대 최장기간의 장마였다. 불과 3년 사이에 '역대 가장 더운 여름'(2018년), '역대 가장 긴 장마'(2020년)라는 기록들이 나온 것이다.

폭우가 일 자체를 멈추게 하는 것으로 B씨의 노동환경을 악화시켰다면, 폭염은 일을 더욱 힘들게 하는 것으로 노동환경을 어렵게 한다. 현장에서 일을 할 때 B씨 몸에 붙어 있는 장비의 무게는 7킬로그램이 넘는다. 안전화, 안전모, 높은 곳에서의 철골 작업을 위해 착용해야 하는 안전줄은 기본이고, 조끼 주머니에는 목공 작업에 필요한 못과 핀, 망치까지 차곡차곡 들어간다. 그는 이 장비의 무게를 견디며 2018년의 기록적 폭염을 버텼다. 더운 날에 입을 수 있는 얼음조끼 같은 냉방용품이 있긴 하지만, 이미 무거운 장비를 단 상태에서 얼음조끼까지는 선뜻 손이 가지 않는다. "얼음조끼까지 하면 장비 무게가 10킬로그램이 넘어요. 그것 말고는 사실 대책이랄 것이 없긴 한데, 솔직히 너무 무거워서 잘 안 하게 돼요."

B씨와 동료들은 보통 새벽 6시 30분쯤 공사 현장에 모여 체조를 하고 하루 일과를 시작한다. 2018년에는 새벽 6시에 이미 온도가 31도까지 올라간 날도 있었다. "체조를 하는데 6시 30분쯤부터 너무 더운 거예요. 그래서 온도를 봤더니 31도더라고요. 새벽 6시 30분인데도 온도가 31도인 거예요. 저는 그날 (일을 하지 않고) 그냥 집에 들어가 버렸어요. 저랑 다른 팀원 몇 명이 '돈이고 뭐고 이건 안 되겠다' 하고선 그냥 들어갔어요."

사실 B씨가 스스로 판단해 집에 들어가겠다고 하지 않아도, 심한 폭염 때 건설현장에서는 작업을 중지해야 한다. 고용노동부는 폭염 때 B씨가 일하는 건설현장과 같은 야외 작업장에서는 작업을 중지할 것을 권고하고 있다. 산업안전보건법도 '산업재해가 발생할 급박한 위험이 있는 경우'에 노동자와 사업주의 작업중지권을 보장하고 있다. 하지만 실제 현장에서는 정해진 공사 기한을 맞추기 위해 폭염에도 그냥 작업을 하는 사업장이 적지 않다. B씨의 현장도 마찬가지였다. "그때 작업자들이 이틀에 한 명꼴로 쓰러지더라고요. 나이 드신 분들이요. 완전히 의식을 잃지는 않았는데, 쓰러져서 못 움직이는 것 있잖아요. 그렇게 되면 옆에 있던 동료가 끌고 가서 그늘에다가 앉혀요. 의식이 완전히 없는 것은 아니니까 119까지 부르진 않더라고요."

　기후변화는 단순히 지구 평균온도가 올라가는 것뿐만 아니라 기상의 예측 가능성이 떨어지는 것을 의미하기도 한다. B씨도 그런 변화를 체감한다. "저는 2018년도를 기점으로 갑자기 엄청 더워졌다는 걸 느껴요. 그리고 올해(2021년)만 해도, 이제 9월이잖아요. 장마인데 비가 안 왔어요. '비가 안 오니까 올해는 일 좀 많이 하겠구나' 생각했는데 폭염 탓에 2주 동안 일을 제대로 못 했어요. 그러고 나니깐 '늦은 장마'라고 비가 오기 시작하네요?" 실제 그랬다. 2020년에는 역대 최장기간 장마였는데, 바로 이듬해에는 역대 세 번째로 짧은 장마가 지나갔다. 그런데 장마철이 끝나자 이틀에 한 번꼴로 비가 내리면서 B씨의 일은 다시 멈췄다.

여름 폭염에 숨 막히는 라이더

충남 천안에 사는 C씨는 12년 차 배달 라이더다. 과거엔 B씨처럼 건설 현장에서 일을 했었는데, 사고를 당한 뒤 라이더로 업종을 바꿨다. 농민 A씨가 흙에서 일하는 시간만큼, 건설 노동자 B씨가 건물의 틀을 짜는 시간만큼, 그는 오토바이에 배달 음식을 싣고 온종일 천안 시내의 아스팔트 도로를 달린다. 그의 하루 주행거리는 200~300킬로미터에 달한다. "다른 라이더들보다 주행거리가 조금 더 나오는 편이에요. 다른 분들은 외곽 지역에서 콜이 뜨면 잘 안 받거든요. 저는 그런 거 상관없이 다 받아요."

폭염과 폭우, 한파 같은 기상상황은 하루 종일 밖에서 일을 하는 C씨의 노동환경에 즉각적인 영향을 미친다. 라이더로 전직했던 초기, 일이 익숙지 않아 매일 시간에 쫓겨 뛰어다니면서 일을 하던 어느 여름날이었다. 아스팔트 길 위에 잠시 서 있었는데, 갑자기 몸에 힘이 쭉 빠져 자신도 모르게 길 위에 풀썩 주저앉아 버렸다. 위험한 순간이었다. "오토바이를 타고 가다가 신호 때문에 버스 뒤에 정차하게 되잖아요? 그럼 그 느낌이, 찜질방이나 사우나 가면 한증막 있잖아요. 거기 처음 들어갔을 때 숨이 턱 막히는 그런 느낌이에요. 그 온도가 온몸으로 느껴지는 거죠."

C씨가 느낀 현기증, 빈혈, 열사병 같은 것을 '온열질환'이라고 한다. 2018년 여름에는 역대 가장 많은 온열질환자(4만 4,094명)가 발생했다. 온열질환자가 발생한 장소 중 73퍼센트는 '실외'였는데, 건설 노동자 B

씨, 라이더 C씨가 일하는 야외 작업장에서 발생한 비율이 28.1퍼센트나 됐다. 직업군별로도 야외 노동을 하는 이들에게 온열질환이 많이 발생한다. 당시 야외 노동자의 경우 1만 명당 15.1명의 온열질환자가 발생했는데, 그 외 직업군에서는 2.4명의 환자가 발생했다.

건설 노동자 B씨의 경우 폭염 때에는 작업 중지를 해야 한다는 권고라도 있지만, 라이더인 C씨가 하는 일은 폭염이나 폭우 때 오히려 늘어난다. 궂은 날씨에는 밖으로 나가지 않고 배달 음식을 시켜 먹는 고객의 숫자가 늘기 때문이다. "폭염이나 장마 때는 하루에 들어오는 콜 수가 평소보다 30~50퍼센트는 늘어나는 것 같아요." 라이더들에게는 업체에서 따로 정해준 휴식 시간이 없다. "휴식 시간은 특별히 없고, 오래 쉰다고 하면 한 10분이에요." 콜과 콜 사이 남는 시간에 '스스로 눈치껏 알아서' 쉬어야 하지만 들어오는 콜에 답을 하다보면 쉴 틈을 내기가 쉽지 않다. 쉴 곳 역시 마땅치 않다. 배달 대행사 사무실에 가면 잠시 쉴 수 있겠지만, 들어오는 콜에 따라 여기저기를 쉴 새 없이 이동해야 하는 상황에서 잠깐 쉬겠다고 굳이 사무실까지 오는 이들은 드물다.

극한 날씨는 C씨의 안전도 위협한다. 머리 위에서 내리쬐는 태양, 앞뒤의 자동차 차체에서 뿜어져 나오는 열기, 딛고 있는 아스팔트에서 올라오는 열기에 버티려면 '몸을 최대한 가볍게' 만드는 수밖에 없다. 그러다보면 안전을 위해 착용해야 하는 보호 장구 역시 덜 착용하게 된다. "사실 안전을 생각한다면 아무래도 팔꿈치, 발꿈치 등에 모두 보호구를 착용해야죠. 그게 맞는데, 사실 여름에는 그렇게까지 하면 정말 견디지 못할 것 같아요." 건설 노동자 B씨가 이미 착용한 다른 장비들의 무게 때문에 폭염 때 얼음조끼조차 입지 못하는 상황과 비슷하다.

코로나19로 인해 집에서 음식을 시켜 먹는 이들이 늘어나면서 C씨와 같은 배달 노동자들의 업무량은 더욱 늘었다. 배달 노동자들의 노동조합인 '라이더유니온'은 2020년 10월에 연 기자회견에서 "최근 라이더들의 사고율이 높다는 보도가 계속되고 있다. 올여름 유례없이 길었던 장마와 코로나를 주요한 원인으로 보고 있다"라고 밝히기도 했다. 라이더유니온이 당시 배달 노동자 70명을 대상으로 한 설문조사 결과, 장마 기간과 코로나19에 따른 사회적 거리두기가 2단계로 격상된 시점에 배달 사고가 났다고 답한 이들이 전체의 40퍼센트 이상인 것으로 나타났다.

매일 밖에서 일을 하는 C씨도 "요즘 날씨는 뭔가 잘못된 것 같다"고 느낀다. "분명히 학교에서는 우리나라는 사계절이 뚜렷한 나라라고 배웠는데, 언제부터인진 모르겠지만 점점 우리나라는 그냥 두 계절밖에 없는 것 같아요."

열악한 환경에서 일하는 실내 노동자

이상기후는 실외뿐 아니라 '열악한 실내 환경'에서 일하는 노동자들의 노동환경 역시 위협한다. D씨는 경기도의 한 대형 실내 물류센터에서 일하는 노동자다. 그는 매일 오후 6시부터 다음날 새벽 4시까지 물류센터에서 상품을 진열하는 일을 한다. 락스, 과자, 휴대폰 등 곧 누군가에게 배달될 생활용품과 건조식품, 소형 전자제품 등 수백 가지 종류의 물건들이 그의 손을 거쳐 정리된다. 그는 물건을 받아서 나르고, 들어서 철제 선반 위에 올려놓는다. 그의 일은 앞서 만난 다른 노동자들과는 다르게 처음부터 끝까지 전부 실내에서만 이루어진다. 하지만 2020년 이른 폭염과 폭우 때, 그도 농민 A씨나 건설 노동자 B씨, 라이더 C씨만큼 힘이 들었다.

실내에서 일을 하는데 어째서 야외에서 일하는 이들만큼이나 폭염 때 힘이 든다는 것일까? D씨의 상황을 이해하기 위해선 그가 일하는 물류센터의 내부 환경에 대한 설명이 필요하다. 그가 일하는 물류센터는 지하 1층, 지상 4층짜리 건물인데 구조가 다소 특이하다. "한 층의 높이가 일반 건물의 3층쯤 돼요. 그 안에 철골 구조물을 넣어서 3개 층을 만들어 놓은 거예요. 우리는 쉽게 '메자닌 구조'라고 해요."

결국 D씨가 일하는 물류센터의 내부는 거대한 철골 구조물들과 각종 물건이 담긴 박스들로 빽빽이 채워져 있는 것이다. 실내긴 해도 폭염 때면 그 철골 구조물들이 열을 받아 뜨거워진다. D씨는 극한 폭염이 닥치면 실내인 물류센터도 실외만큼 더워진다고 호소했다. "작년(2020년)에는 그래도 비가 와서 조금 나았어요. 그런데 올해는 기온이 높다 보니까 정말 답이 안 나오더라고요. 철판 바닥이 뜨끈뜨끈해요. 달궈졌던 열이 올라오다 보니까 몸이 식지를 않아요. 계속 몸이 달궈지는 거죠. 실내인데도 34~35도가 넘는 그런 온도에서 계속 작업을 해야 해요. 새벽 4시에도 (내부 온도가) 안 떨어져요." 그가 종일 일하는 진열대와 진열대

사이의 너비는 사람 하나가 들어가고 약간 남을 정도로 좁다. 상품을 조금이라도 더 많이 진열하기 위해 빽빽하게 만들어진 공간에서 하루 종일 몸을 움직이다 보면, "온 몸이 땀으로 범벅"이 된다.

"진열대 중간 중간에 약간 넓은 통로가 있어요. 사람도 지나다니고 물건도 지나다니는 그런 통로죠. 맨 처음에는 그 통로에 정말 몇 대 안 되는 선풍기가 부착돼 있었어요. 물류센터다 보니 먼지가 엄청나게 많거든요. 그 안에는 제대로 청소도 안 돼 있어요. 애초부터 사람을 위해 해놓은 것이 아니라 물건을 위해서 해놓은 거였으니까요. 환풍기도 있는데 원래 비 오는 날이면 껐어요. 환풍기가 돌아가면 물이 새어 들어와 물건 상한다고요. 그럼 센터 안은 환기가 전혀 안 되니까 완전히 찜통이 되는 거죠."

최근엔 선풍기 대수가 늘어 진열대 1개당 1대의 선풍기가 설치됐다. 휴게공간도 생겼고, 거기에는 에어컨도 있다. 하지만 D씨가 출근해서 휴게공간에 머물 수 있는 시간은 얼마 되지 않는다. 여전히 그가 출근 후 대부분의 시간을 보내는 '일하는 공간'에는 에어컨이 없다. "선풍기를 늘려주긴 했는데, 선풍기로는 온도가 안 떨어지더라고요."

실내에서 일하는 그도 종일 밖에서 일하는 라이더 C씨만큼이나 기후변화를 체감한다. "올해는 폭염이 이렇게 계속되는데 작년에는 장마가 그렇게 길었잖아요. 비가 시도 때도 없이 오고요. 아열대성 기후로 바뀌고 있다고도 하잖아요. 저도 그런 걸 많이 느끼고 있죠."

만약 기후변화가 가속화돼 극한 폭염이 더 많아지고, 갑작스러운 한파가 더 많이 찾아온다면 그는 계속 물류센터에서 일을 할 수 있을까. 그는 회의적이다. "노동환경이 개선 안 되고, 지금 상태로 유지된다면 정말 힘들죠. 겨울에 추위가 심해지고 여름에 더위가 심해지면…. 노동조건에 변함이 없다면 저희도 인간인데 돈도 좋지만, 그게(계속 일하는 게) 가능하겠어요? 임금을 많이 받는 것도 아닌데…. 다른 일자리를 찾아가든지 해야죠. 체력적으로 힘들어서 못 해요."

2022년 2월, D씨가 일하는 물류센터에서는 한 50대 노동자가 업무 중 숨졌다. 사인은 뇌출혈이었다. 이 노동자가 담당했던 업무는 물건이 들어오면 이를 확인해 전산에 등록하는 것이었다. 노동조합은 이 노동자의 사망과 관련한 기자회견에서 '추위와 더위에 취약한 물류센터의 구조, 휴게시간과 휴게공간 부족 등의 열악한 노동환경' 등의 변화가 없는 한 물류센터 내 사망사고는 반복될 수밖에 없다고 주장했다.

기후변화 대응으로 없어지는 일자리

2021년 영국 글래스고에서 열린 제26차 유엔기후변화협약 당사국총회 COP26에서 채택된 '글래스고기후조약Glasgow Climate Pact'에는 석탄 발전과 화석연료에 관한 중요한 내용이 담겼다. "석탄 발전을 단계적으로 감축하고, 비효율적인 화석연료 보조금을 단계적으로 중단한다"는 내용이 합의문에 들어간 것이다. 이 내용을 합의문에 넣는 것은 일부 국가들의 반대로 폐막식 일정까지 미루는 치열한 합의 과정을 거쳐야 했다. 초안의 문구는 석탄 발전을 "단계적으로 폐지"하는 것이었지만, 최종적으로는 "단계적으로 감축"한다는 것으로 확정됐다. 합의 과정에서 처음보다 강도가 약해지긴 했지만, '석탄 발전과 화석연료'를 감축 내지는 중단해야 한다는 메시지가 조약 안에 분명히 포함된 것이다. COP26은 파리협정 이후 가장 중요한 기후 정상회의로 꼽힌다. 이 회의에서 채택된 '석탄에서 청정에너지로의 전환을 위한 세계 선언'에서도 석탄 발전 중단이 주요하게 언급됐다. 주요 경제국들은 2030년대까지 탈석탄 달성을 목표로 하는 정책을 개발하고, 그 외 국가들도 2040년대까지 그런 노력을 해야 한다는 내용을 담고 있다. 이 선언에는 우리나라도 동참했다.

화석연료의 시대는 끝나가고 있다. 보수적 성향을 갖고 있는 국제에너지기구IEA조차도 「2050 넷제로 달성 로드맵 보고서」에서 효율이 낮은 석탄 발전소는 2030년까지 단계적으로 폐쇄되며, 2050년 전력 발전의 거의 90퍼센트는 재생에너지를 통해 공급되는데 그중 70퍼센트는 풍력과 태양광이 차지할 것으로 전망했다. 여러 화석연료 중에서도 전 세계적으로 가장 강한 퇴출 압력을 받고 있는 것은 바로 석탄이다. 석탄의 탄소배출량이 다른 화석연료들보다 높기 때문이다. 이미 많은 글로벌 투자은행과 보험사들은 석탄 사업에는 투자와 보험 제공을 중단하겠다고 선언했다. 국내 상황도 비슷하다. 정부는 국내 신규 석탄 화력 발전소 허가를 중단했고, 해외에 신규로 건설하는 석탄 화력발전에 대한 공적 금융지원 중단도 선언했다. '2030 국가 온실가스 감축목표NDC'

와 '2050년 탄소중립 시나리오'에 따르면 2030년 국내 석탄 발전 비중은 21.8퍼센트, 2050년에는 0퍼센트다.

탈석탄 같은 에너지 부문에서의 전환 정책이 보통 사람들에게 다소 멀게 느껴지는 기후변화 대응 정책이라면, 내연기관차 대신 친환경차인 전기차로의 전환은 일상에서 가장 쉽게 체감할 수 있는 정책 중 하나다. 가솔린, 디젤 등 화석연료인 석유를 연료로 움직이는 내연기관차는 많은 온실가스를 배출한다. 2018년 우리나라에서 배출된 727.6백만 톤 CO_2-eq의 온실가스 중 수송 부문의 온실가스 배출량은 98.1백만 톤 CO_2-eq이었다.

우리나라도 전기차 생산량을 빠르게 확대하고 있다. 정부는 2020년 발표한 '한국판 뉴딜 종합계획'에서 2025년까지 택시를 포함한 승용차, 버스, 화물 등에 전기차를 113만 대 보급하겠다고 했다. 전기차 보급 확대에 따른 급속 충전기 1만 5,000대, 완속 충전기 3만 대 등 충전 인프라도 늘리겠다고 했다. 국내에서 가장 큰 자동차업체인 현대자동차는 2035년부터 유럽 시장에서, 2040년부터는 한국을 포함한 미국 등 주요 시장에서도 내연기관차를 더는 판매하지 않겠다고 선언했다. 내연기관차 생산 종료시점이 정해진 것이다.

이렇게 기후위기 대응을 위해 석탄과 내연기관은 이미 퇴출 수순을 밟고 있다. 기후위기의 심각성이 대두되는 만큼 퇴출의 속도를 지금보다 더 높여야 한다는 요구는 앞으로 더 많아질 것이다. 당초 2038년 탈석탄을 선언했던 독일은 2030년으로 그 시점을 당겼다.

문제는 이렇게 많은 온실가스를 배출하는 석탄 발전소와 내연기관 산업이 누군가에게 소중한 '일자리'라는 것이다. 석탄 발전소에는 석탄을 싣고 날라서 발전 터빈 안에 넣고, 타고 난 재를 처리하는 노동자들이 있다. 발전소 장비를 수리하고 발전소 내·외부를 청소하며 정비하는 노동자들도 있다. 자동차 완성차 공장에는 여전히 내연기관차에 들어가는 엔진 부품을 오랫동안 조립해 온 노동자들이 있으며, 엔진과 관련된 부품을 납품하는 부품업체에서 일하는 노동자들도 많다. 만약 석탄 발전소가 문을 닫고 내연기관차에만 필요했던 엔진 같은 부품을 생산할 필요가 없게 된다면, 이들의 일자리 역시 함께 사라지게 된다. 이들의 일자리는 누가 책임져야 할까?

사라지는 직장, 석탄 화력발전소

노동자 E씨는 충남의 한 석탄 화력발전소에서 처음 일을 시작하게 됐을 때 매우 기뻤다. "그때는 외환위기였거든요. 어딘가에 고용이 되는 것 자체가 굉장히 어려운 시기였어요. 지금처럼 일자리들이 많지도 않았죠. 저는 지역 출신이기도 해서 약간의 혜택을 받기도 했어요. 그때는 '내가 굉장히 좋은 직장에 다니고 있구나' 하는 생각을 많이 했어요."

그는 그때부터 지금까지 석탄 발전소에서 20년 넘게 일하고 있는 발전소 노동자다. 그는 긴 시간 동안 석탄 화력발전소 내의 다양한 공정에서 일을 했다. "석탄을 컨베이어 벨트로 운반하는 운전 설비, 석탄이 타고 나면 그 재를 처리하는 회처리, 탈황, 그리고 그걸 또 재활용하는 설비도 있거든요. 회전제 설비라고. 운전도 하고, 정비도 하고 했죠."

지금 석탄 발전소의 상황은 E씨가 입사했을 때와는 많이 달라졌다. 그가 입사했을 때 석탄 화력발전소는 꽤 좋은 직장이었다. '공공을 위해 전기를 생산하는 것'에 자부심도 있었다. 여전히 모두를 위해 전기를 생산하는 일을 하고 있긴 하지만, 그는 처음처럼 발전소에서 일한다는 것에 대해 자부심을 느끼진 못한다. 석탄 발전소에서 일하는 것이 처음 부담으로 느껴졌을 때는 미세먼지가 한창 이슈가 됐을 때였다. 석탄 발전 과정에서 배출되는 미세먼지의 양이 상당하다는 언론보도가 나왔고, 석탄 발전소에 대한 비판이 커졌다. 자연스럽게 발전소에서 일한다는 것을 밝히기 조심스러워졌다. "미세먼지 때는 제가 가해자가 된 느낌이 있었어요. 현장에 있는 사람들도 자기가 가해자라는 생각들을 많이 했죠. '너희들 때문에 나의 삶이 안 좋아졌다'는 시선을 많이 받았으니까요. 미세먼지 때문에 마스크를 계속 쓰고 다녀야 하기도 했고요."

하지만 요즘 E씨는 동료들과 그때와는 정반대의 기분을 느끼고 있다. '피해자'가 된 것 같다는 생각이 든다. 직장인 석탄 발전소가 정부 정책에 의해 순차적으로 폐쇄 수순을 밟고 있기 때문이다. "예전에는 우리가 가해자라는 느낌이 있었다면, 지금은 탄소중립 정책으로 직장이 폐쇄된다고 하니까 피해자처럼 느껴지는 게 강한 것 같아요."

국내에서 '탈석탄'은 구호가 아닌 천천히 진행되는 현실이다. 2020년 12월, 정부가 발표한 '제9차 전력수급기본계획'에 따르면 2034년까지 석탄 화력발전소 34기가 폐쇄된다. 국내에 가동 중인 석탄 화력발전소

58기 중 절반 이상이 15년 안에 사라지게 되는 것이다. '2034년'이라는 시점 역시 더 앞으로 당겨질 가능성도 있다. 기후위기 상황이 심각해지면서 더 적극적인 탈석탄 정책이 요구되고 있기 때문이다. 국제적으로는 '2030년 탈석탄' 주장이 힘을 받고 있다. 우리나라는 2030 국가온실가스감축목표NDC상 2030년에도 여전히 21.8퍼센트의 석탄 발전이 가동된다. 하지만 2050년 탄소중립이 실현됐을 때의 미래 사회상을 그린 두 가지 '2050 탄소중립 시나리오'에는 석탄 발전은 아예 존재하지 않는다. 시점의 차이는 있지만 어쨌든 석탄 발전소는 퇴출 수순을 밟고 있는 발전원이다.

E씨도 이런 상황을 알고 있다. "지금 석탄 발전소 폐쇄는 완전히 기정사실화됐죠. 단, 예전에는 계획된 시간표대로 폐쇄가 됐다면, 이제는 '조기 폐쇄'까지 이야기가 나오잖아요. 물론 가해자, 피해자 이렇게 나눠서 인식하는 것도 바뀌어야 한다고는 생각해요. (하지만) 상황이 이렇다 보니까…."

발전소 노동자들은 불안하다. 2021년 초 노동조합이 정의당 국회의원실과 함께 발전 비정규직 노동자 3,600여 명을 대상으로 실시한 설문조사 결과를 보면, '귀하는 석탄 화력발전소 폐쇄에 따라 고용 불안을 느끼십니까'라는 질문에 노동자들 절반 이상이 '그렇다 혹은 매우 그렇다'라고 답했다. 이미 발전소 폐쇄에 따른 고용 영향은 현실로 나타나고 있기도 하다. 2021년 국회 산업통상자원부 국정감사에서는 2020년 충남의 보령화력 1·2호기가 폐쇄되는 과정에서 비정규직 노동자 일부가

해고된 문제가 제기되기도 했다.

정부는 폐쇄되는 석탄 발전소 중 일부는 액화천연가스LNG 발전소로 전환할 계획이다. 석탄 발전소에서 일하던 노동자들이 새로 생기는 LNG 발전소로 직장을 옮기면 해결되는 문제일까? 하지만 다른 발전소로 전환이 되더라도 폐쇄된 석탄 발전소에서 일하던 노동자들이 그대로 옮겨가는 것은 쉽지 않다. 일단 새로 생기는 LNG 발전소가 꼭 석탄 발전소가 폐쇄된 지역에 생기는 것이 아닌 데다, LNG 발전소에서 필요한 인력의 규모와 석탄 발전소에서 필요했던 인력 규모가 일치하지 않는다는 문제도 있다. 이것은 태양광, 풍력 같은 다른 재생에너지 분야도 마찬가지다. 석탄 발전소에서만큼 많은 수의 인력이 필요하지 않다.

같은 발전소 안에서 일을 하더라도, 고용형태가 정규직인 노동자와 E씨 같은 비정규직 노동자들의 사정도 다르다. 석탄 화력발전소를 운영하는 한국남동발전, 한국중부발전, 한국서부발전, 한국남부발전, 한국동서발전 같은 5대 발전공기업에 소속된 정규직 노동자들은 비정규직 노동자들보다 일자리 상실의 우려가 적다. "몇십 년을 같이 한솥밥을 먹으며 발전소에서 전기를 생산"했지만, 일자리가 위기에 처하는 산업 전환의 시기에는 전혀 다른 상황에 처하게 되는 것이다.

같은 비정규직이라도 50대 노동자인 E씨와 20·30대 노동자들이 처한 상황은 또 다르다. 상대적으로 젊은 석탄 노동자들은 다른 분야로의 이직을 준비하고 있다. "다들 고민이 많죠. 20~30대 젊은 노동자들은 다른 분야로 이직을 준비하기도 해요. 요즘은 '꼭 가야겠다'는 생각이 더 강해진 것 같기도 합니다. 실제 이직을 하는 노동자들도 굉장히 많이 있어요. 주로 제철소 같은 곳으로 많이 가고, 한국수력원자력이나 민간 가스회사 같은 곳으로 옮기는 분들도 있죠. 공부를 열심히 해요. 그렇게 이직하는 분들 연령대는 거의 2030이에요." 하지만 이미 직장인 석탄화력발전소가 있는 지역에 정착해 가족들과 함께 생활하고 있는 중년의 노동자들은 선뜻 그런 선택을 내리기가 쉽지 않다. "사실 '이주에 대한 두려움'이 많이 있어요." E씨가 말했다. "하루아침에 여기 직장을 떠나야 한다는 것, 가족들과 떨어져서 지내야 한다는 것에 대한 두려움과 걱정이 있어요. 아이들이 있는 집의 경우 교육 문제도 중요하죠."

평생을 '석탄'을 만지는 일을 해왔는데, 이제는 다른 일을 해야 한다는 걱정도 앞선다. "사실 오랫동안 이 일을 해왔는데, 하루아침에 다른 곳으로 이직을 한다는 게 그렇게 쉽지는 않을 것 같아요. 여기서는 나의 지위도 있고, 역할도 있고, 또 내 설비에 대한 자신감도 있거든요. 그런데 완전히 새로운 업무를 한다고 하면 자존감이 많이 떨어지잖아요. 그런 데서 오는 두려움도 있어요." 앞서 진행된 비정규직 노동자들을 대상으로 한 설문조사에서 '지금 근무하고 있는 발전소가 운영이 중단될 경우, 다른 일자리가 준비되어 있느냐'는 질문에 65.2퍼센트의 노동자들은 '그렇지 않다', 29.5퍼센트의 노동자들은 '생각해 본 적 없다'고 답했다.

일자리 상실 우려에 대한 비정규직 노동자들의 불안은 1년 뒤 실시된 비슷한 조사에서 더욱 악화됐다. 사회공공연구원 공공운수노조가 2022년 발전 5개사에서 일하는 비정규직 노동자 2,000여 명을 대상으로 같은 내용의 설문조사를 진행했다. 조사 결과 발전소 폐쇄로 '매우 불안하다'고 느끼는 이들의 비중은 절반 이상(56.9퍼센트)으로, 이전 조사보다 높아졌다.

조립하던 부품이 사라지면서 다른 일을 하게 된 내연기관 노동자

기후변화 대응을 위한 산업 전환으로 일자리 위기에 처하게 된 것은 석탄 노동자들뿐만이 아니다. 국내 자동차 공장에서 일하는 F씨는 입사 후 수십 년간 엔진을 조립하는 일만 해왔다. 하지만 얼마 전 갑작스럽게 평생 일한 엔진조립 공정을 떠나게 됐다. 전기차 수요가 늘면서 그가 일하던 엔진조립 라인이 사라졌기 때문이다. "저는 입사 후에 엔진 파트에서만 계속 일을 했어요. 엔진을 조립해서 이송하는 일만 계속 했죠. 지금 하고 있는 것과는 완전히 다른 일이죠."

　내연기관 자동차는 전기차, 수소차 같은 친환경차로 빠르게 대체되고 있다. 전기차가 기존 내연기관 자동차와 가장 다른 점은 엔진 대신 배터리로 굴러간다는 것이다. 내연기관 자동차의 핵심 부품이었던 엔진을 비롯한 각종 부품들은 전기차에는 이제 쓰이지 않는다. 내연기관 자동차의 엔진 관련 부품이 배터리로 전환되고, 동력전달장치와 다른 전장품도 변화하면서 전기차에는 내연기관차보다 적은 수의 부품이 쓰이게 된다.

　엔진조립 공정을 떠난 F씨가 새롭게 배치된 부서는 '물류파트'다. "회사에서 여러 부서를 옵션으로 주고, 갈 부서를 찾아보라고 했어요.

가기 싫어도 가야죠. 내 공정은 없어지니까요. 전기차에는 배터리만 다니까, 내연기관(엔진)은 몰락한 거죠."

평생 부품조립을 하던 그는, 지금은 전기차를 생산하는 데 필요한 자재를 나르는 일을 하고 있다. "볼트나 너트 같은 자재들 있잖아요? 다른 사람들이 조립할 수 있게끔 그런 자재들을 날라주는 일을 해요. 자동차에는 들어가는 부품이 엄청나게 다양하거든요. 각 공정마다 담당하는 부품이 있고, 저는 거기 맞춰서 필요한 부품을 전달해요. 각종 볼트나 너트류, 스피커, 우퍼 같은 것들이죠."

일한 경력으로 치면 베테랑 노동자인데도, 그는 처음 새로운 공정에 배치되어 일하기 전날 밤에는 긴장이 돼 잠이 오지 않았다고 했다. "직접 겪어보지 않은 사람들은 말로 표현할 수가 없어요. 다른 공정으로 배치된다는 소식을 처음 들었을 때, 잠이 안 왔어요. 저만 그런 것이 아니라 다른 동료들도 다 마찬가지였더라고요." 그는 엔진 공정이 없어지기 3~4개월 전에야 그 사실을 알게 됐다. 갑자기 새로운 공정에 투입되자 '앞이 안 보이는' 신입사원이 된 기분이 들었다. "근속년수가 높아도, 물류파트 일은 하나도 모르니까 신입사원이죠. 신입사원의 마음으로 일을 하고 있어요."

F씨와 같은 공장에서 일하는 G씨는 생산 조립 공정에서 20년 가까이 일하고 있는 노동자다. 그는 차에 전기 배선을 까는 일을 한다. 전기차 생산이 늘어나면서 그가 차에 설치하는 배선의 두께도 과거보다 두꺼워지고 있다. "차가 오직 전기로만 가니까 전기 장치가 두세 배 더 많

이 들어가요. 그러다 보니 와이어링(와이어링 하네스)이 더 굵어지는 거죠. 예전 와이어링의 무게가 2~3킬로그램이었다면, 지금은 6~7킬로그램이에요." F씨 역시 부서가 바뀐 뒤 육체노동이 늘었다. "자재를 나르는 곳이니까 일단 힘을 써야 하잖아요. 조립 일을 할 땐 별로 그럴 일이 없었는데, 지금은 옷에 땀이 마를 날이 없어요."

두 사람 모두, 변화가 이렇게 빨리 올 줄은 몰랐다. F씨는 "엔진은 사람으로 따지자면 머리, 두뇌인데 그것이 없어진다는 게 현실로 다가오니까 '진짜 꿈이 현실이 됐구나' 하는 생각을 했다"고 했다. "(전기차로 전환된다는 이야기는) 신문에서도 봤죠. 대통령이 (산업이) 친환경으로 가야 한다고 이야기하는 것도 봤고요. 그런데 이렇게 갑작스럽게 현실이 될 줄은 몰랐어요. 전기차가 나올 거라는 이야기는 들었지만, 엔진이 이렇게 갑자기 없어질 줄은 몰랐어요." G씨 역시 마찬가지다. "예전에 교육할 때, 엔진이 사라지는 시대가 온다고, 대비를 해야 한다는 이야기를 들었을 때 '야, 말도 안 되는 소리 하지마라. 우리 땐 그런 거 신경 안 써도 돼'라고 했었거든요. (엔진이 사라질 수 있다는 위기감을) 한 번도 못 느꼈죠. 그런데 점점 현실화가 되고, (어느 날) 저희 라인에도 전기차가 들어오더라고요."

옷에 땀이 마를 날이 없고, 평생 하던 일이 사라진 것은 아쉽지만, 그래도 F씨는 '자기는 사정이 나은 편'이라고 생각한다. 하던 업무의 내용은 완전히 바뀌었지만, 그래도 '일할 곳' 자체는 남아 있기 때문이다. 그가 걱정하는 것은 자동차 '부품사'에서 일하는 노동자들이었다. "동료들하고도 그런 이야기를 많이 했어요. 전기차로 전환되니까 엔진 라인이 없어지는 건 당연한 일이다. 그런데 여기 들어가는 부품을 만들던 회사들은 어떻게 되겠나? 내연기관에서 나오는 연기가 나가는 배기구 같은 부품 있죠? 그런 부품을 만들던 회사는 이제 어떻게 하느냐는 거죠."

더 큰 위기에 직면한 내연기관 부품사 노동자들

H씨는 F씨가 걱정한 내연기관 부품을 만드는 회사에서 일을 하고 있는 노동자다. 그는 22년째 엔진 관련된 부품을 주로 생산하는 회사에서 일을 하고 있다. H씨가 다니는 회사는 처음부터 엔진 관련 부품만 만들었던 것은 아니었는데, 시간이 지나며 자연스럽게 하나의 주력 부품이 생겼고, 그게 엔진 관련 부품이었다. 자동차의 핵심이 엔진이었던 시대의 자연스러운 흐름이었다. 엔진 안에 들어가는 부속품인 이 부품은 전기차로 전환이 돼 본체인 엔진이 사라지면 더는 필요하지 않게 된다. H씨는 '곧 사라질 부품'을 만들고 있는 셈이다.

"(제가 만들고 있는 이 부품은 전기차로 전환이 되면) 완전하게 없어지는 아이템이죠. 하이브리드가 아닌 순수 전기차처럼 모터로 돌아가는 차량으로 바뀐다고 했을 때, 완전하게 사라지는 부품이에요. 제가 알기로 엔진 관련한 부품을 주로 만드는 부품사가 한 300여 개 정도가 되거든요? 그런데 그중에서 아마 3분의 2는 사라지지 않을까 생각합니다. 지금 당장의 분위기는 그래요."

그의 말대로, 국내 부품사들은 위기에 처해 있다. "자동차 부품 중

엔진이라는 '덩어리'가 사라지는 거잖아요. 계속 똑같이 유지되는 것은 샤시, 차대, 전기장치 같은 거예요. 그걸 대체할 만한 아이템을 수주하지 못하면 (엔진 부품사는) 사라질 수밖에 없지 않을까요."

　기존 내연기관차에 필요한 부품만 생산해 왔던 부품사라 하더라도, 바뀐 시대의 흐름에 맞춰 전기차에 필요한 다른 부품을 새롭게 연구·개발해 판매하면 되는 것 아닐까? 하지만 H씨는 그건 "불가능"할 것 같다고 했다. "전기차라고 해서 (완전히 새로운) 부품이 만들어지는 것이 있는지 한번 생각해 보면 답이 나올 것 같아요. 이미 배터리는 확보된 기술력을 가진 곳들이 있지요. 이미 안정화된 개발, 생산을 하는 업체들이 있습니다. 기존 업체들이 그 시장을 비집고 들어가는 것은 너무나 어려워요. 다른 부품들도 마찬가지죠. 정밀가공업체들이 모터나 전기장치 사업에 (새로) 뛰어드는 것은 정말 '맨 땅에 헤딩'하는 거예요. (지금 뛰어들어서) 이미 기술력을 확보하고 있는 기존 업체들을 앞설 수 있을까요? 그러긴 어렵다는 거죠. 누가 이제 사업을 막 시작해서 불안정한 업체의 제품을 사려고 하겠어요?" 많은 부품사들의 당장 새로운 부품을 개발하기엔 자금 사정도, 연구개발 역량도 부족한 경우도 많다.

　부품사 노동자인 H씨는 요즘 상황이 불안하다. "안타깝죠. 불안하기도 해요. 지금 정부의 정책 방향을 보면, 내연기관차가 사라지는 것에 따른 영향은 상관없이, 다른 국가들보다 전기차 산업에서 앞서가기 위한 방향만 있는 것 같아요. 그 일자리를 가지고 있고, 생계를 유지하고 있는 사람에 대해서는 고려하지 않는 부분들이 너무나 큽니다. 사회적

제도가 뒷받침이 안 된다면, 이 부담은 온전히 노동자들에게 전가되겠죠. 그런 변화의 과정이 안타까울 뿐이고, 그걸 바꾸기 위한 노력을 같이 해야 한다고 생각해요."

정의로운 전환을 위한 일자리 대책

기후위기 시대의 시민이자 노동자인 그들의 불안감

석탄 발전소에서 일하는 노동자들도, 내연기관 산업에서 일하는 노동자들도 기후변화를 실감한다. 발전소 노동자 E씨의 고향은 그가 지금 일하고 있는 발전소가 있는 해안가 지역이다. "요즘 예전엔 안 잡히던 어종들이 많이 잡혀요. 남해안에나 있던 어종들이 서해안에서 잡히기도 하고요. 날씨가 따뜻해진 건 기본이고요."

내연기관 자동차 노동자 F씨도 친환경차로의 전환이 어쩔 수 없는 시대적 흐름이라고 생각한다. "지구온난화는 전 세계적인 문제잖아요. 여름이 더 길어지고, 온도도 더 높아지니 (살고 있는) 현실이 너무 힘든 게 사실이에요. 에어컨 없이는 생활하기가 힘들 정도죠. 집중호우, 물난리가 곳곳에서 일어나고도 있고요. (그런 상황에서 친환경차로의 전환은) 트렌드라고 생각해요. 옷에도 트렌드가 있는 것처럼, 친환경차로 가는 것은 시대의 트렌드죠. 세계적 추세니까, 그렇게 가야 된다고 생각해요. 저도 동의해요. 대기 중 탄소가 쌓여 온도가 상승하는 문제점이 분명히 있으니까요."

기후위기 시대를 살아가는 '시민'으로서 전환 흐름에는 공감하지만, 그 과정에서 '노동자'로서 불안감은 커질 수밖에 없다. "기후는 내연기관이 없어지면 점점 좋아진다, 지구를 살리는 방법으로 가는 게 마땅하다, 그렇게는 생각해요. 하지만 노동자 입장에서 볼 때 그에 따른 부작용도 많은 거예요. 고용이 불안해지고, 협력업체들은 도산할 수도 있죠. 국가적으로 해결해 주어야만 상생할 수 있다고 생각해요."

기후 일자리와 정의로운 전환

물론 기후변화가 기존에 있던 일자리를 앗아가기만 하는 것은 아니다. 기후변화에 대응하는 과정에서 '새로운 일자리' 역시 생겨난다. 태양광과 풍력 등 앞으로 점점 확대될 재생에너지와 관련된 일자리들이 대표적인 예다. 2030년 이전까지 전력 시스템에서 석탄 발전을 모두 퇴출하고, 이를 재생에너지와 저장장치 산업으로 대체하는 '탈석탄 시나리오' 때 정부의 현재 에너지 정책 시나리오보다 약 2.8배 더 많은 일자리 창출 효과가 있다는 연구 결과도 있다.

정부는 2020년 7월 발표한 '한국판 뉴딜 종합계획'에서 2022년까지 '그린뉴딜' 부문에서 65만 9,000개의 일자리가 창출될 것으로 전망했다. 녹색 인프라와 신재생에너지, 녹색산업 육성 등에 집중적으로 투자하는 과정에서 일자리가 늘어난다는 것이다. 구체적으로는 2025년까지 도시·공간·생활 인프라 녹색 전환 부문에서 38만 7,000개, 저탄소·

분산형 에너지 확산 부문에서 20만 9,000개, 녹색산업 혁신 생태계 구축 부문에서 6만 3,000개의 일자리를 창출하겠다고 했다. 또 "(산업)구조 전환에 따른 불확실성에 대응해 고용, 사회 안전망을 확충하고, 디지털·그린 인재를 양성"하는 과정에서 일자리가 33만 9,000개 창출된다고도 했다.

이 정도 규모의 일자리가 실제로 창출될지는 아직 알 수 없지만, 설사 이런 '새로운 일자리'가 만들어진다고 해도 그 일자리가 '누구를 위한 일자리'인지는 더 논의되어야 할 문제다. 신산업에서 새롭게 창출되는 일자리들은 E씨 같은 발전소 비정규직 노동자, H씨 같은 부품회사에서 엔진 관련 부품을 만들던 노동자 등 당장 기후변화에 대응하기 위한 정책으로 일자리 상실 위기에 처한 이들이 갈 수 있는 일자리일까?

물론 전환 과정에서 일자리를 잃는 노동자들 모두가 새로 생겨나는 '기후 일자리'에서만 일을 하긴 어려울 것이다. 하지만 기존에 있던 일자리든 새로 생겨난 일자리든, 현 상황에서는 자세한 데이터부터 확보되어야 한다. 기후위기 대응이라는 전환 과정에서 일자리를 상실하게 될 것으로 보이는 노동자의 규모는 구체적으로 얼마나 되며, 이렇게 일자리를 잃게 된 이들이 원하는 새로운 일자리는 어떤 것인지, 그런 일자리로의 이직을 위해선 구체적으로 어떤 지원이 필요한 것인지, 이직을 위한 준비기간 동안 노동자들이 의지할 수 있는 사회적 안전망은 충분히 갖춰져 있는지에 대한 검토가 필요해 보인다.

또한 노동자들의 일자리 대책은 '정의로운 전환Just Transition'의 관점에서 만들어져야 한다. 정의로운 전환은 "어떤 지역이나 업종에서 급속한 산업구조 전환이 일어나게 될 때, 그 과정과 결과가 모두 정의로워야 한다"는 개념이다(김현우, 2014). 기후변화 대응을 위한 산업 전환 과정에서 일자리를 잃게 되는 노동자들, 주력 산업이 사라지면서 경제적 피해를 입게 되는 지역이 생기게 되는데 노동자와 지역에게만 그 부담을 모두 전가해서는 안 된다는 것이다. E씨가 수십 년간 일했던 직장이 '우리 모두의 미래'를 위해 문을 닫아야 한다면 정부도, 사회도 E씨에게 그에 맞는 지원과 보상을 해줘야 한다는 것이다. 정의로운 전환의 원칙은 '파리협정'에도 포함돼 있고, 노동자의 노동조건과 지위 향상을 위해 설립된 국제기구인 국제노동기구ILO 역시 '정의로운 전환 가이드라인'을 갖고 있다.

국내에서는 '한국판 뉴딜 정책'을 발표할 때까지만 해도 정의로운 전환이라는 용어와 개념 자체가 거의 알려지지 않았었으나, 2021년 이후로는 예전보다는 많이 논의되고 있다. 법 이름에 '기후위기 대응'이 처음으로 명시된 「기후위기 대응을 위한 탄소중립·녹색성장 기본법」에서는 정의로운 전환의 정의가 보다 구체적으로 담기기도 했다. "정의로운 전환이란 탄소중립 사회로 이행하는 과정에서 직·간접적 피해를 입을 수 있는 지역이나 산업의 노동자, 농민, 중소상공인 등을 보호하여 이행 과정에서 발생하는 부담을 사회적으로 분담하고 취약계층의 피해를 최소화하는 정책방향을 말한다"(제2조 13항).

정부는 2021년 7월 '공정한 전환(정의로운 전환) 지원방안'에서, 기후변화 대응을 위한 과정에서 영향을 받게 되는 석탄 화력발전소 노동자와 내연기관 자동차 노동자들을 위한 지원책을 발표했다. 정부는 당시 낸 보도자료에서 철강이나 석유화학 등 다른 탄소를 많이 배출하는 사업장보다 이미 사업 축소와 전환 목표가 확정된 내연기관 자동차, 석탄 화력발전 분야에서 "상대적으로 빠른 시일 내"에 노동 전환이 발생할 것으로 예상된다고 발표했다.

정부가 내놓은 주요 대책은 재직자들의 신산업분야 직무전환 훈련 지원으로 고용 유지, 민간 중심의 체계적 훈련 지원, 전환 과정에서 기업이 직무전환이나 고용 유지를 하는 경우 고용환경개선 비용 지원, 사전 전직 준비와 재취업 지원 강화를 위한 맞춤형 훈련과정 운영, 전환 과정에서 실업 상태에 놓인 노동자를 채용하는 기업에 채용보조금 지급 등이다.

이런 대책들은 향후 더 구체화되어야 할 것으로 보인다. 노동자들은 정부가 내놓는 대책이 추상적이라고 느끼고 있다. 발전소 노동자 E씨는 "20년 넘게 발전소를 다니면서 에너지 관련한 자격증이 4개 정도 있어요. 이런 쪽 산업에 특화된 엔지니어예요. 그런데 재생에너지로의 전직을 위한 훈련을 한다면 더 구체적이어야 하죠. '재생에너지로 전환 시 몇 명의 인원이 필요하고, 또 어떤 분야로 갈 수 있다', 'LNG 발전소는 몇 명이 필요하다' 하는 식으로 말이죠. 저한테 하루아침에 농업이나 수산업, 관광업을 하라고 할 것은 아니잖아요."

남들처럼 평범하게 일을 하다 한순간에 '정의로운 전환'의 당사자가 되어버린 E씨는 과거처럼 '경제'를 중심에 뒀던 사회의 작동 방식이 변해야 한다고 믿는다. "예전에 산업이 가장 우선이고, 돈이 우선이고, 경제가 우선이었죠. 그런 측면에서만 모든 것을 바라봤죠. 사실 저도 그랬어요. 발전소 다니면서 환경을 많이 오염시킨 것도 사실인데, '그래도 돼'라고 생각했어요. 안 좋은 물질을 배출해도 '그래도 돼, 어쩔 수 없어'라고 생각하기도 했고요. '산업 발전을 위해서는 내가 이렇게 할 수밖에 없는 거야'라고요. 그런데 환경단체들 이야기를 들어보면 심각한 거죠. 북극에 눈이 녹고, 사막화가 되고, 장기간 폭우가 내리고, 태풍이 심해지고…. 심각하구나, 내가 모르는 것도 있었구나, 생각하게 됐어요."

IPCC는 2022년 4월에 발표한 '기후변화 완화'를 다룬 「제6차 평가보고서 제3실무그룹 보고서」에서, 기후변화에 대응하기 위한 조치를 실행하는 과정에서 국가 내, 국가 간 '분배적 결과'가 초래될 수 있다고 지적했다. 온실가스를 덜 배출하는 지속가능한 개발로 사회 시스템을 전환하는 과정에서 일부 일자리 등의 소멸이 발생할 수 있다는 것이다. IPCC는 의사결정 과정에서 관련자들의 참여를 통해 사회적 신뢰를 높이는 것이 변화에 대한 지원을 높일 수 있다고 언급했다. 변화 과정에서 정의로운 전환의 원칙을 적용하고 이행해야 한다는 것이다.

우리는 생각보다 더 많이 연결되어 있다

아마 이 글을 읽는 독자 중에는 한 번도 A씨처럼 농사를 지어본 경험이 없는 이들도 있을 것이다. B씨처럼 뜨거운 여름날 아스팔트 도로를 달리거나, C씨처럼 일을 해야 하는데 길어진 장마 때문에 일을 못해 실망한 경험 역시 없을 수도 있다. 택배 서비스는 자주 이용하지만 D씨가 일하는 물류센터의 노동환경이 어떤지는 미처 생각해 보지 못했을 수도 있고, 전기는 매일 쓰지만 E씨가 일하는 석탄 화력발전소가 밀집된 지역과는 거리가 먼 곳에 살고 있을 수도 있다. 환경을 위해 전기차로 차를 바꿀까 생각을 해본 적은 있지만, 그 과정에서 일자리를 잃게 되는 노동자들이 있다는 생각까지는 해보지 못했을 수도 있다. 그렇다면 이들의 문제가 안타깝긴 하지만 '나'와는 관계가 없는 일인 것일까?

충청남도의 석탄 화력발전소 밀집 지역을 예로 들어보자. 국내에 있는 석탄 화력발전소들 중 절반 이상은 충남에 모여 있다. 석탄 화력발전소는 발전소 노동자들의 직장이기도 하지만, 인근 상권에서 일하는 경제 주체들에게도 중요한 공간이다. 발전소 폐쇄가 지역경제에 연쇄적인 영향을 미칠 수밖에 없기 때문이다. 발전소 노동자 E씨의 직장이 어느 날 갑자기 사라진다면, E씨와 동료들이 찾던 발전소 주변 식당과 카페의 주인도 어려움을 겪게 된다. 이들이 새로운 일자리를 찾아 가족과 함께 다른 지역으로 이주한다면, 그만큼 지역 인구가 줄어들 것이다.

작게는 같은 지역, 넓게는 같은 사회에 살고 있는 우리는 생각보다 촘촘하게 연결되어 있다. E씨의 직장이 사라지는 문제가 E씨와 전혀 알지 못하는 어느 식당 주인의 생계와 연결되어 있다면, 내가 먹을 음식을 배달하는 라이더가 극한 폭염이 닥칠 때마다 숨이 막힐 정도로 힘든 것, 내가 지금 타고 다니는 내연기관 자동차의 부품을 만들었을지 모르는 부품사 노동자의 일자리가 사라지는 것 역시 내 삶과 관련된 문제일 수 밖에 없다. 우리는 생각보다 강하게 서로 연결되어 있다.

기후위기와 교육

미래세대에게 배우며
함께 만들어 가는 기후교육

\# 김추령

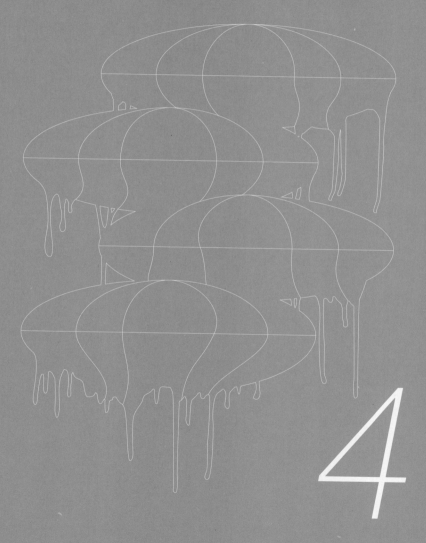

4

PROFILE

김추령

신도고등학교 교사

『내일 지구』(2021)

『오늘의 지구를 말씀드리겠습니다』(2012)

『지구가 너무도 사나운 날에는』(2020) 공저

『과학, 일시정지』(2009) 공저

새봄초등학교 5학년 교사로 근무 중인 민지영은 시간이 빌 때 웹서핑을 즐기곤 했다. 동아리 활동을 통해 아이들에게 환경교육을 하는 터라 주로 기후위기 관련 기사를 찾아본다. 이번에 본 기사는 EU의 최근 발표를 전해주고 있었다. 기사에 의하면 EU는 최근 7년간 지구 평균기온이 기록을 시작한 이후 최고치였다는 분석 결과를 발표했다. 온실가스 농도가 계속 상승하고 있으며, 기후변화의 속도는 점점 빨라지고 있다는 것이다.

민지영도 기후위기를 체감하고 있었다. 최근 호주 서부 해안 지역에서 섭씨 50.7도를 기록했다는 폭염이나 미국 콜로라도 화재, 필리핀을 할퀴고 간 태풍, 마다가스카르의 국지적 돌발 홍수와 4개월째 이어지고 있다는 브라질의 폭우 소식까지. 또한 멀리 갈 것도 없이 한국만 해도 기후변화로 인해 봄에는 냉해, 여름에는 가뭄, 해마다 잦아지는 집중호우와 태풍으로 인한 침수 피해를 입고 있지 않은가. 어린 시절만 해도 사계절이 있어 아름다운 나라라고 배웠는데, 기후변화가 실감될 때면 괜스레 입맛이 더 썼다.

민지영은 오늘 '기후위기 극복' 활동의 일환으로 '줍깅'을 하러 나온 참이다. 환경문제에 관심이 많은 열다섯 명의 동아리 아이들이 민지영과 함께했다. 북유럽에서는 이미 '플로깅'이라는 이름으로 조깅을 즐기며 쓰레기를 줍는 행동이 인기였다. 다만 한국의 실상에 맞게

'줍깅'으로 표현하는데, 정해진 시간, 정해진 장소에서 친구들과 같이 모여 걸으며 눈에 띄는 쓰레기들을 주워보자는 것이어서 아이들의 참여를 이끌기 수월했다.

민지영이 사전에 준비해 주었던 10리터짜리 쓰레기봉투 1장과 줍깅용 집게, 목장갑 한 켤레와 손 세정제가 든 줍깅 키트를 챙긴 아이들은 소풍이라도 나온 것처럼 해맑게 웃고 있었다. 민지영은 아이들을 인솔하며 초등학교 뒤편의 산책로에서 한 시간 정도 줍깅을 진행하기로 했다.

쓰레기를 주우며 웃고 떠들다 보니 걷다 보니 한 시간이 쏜살같이 지나갔다. 아이들이 들고 있던 10리터 쓰레기봉투는 금세 주운 쓰레기로 그득해졌다. 마스크나 먹고 버린 페트병, 담배꽁초 같은 것도 많았고, 전단지와 컵라면 용기 같은 것도 있었다. 간식을 먹고 버린 듯한 과자봉지, 건강음료 파우치부터 돌 틈새나 고목 틈새에서 캔이나 테이크아웃용 플라스틱 컵을 발견하기도 했다.

"이제 그만 정리하고 내려가자, 얘들아."

민지영의 통솔에 아이들이 아우성쳤다.

"잠깐만요, 선생님ㅡ!"

"조금만 더요!"

서로 간에 경쟁이라도 붙었던 모양인지 쓰레기 하나라도 더 봉투에 넣으려고 열심이었다. 십여 분 더 아이들의 쓰레기 줍는 모습을 지켜보던 민지영이 이제 정말 그만하고 내려가자며 아이들을 챙겼다.

줍깅을 끝마친 민지영과 아이들은 산책로 아래 넓은 공터에 다시 모였다. 민지영은 아이들에게 줍깅으로 모은 쓰레기들을 바닥에 쏟아 붓게 했고 삼십여 분 더 함께 분리수거에 매진했다. 역시나 음료를 담았던 병이나 캔이 가장 많았고, 생각 외로 담배꽁초의 수량도 꽤 됐다.

"오늘 다 같이 줍깅 활동을 해봤는데, 어땠어요?"

민지영의 질문에 아이들이 차례를 돌아가며 입을 열기 시작했다.

"자주 지나다니는 산책로에서 이렇게 쓰레기가 많이 나올 줄은 몰랐어요."

"왜 나무나 돌 틈에 쓰레기를 숨겼는지 모르겠어요. 자신이 만든 쓰레기는 스스로 잘 챙겨야 해요."

"얼마 걸은 것 같지도 않았는데 쓰레기봉투가 금방 찼어요. 다음에는 한 봉지 더 가지고 나올까 봐요."

"여럿이 같이하니까 별로 힘들지도 않았고, 그만큼 더 지구가 건강해진 거 같아요. 뿌듯해요."

"쓰레기를 버리지 않는 것도 중요하고, 쓰레기를 버리더라도 분리배출을 꼭 해야 해요."

줍깅에 참여한 소감을 발표하는 아이들이 눈이 초롱초롱하게 빛났다. 아이들의 발표를 흐뭇한 눈으로 듣던 민지영이 말했다.

"모두 줍깅을 하면서 많은 생각들을 하게 된 것 같아서 기쁘네요. 다음 시간에는 교실에서 수업을 진행할 거예요. 요즘 기후변화 관련

해서 많은 일이 일어나고 있는데요. 어떤 일이 일어나고 있는지 다양한 사례를 배울 거고, 기후위기 극복을 위해서 우리가 지금 할 수 있는 일은 뭐가 있을지 이야기해 보는 시간을 가질 거예요. 여러분도 다음 시간까지 우리가 어떤 노력을 할 수 있을지 한번 생각해 오기로 해요!"

"네―!"

아이들이 우렁찬 목소리로 대답했다.

아이들이 귀가하는 모습을 확인한 민지영은 피곤한 몸을 이끌고 잠시 학교에 들렀다. 교무실로 가 자신의 자리에서 몇 가지 수업자료가 든 파일을 챙기던 민지영의 눈에 교무실 문 한편에 놓인 쓰레기통이 보였다. 누가 뭘 했던 건지는 몰라도 제대로 분리배출이 되지 않은 일회용품이 빼곡히 차서 쓰레기통 뚜껑을 밀어 올리고 있었다.

줍깅을 하던 아이들의 얼굴, 환경을 위해 이미 알아서 생각하고 행동하던 아이들의 얼굴이 떠올랐다. 아이들에게 기후위기의 심각성을 가르쳐 주고 그를 극복하기 위한 교육을 하는 일이 어른의 일이라고 생각했던 스스로가 부끄러웠다.

다가올 미래를 현재로 발 딛고 살아가야 할 아이들에게 환경교육이 필수적인 교육이라는 생각은 바뀌지 않았다. 하지만 아이들의 모범이 되어야 할 선생님들이 있는 교무실의 쓰레기통에 제대로 분리되지 않은 쓰레기가 마구잡이로 버려져 있다니. 민지영은 이를 보면서 먼저 살아가고 있는 어른으로서 미래세대를 위해 좀 더 행동에 나서는 사람이 되어야겠다고 다시금 마음을 다졌다.

민지영은 가득 찬 쓰레기통 뚜껑을 걷어 올리고 분리를 시작했다.

교육은 '은총알'이 아니다

늑대인간, 보름달이 뜨는 날이면 늑대로 변신하여 살육을 한다. 괴괴한 밤에는 살점이 뜯기고 뼈가 바스러지는 소리가 더 선명하다. 달을 넘겨 가며 보름달과 함께 이어지던 잔인한 살육, 돌연 어디선가 날아온 은색 총알이 늑대인간에게 명중하고, 어떤 무기에도 죽지 않던 늑대인간의 숨이 끊겼다. 스티븐 킹의 소설 『늑대인간의 주기 Cycle of The Werewolf』에 등장할 만한 장면이다. 은색총알은 도저히 불가능할 것 같은 일을 해결하는 만병통치약으로 은유된다. 우리 사회는 은연중에 은총알을 갈망한다. 2022년 1월 6일부터 시행되는 환경교육진흥법이 제정됐을 때, 환경부의 한 정책기획관은 "환경교육은 환경문제를 예방하고 해결하는 데 가장 적은 비용으로 최대의 효과를 얻을 수 있는 근본적인 해결책"이라는 발표를 했다. 가장 '저렴한 것'은 은총알을 바라는 이 정책기획관의 바람인지도 모르겠다.

인류의 조상이 동아프리카 어느 사바나 지역에 첫 발자국을 남긴 이후 인류는 유형, 무형의 교육을 시행해 왔다. 그 교육은 때론 모닥불 앞에서 구전됐을 것이고, 또 때로는 수공업자 길드에서 도제 방식으로 시행되기도 했고, 근대에 와서는 공교육이라는 이름으로 국가의 이념을 재생산하며 지금까지 이어지고 있다. 그러나 오랜 교육의 역사가 증명하는 것은 교육이 은총알이 아니라는 것이다. 교육이 그렇게 오래도록 시행되어 왔지만, 사회는 많은 모순을 드러내고, 모순은 다양한 위기를 불러왔다. 또 모순과 위기는 여전히 현재진행형이다.

그러니 교육이 모든 문제를 한 번에 해결하는 만병통치약 같은 은총 알일 수가 없다. 하지만 여전히 우리는 또 교육에 기대를 건다. 근대화의 영향으로 교육은 가장 광범위하면서도 모두에게 진입장벽이 낮은 영역이다. 게다가 학교라는 튼튼하게 구축된 다수의 기관과 시스템이 존재한다. 또 특정 조건하에서 교육은 구체적인 사회문제를 급격하게 변화시키기도 한다. 예를 들어보자. 1950년대 쿠바에서 일어난 문맹 퇴치 캠페인 같은 대규모 운동으로 1년도 안 되어 문맹률은 24퍼센트에서 3.9퍼센트로 감소했다. 1970년대 미국에서는 교육 및 대중매체 캠페인을 결합하여 담배 소비를 연간 4~5퍼센트 감소시켰다.

현재의 기후변화는 지구 시스템의 여러 생태계에서 양의 피드백이 작동하여 그 영향이 증폭되거나, 또 몇몇 대규모 생태계의 급격한 붕괴가 일어나는 급변점이 작동할 가능성이 있다. 말 그대로 일촉즉발의 위기의 순간, 비상사태라는 것이다. 그러니 사회-기술-경제 시스템도 위기에 걸맞게, 발 빠르게 그리고 제대로 대응해야 한다. 비상사태에 위기 대응 역량이 있는 몇몇 영역을 사회급변요소로 선정하고, 구체적인 사회급변행동이 작동해야 한다.

사회급변행동으로는 온실가스 배출 정보의 투명하고 빠른 공개, 화석연료와 관련된 투자와 보험 지원의 철회, 건물에서 발생하는 온실가스를 줄이는 등의 탄소중립 도시의 건설, 분산형 에너지 생산 장려, 화석연료 보조금 철폐, 화석연료 사용의 비도덕적 특성을 인식하는 사회적 규범과 가치의 재정립, 그리고 기후교육 및 참여의 강화 등이 꼽힌다 (Otto et al., 2020; 조천호, 2021). 이러한 사회급변행동들이 작동하며 급격한 사회-기술-경제 시스템의 변화를 일으켜야 우리에게 주어진 얼마 남지 않은 시간 안에 탈탄소 사회를 이룩할 수 있다는 것이다. 그러나 교육이 과연 사이렌이 울리는 위기 상황에서 119의 역할을 할 수 있을까? 또 그렇게 하는 것이 맞는 것일까?

현재 학교에서 시행하는 기후위기 관련 교육 내용 중 가장 많은 부분을 차지하는 것은 생활양식의 변화를 이끌어 내는 것이다. 이런 교육을 받는 학생들은 생활 속에서 탄소 배출량을 줄이기 위해 채식 급식을 감내하고, 분리배출에 눈을 부릅뜨고, 일회용 플라스틱 사용을 줄이기 위한 노력 등을 하고 있다. 또 '미래를 위한 금요일FFF'의 깃발 아래 전 세계의 청소년들은 제대로 된 기후정책의 실행을 촉구하며 학교를 떠나 거리로 나서고 있다. 이러한 청소년들의 대응에서 중요하게 눈여겨봐야 할 것이 있다. 교육을 통해 학생들의 일상생활 양식을 가르치는 것에서 중요한 것은 분리배출 자체보다도 분리배출을 제대로 하지 않은 행위나 일회용 플라스틱 사용을 아무렇지도 않게 하는 행위가 비도덕적이라는 인식이 보편화되는 것이다. 거리로 나선 청소년들이 'No 기후변화, 시스템의 변화'라는 피켓을 든다. 청소년들이 문제의 근본적인 원인을 제대로 꿰뚫어 내게 된 것이다. 바로 이것이 교육이 목표로 해야 하는 것이다. 교육을 통해 근본적으로 추구해야 하는 것은 규범과 가치의 변화다. 지금의 위기를 극복해 당장 탈탄소 사회를 구축하는 것도 중요하지만, 본질적으로 세상이 바뀌지 않으면 위기는 멈추지 않을 것이다. 유사한 위기는 언제든지 다시 등장할 수 있고, 반복적으로 지구와 지구 위의 다양한 존재들을 위협할 것이다. 이것을 제대로 멈출 수 있는 것이 규범과 가치, 사상의 변화다.

교육을 제대로 한다고 해도 하루아침에 이러한 변화가 일어날 수는 없다. 교육을 통한 규범과 가치, 사상의 변화는 가장 느리게 일어나는 변화일 것이다. 탈탄소 사회를 앞당기는 데 교육의 중요성에 대해 동의하면서도 급변적 요소로 교육을 바라보는 것에 대해서는 그래서 좀 더 생각해 볼 여지가 남는 이유다. 캠페인 활동이나 사회운동 참여도 교육 활동의 하나로 분류할 수 있다. 그러나 몇 번의 캠페인이나 몇 번의 사회운동에 참여해서 나타나는 변화는 지금 순간의 행동 변화이지 지속적인 태도와 생각의 변화라고 보기는 어렵다.

교육은 장기적인 관점에서 전 생애를 통해 지속적으로 시행된다. 그러니 당연히 제대로 된 방향을 잡는 것이 중요하다. 교육을 은총알 또는 저렴한 만병통치약으로 취급할 때 '비교육적'이 될 위험이 크다. 중요한 만큼 제대로 해야 하는 것이 교육이다. 교육은 기후위기를 막는 '은총알'이 아니라는 인식이 기후변화 대응 교육의 출발점이다.

잃어버린 30년

1992년 리우데자네이루에서 '유엔기후변화협약UNFCCC'이 채택됐다. 협약 제6조에 교육에 관한 별도의 항목을 두고, 개별 국가에서 기후변화와 그 영향에 대한 교육 및 대중 인식 프로그램을 개발·적용하고, 관련 정보에 대한 공개와 대응책 개발과정에 대중의 참여를 보장할 것을 제시했다. 또 국제적 협력을 통해 교육 내용과 자료의 교환, 개발도상국의 전문가 훈련, 인력의 교환 및 파견 등을 구체적 과제로 제시했다. 그로부터 딱 30년이 지났다. 그동안 국내 학교에서는 어떤 기후변화 교육을 해왔을까?

1995년 기후변화를 중심으로 다룰 수 있는 환경교과가 선택과목으로 신설됐다. 2006년 환경교과를 선택한 학교는 중학교 13.4퍼센트, 고등학교 29.7퍼센트로 낮은 수치였다. 그리고 2018년 중학교 6퍼센트, 고등학교 12.8퍼센트로 수치는 절반으로 줄었다. 환경교과 전 과정이 기후변화를 다루는 과정도 아니고, 환경교과에서만 기후변화 교육을 할 수 있는 것은 아니다. 그러나 국내 기후변화 교육의 내용과 질은 환경교과의 저조한 채택률이 보여주는 현실과 크게 다르지 않다.

기후변화의 내용을 가장 많이 다루는(물론 이 경우도 과학적 원인에 한정되어 있다) 지구과학 교과서를 예로 보자. 지구과학 교과서에서 기후변화를 설명하고 있는 단원을 펼치면 빠지지 않고 등장하는 사진이 있다. 어떤 사진은 비쩍 말라 걷기조차 힘들어 보이는 것도 있고, 주변을 둘러

봐도 아무것도 없는 바다 위에 몸을 디디고 있는 곳은 작은 얼음 조각뿐인 것도 있다. 북극곰 사진이다.

북극의 기후상승이 다른 지역보다 빠르고 그로 인해 변화된 환경에 생태계가 적응하지 못하고 위기에 처해 있는 것은 사실이다. 그래서 상징적인 존재로 북극곰이 등장하는 것이다. 하지만 북극곰만이 문제일까? 그 교과서로 기후위기를 배운 학생들에게 기후위기란 자신이 한 번도 가본 적 없는 먼 이국의 땅에서 인간을 제외한 생태계가 혹은 환경이 처한 문제라고 오해하기 딱 좋게 구성되어 있다. '기후위기는 참 심각한 문제인데, 이 문제는 나의 문제는 아니야'라고. 그뿐만 아니라 교과서에는 기후변화를 과학으로 해결할 수 있다며 지구공학기술을 소개하고 있다. 거대기술이 가지고 올 수 있는 한계점에 대해서는 언급조차 하지 않으면서 말이다. 게다가 기후변화가 새로운 기회가 될 수 있다며 북극 항로 개척, 북극 자원 개발 등 경제적 이익을 위해 발 빠르게 나서야 한다고도 쓰고 있다.

2018년 7월 20일, 온도계 숫자를 계속 갈아치우며 35도까지 치솟던 한낮의 폭염이 살짝 기울어진 오후 4시, 온도는 조금은 얌전해졌다. 32도. 비닐하우스 안에는 호박잎이 줄을 지어 매달려 있다. 작업 의자를 다리에 끼고 게걸음으로 옆으로 이동하며 호박을 손보는 미얀마에서 온 외국인 노동자 마엔의 셔츠는 어깨부터 허리까지 땀으로 축축하다. 비닐하우스 안의 온도는 38도. 아침 6시부터 오후 5시까지 직접 준비해 온 점심 먹는 1시간을 제외하고 휴식 시간은 없다. 버티기 위해서 밥을 먹긴 하지만 더운 곳에서 너무 오래 일을 한 탓에 머리가 지끈거리고 어지럽다. 억지로 집어넣는 점심이 체했는지 구역질까지 나는 모양새다. 작업장 한쪽에 마련된 기숙사로 돌아왔지만, 에어컨도 없이 선풍기 한 대로는 눅진하게 익어버린 매트리스 위에 누인 몸이 편할 리 없다. 까무룩 잠이 들었나, 그녀는 꿈속에서 그리운 고향 마을의 풍경 속으로 걸어 들어간다.

같은 해 7월 26일, 전남 순천시 풍덕동의 한 한적한 주택가 골목길에 한 노인이 벽에 기대어 앉아 있다. 고개를 푹 숙이고 다리도 쭉 뻗은 채 잠이 든 것일까, 시간이 흘러도 미동도 없다. 주변을 둘러봐도 술병은 보이지 않는다. 저녁 6시 주민의 신고로 소방대원이 출동했을 때, 그 노인의 체온은 42도가 넘어 있었고, 코에 손을 가져다 대었지만 따뜻한 김은 거의 느껴지지 않았으며, 손목에서는 맥박이 잘 잡히지 않았다.

폭염은 말없이 죽음의 그림자를 드리우며 고온에 노출된 작업환경의 노동자들이나, 평소 병을 앓고 있었거나 순환이 원활하지 않아 땀을 흘려 체온을 낮추기 어려운 노인들을 노리고 있다. 2018년 6월 23일부터 7월 28일까지 2세부터 93세까지 모두 27명이 폭염으로 사망했다. 살인적인 폭염이 휩쓸었던 2021년 북미의 이야기가 아니라 우리나라의 일이다. 사람뿐 아니라, 닭, 오리, 돼지 등 가축까지 폭염으로 인해 죽어 갔다. 2021년 8월 전남지역에서 보고된, 더위로 죽은 가축 수만 3만 6,000여 마리다.

2021년 여름, 독일에서 폭탄처럼 쏟아진 홍수로 200여 명이 사망했다. 중국에서는 하루 만에 1년 치의 비가 내리기도 하고, 냉방장치 없이 여름을 나던 북미에 50도에 육박하는 폭염이 찾아왔다. 꺼질 줄 모르는 산불이 캘리포니아 딕시부터 그리스까지 타올랐다. 기후위기로 고향을 떠나는 난민이 발생하고, 동해 앞바다의 수온이 오르고, 제주도 바다에는 열대 어류가 서식하고 있다. 이미 기후위기는 우리 삶 깊숙이 들어와 상처를 내고 있다.

그런데 북극곰이라니. 물론 삽화 자체의 문제를 이야기하는 것은 아니다. 온통 북극곰뿐인 교과서의 삽화는 1993년 기후변화협약에 가입하고도 제대로 된 대응을 하지 못하는 우리 기후변화 교육 수준을, 잃어버린 우리의 30년을 말해주는 것이다. 산업화 이전 대비 1.5도 미만으로 기온을 유지해야 하는 2050년까지 우리에게는 또 다른 30년이 남았다. 교육의 방향을 어떻게 잡아야 할까? 어떤 내용을 채우고 어떻게 움직여야 남은 30년을 다시 잃어버리지 않을 수 있을까?

앞으로 30년의 기후위기 대응 교육

'얘들아, 정치하자'

우리나라에서는 고3 학생 중 일부가 투표권을 갖고 있다. 민주주의 국가의 시민으로서 가장 중요한 정치활동을 할 권리와 의무가 만 18세의 청소년들에게 있는 것이다. 2020년 4월 총선에 고등학생 유권자는 약

14만 명이었고, 만 18세의 투표율은 전체 유권자들의 투표율보다 높았다. 일부에서는 학교가 정치적으로 악용될 소지가 있다거나 준비가 안 된 어린 유권자들이 선거법을 위반하는 행위를 무모하게 할 수 있다는 우려들이 있지만, 실은 이런 비판은 어른들에게 해야 할 일인 듯싶다. 왜냐하면 만 18세의 유권자들은 다른 어느 나이의 유권자층보다 선거의 이해관계자들과 얽힘이 적지 않은가. 금권·관권에 쉽게 굴복하는 유권자층은 오히려 이해관계가 살아온 세월만큼 얽혀 있는 어른들이 아닌가.

학교에서 유난히 '정치'라는 말에 화들짝하는 것은 우리나라의 특수한 역사 때문이 아닐까? 분단과 그로 인한 이데올로기 논쟁, 군사독재, 광주를 비롯한 민주화 투쟁들. 하지만 정치적 행위가 아닌 것이 어디에 있을까? 오히려 올바른 선거권을 행사하기 위해 제대로 정치교육을 해야 하는 것이 맞는 일일 것이다. 정치교육을 피하는 교육이 더 정치적이다. 정치 역량을 갖춘 미래의 민주 시민을 기피하려는 정치적 의도를 갖고 있다고 더 비판을 받아야 할 것이다.

학교에서 절망의 쓴맛이 진하게 느껴지는 순간 중 하나는, 기후변화 교육을 열심히 하고 난 후 '앞으로 더 열심히 분리배출을 하겠어요'라는 말이 대부분인 수업 소감문을 받아들 때, 또 너무나 열심히 페트병 라벨을 떼고 있는 아이들을 볼 때. 물론 당연히 페트병 라벨을 떼어내는 등 적정한 방법으로 분리배출을 해야 한다. 하지만 전국의 학생들이 쉬는 시간마다 모두 페트병 라벨을 제거하는 활동을 하는 것과 전국의 학생들이 애초에 라벨이 없는 페트병을 만들도록 정치적 힘을 모으는 것,

어느 것이 2050년까지 순탄소배출량 제로를 만드는 데 더 나은 길일까? 라벨 없는 페트병을 디자인하는 활동부터 건의하고 확산시키고 그리고 실현하는 소비자 정치활동, 시민 정치활동을 해야 한다. 급격하게 탈탄소 사회를 만들어야 하는 목표 때문만은 아니다. 본래 교육의 목적은 정치역량을 가진 민주시민을 길러내는 것이기 때문이다.

너희들을 배울게 ①

"자, 현재 기후위기로 인해 가장 큰 어려움을 겪고 있고, 경제적인 고난이 있는 남미와 아프리카 국가 등 지구의 남반구 대표에게 더 많은 발언 시간과 권한을 부여하기로 결정했습니다."

국제회의가 열렸고, 저개발국가에게 발언의 우선권과 충분한 발언 시간뿐 아니라 최종 정책결정권의 비중도 더 실어주기로 결정했다. 게다가 국제회의 시 통상 비행기 이동 등으로 발생하는 5만 톤 이상의 탄소배출량을 1,500분의 1 수준으로 낮출 수 있는 획기적인 아이디어가 채택되어 약 39톤의 탄소 배출로 전 세계 145개국 350명의 대표단이 참석한 국제회의가 진행됐다. 전례를 찾아볼 수 없는 일이었다.

청년들의 'Mock COP26', 즉 모의 기후변화협약 당사국총회였다. 예정대로라면 2020년 11월에 열려야 했던 26번째 당사국총회는 코로나로 인해 1년이 연기됐다. 하지만 2050년까지 지구의 기온상승을 산업화 이전 대비 1.5도 이내로 막아내야 하는 위급한 상황에 대한 인식은 청년들로 하여금 1년을 그냥 버릴 수 없다는 생각을 모으게 했다. 청년들은 접촉 횟수를 줄이기 위해 온라인 방식으로 Mock COP26을 진행하기로 했다. 온라인으로도 충분히 현안에 대한 진지한 토의가 진행될 수 있다는 것을 세계의 지도자들에게 보여주겠다는 의도도 있었다. 2주간의 행사에서 실제 COP26에서 다루어져야 한다고 생각하는 여러 영역에 관해 발표와 토론이 진행됐다. 기후 전문가들의 의견을 듣고 최종 합의된 정책을 조약으로 정리했다. 모든 연령의 정규교육에서 기후교육을 실시하고, 강력한 환경보호법을 제정·실행하고, 대기 질에 대한 좀더 강력한 규제를 실시하고, 선진국이 아시아 등지의 저개발국가로 생산기지를 이전하여 실제로는 선진국의 책임인 탄소배출량이 저개발국가로 이전되는 것을 금지하여 배출량을 투명하게 관리할 것을 요구하고, 산업화 이전 수준보다 1.5도 미만으로 지구의 온도를 제한한다는 내용이다. 이 조약을 공식화하여 법적 효력을 발휘할 수 있도록 법률자문단을 위임하는 치밀함까지 보여주었다. 이 조약은 COP26에 참여할 대표에게 전달됐다.

Mock COP26에서 청년들은 교육에 대해 이런 이야기를 하고 있다. 모든 국가들은 취학 연령의 모든 대상자들에게 기후 비상사태 및 생태위기에 관한 포괄적이며 가장 최신의 교육을 제공하도록 하며, 위기의 심각성, 구조적 원인, 실질적으로 해결하고 감소시키기 위해 취해야 하는 방법들을 이해하는 데 필요한 교육을 시행해야 한다고 말한다. 또한, 기후 비상사태와 생태위기와 관련하여 가짜 뉴스를 생산하는 자들에 대해 법적 책임을 물어야 한다는 내용도 포함했다. 자연과 함께 오래도록 공존하는 삶을 살았던 원주민들의 지식과 관습을 바탕으로 자연과 연결되어 있는 것을 학습할 수 있는 기회 또한 제공해야 한다고 명시했다.

청년 미래세대들은 빠르고 정확하고 가장 공정하고 환경에 해를 적게 끼치며 기후위기에 대응하는 방법을 보여주었다. 그들의 창의력과 책임감을 기성세대가 배워야 할 것이다.

너희들을 배울게 ②

'블라 블라 블라'라고 그들은 불렀다. 2021년 글래스고에서 열린 26번째 기후변화협약을 맺는 당사국 대표들이 모이는 회의를 두고 회의장 밖에 모인 미래세대들은 '어쩌고저쩌고' 말만 많은 회의라고 한 것이다. 회의장 밖, 찬 겨울바람이 불었다. 미래세대가 일으키는 매서운 바람이었다. 의장 알록 샤르마Alok Sharma가 눈물을 삼켜야 했던 그 회의는 그렇게 막을 내렸다.

기후위기는 시공을 초월한다. 마치 SF영화에서 웜홀을 통해 다른 우주로 가는 것처럼 멋있게 들리진 않겠지만, 오늘 우리가 배출한 이산화탄소는 200년이나 대기 중에서 사라지지 않고 이미 내일을 결정해 버린다. 그래서 기후위기 문제는 당연하게 오늘의 문제이자 미래세대들의 문제인 것이다. 미래세대인 청소년들이 기후정책에 관해 자신의 목소리를 내고, 헌법소원을 내고, 스스로 정치역량을 키워나가는 것은 지극히 당연한 일이다. 그래서 기후교육도 학생들이 기후위기가 자신들의 문제임을 정확하게 인식하게 하고, 기후위기 해결의 주체로 자신의 목소리가 정치에 반영되도록 역량을 키우는 것이 되어야 하는 것이다.

'결석하고 시위를 하러 나간다고? 대학생도 아니고 고등학생이? 모레가 시험인데?' 2019년 9월 27일, 청소년들이 예고한 기후위기를 막기 위한 학교 파업의 날, 긴장감이 감도는 시위 현장을 기대했다면 청소년들을 잘 모르는 것이다. 딱, 가을 운동회의 모습이었다. 오재미를 힘차게 던지는 학생과 청년들 그리고 아이들을 따라 나온 어른들. 그들이 던지는 오재미로 하늘이 번잡하다. '퍽, 퍼퍽. 툭' 드디어 박이 터지고, 오색의 색실과 함께 플래카드가 펼쳐진다. '배출 제로, 석탄 그만'. 점점 높아지는 해수면으로 줄어드는 육지의 면적처럼 자꾸 작아지는 패널에서 떨어지지 않으려고 모두 한 덩어리가 되어 까르르 웃는 소리가 딱, 가을 운동회였다. 물론 이 유쾌함과 명랑함 속에서 날카로운 비판과 질책도 빠지지 않았다.

정부에게 기후위기 대응 부실의 책임을 물어 '무책임 끝판왕' 상을 시상하고, 0점짜리 기후 대응 영역 성적표를 공개했다. 그리고 구호 소리와 함께 청와대로 방향을 잡았다. 채 여물지 않은 성대를 올리며 나온 소리로 도로가 꽉 찼다.

이러한 기후 파업, 학교 파업을 2018년부터 본격적으로 전 세계의 청소년들이 진행하고 있다. 동시에 각 국가의 헌법재판소에 정부의 기후위기 대응 관련 법안이 2050년 넷 제로를 만들기에 부실한 면을 들어 위헌소송을 제기하고 있고, 우리나라의 '청소년 기후행동(청기행)'도 2020년 3월 헌법소원 심판을 청구했다. 독일의 경우 연방헌법재판소가 환경단체들의 위헌청구소송에 대해 2021년 4월 29일 기후변화 대응법에 대해 '일부 위헌' 결정을 내렸다. 연방정부의 2030년 이후의 온실가스 감축 관련 정책 내용이 충분하지 않다며, 이를 '미래세대의 기본권 침해'로 판단했다. 그리고 일주일 후 정부는 2050년에서 5년을 단축해 2045년까지 탄소 배출을 넷제로로 만드는 보완계획을 발표했다. 마치 조화를 잘 이룬 아름다운 화음처럼 들리는 뉴스다. 우리나라의 청소년 기후행동 단체는 계속 발전하며 2021년에는 기후위기의 당사자들이 직접 모여 정책을 결정하는 데 목소리를 내자며 시민의회 구성을 제안하기도 했다.

어른들이 이런 미래세대의 행동을 바라보며 가장 많이 하는 말이 '대견하다'이다. "아버지, 참 대견하십니다." 우리는 이런 말을 쓰지 않는다. 대견하다고 생각하고 말을 하는 행위는 상대가 아랫사람일 때 가능하다. 미성숙하다는 판단을 깔고 있는 것이다. 비단 우리나라만의 문제는 아니다. 그레타 툰베리를 위시한 젊은 청년 기후 활동가들을 두고 일부 기성세대들은 "학교로 돌아가라"라고 말하거나 '지나친 증오'로 점철됐다고 비판을 하기도 한다. 하지만 기후문제를 일으킨 현재의 세대와 기후문제를 해결해야 할 미래세대의 관계는 쌍방향이 되어야 한다. 기후위기의 시대에 위와 아래는 이제 존재하지 않는다. 기후위기를 촉발시킨 현 세대는 기득권을 주장할 수 없는 입장이며, 미래를 지켜나가야 할 막중한 과제를 부여 받은 청년들은 '대견한' 존재가 아니라 동료이자 기후위기를 함께 막아내야 하는 동맹군이다. 발 빠르고 응집력이 강한 강력한 동맹군이다. 이제 이런 이들에게 '대견하다'라는 말 대신 기성세대가 해야 할 말은 '너희들을 배울게'여야 한다. 기후위기 대응 교육은 미래세대의 행동을 배우는 것이어야 하고, 미래세대와 쌍방향적이며 동등한 위치로 관계 정립을 시작해야 한다.

지켜야 할 7세대 원칙

일본 야하바라는 도시의 한 회의실이다. 20여 명 정도의 사람들이 있다. 도시의 수도 관로들이 오래되어 시스템을 전체적으로 교체해야 하는 문제를 논의 중이었다. 도시 전체의 상수도 시스템을 교체하는 데에는 상당한 재정이 필요하고, 재원을 마련하기 위해서는 수도요금의 인상이 불가피한 상황이었다. 회의를 한창 진행하던 사람들은 노란색의 전통의상을 나눠 가졌다. 그러곤 회의를 하다 말고 옷을 주섬주섬 갈아입었다. 그러다 다시 방금 전까지 논의하던 상수도 시스템 교체문제에 대한 논의를 이어갔다.

이 옷은 아직 태어나지 않았지만 40~50년 후에는 야하바의 시민이 되어 그 도시에서 살아갈 사람들을 의미한다. 그러니까 이 옷을 입기 전에 그들은 현세대의 야하바 시민으로서 이 의제를 논의했지만, 옷을 갈아입은 후에는 자신이 40~50년 후의 야하바의 시민으로서 현재 수도요금 인상이 불가피한 상수도 시스템 교체 의제를 논의하게 되는 것이다. 이 회의는 어떻게 결론이 났을까? 상수도 요금을 6퍼센트 인상하여 상수도 시스템을 교체하기로 했다. 당장 수도요금 인상이 되더라도 교체

해야 하는 문제를 뒤로 미루지 않고 현세대가 부담을 안고 가겠다는 의지가 반영된 것이다. 이러한 회의방식을 '7세대 원칙'이라고 한다. 아메리카대륙의 원주민 사회에서 흔히 사용됐다는 이 '7세대 원칙'은 개인이나 정부 혹은 기업이 의사결정을 할 때 그것이 7세대 후 미래의 후손들에게 미치는 영향까지 고려해서 결정을 해야 한다는 원칙이다.

지속가능한 발전에 대한 이야기가 나오기 시작한 지 꽤 시간이 흘렀다. 그러나 미래는 우리가 이미 결정지어 버렸다. 최대 200년 가까이 대기 중에 머무는 이산화탄소는 우리가 당장 이산화탄소 배출을 중단한다고 하더라도 미래의 기후에 큰 영향을 줄 수밖에 없다. 그럼에도 세상은 여전히 지속가능성보다는 발전이라는 말에 더 중점을 두고 있는 것 같다. 지속가능한 발전을 논의하는 모든 자리에서 야하바시 의회 회의처럼 현세대와 미래세대가 동시에 논의를 해야만 제대로 된 지속가능한 발전 정책을 수립할 수 있을 것이다. 석탄 화력발전소를 언제 폐지할 것인지를 결정할 때, 원자력발전소를 유지할 것인지 폐지할 것인지를 논의할 때, 화석연료 보조금 철폐나 재생에너지 촉진을 위한 지원 법안을 만들 때, 청소년들의 위헌청구소송 판결을 검토할 때 야하바시 의회처럼 두 세대가 함께 논의를 해야 한다. 학교에서 기후위기 대응 교육 과정과 내용, 방법을 고민할 때도 이 원칙을 중요하게 지켜야 할 것이다.

"안녕하세요. 여러분은 2050년의 시민들입니다. 채식 급식 2주 1회, 1주 1회, 어떤 결정을 내리시겠습니까?"

학생이 만들어 가는 교육으로

"기후변화라고 하면, 막연한 두려움으로 다가왔는데, 직접 조사도 하고 활동도 하니까 두려움 대신에 책임감이 생겼어요", "우리끼리 아이디어를 내고 만들어 가는 과정이 참 좋았어요. 활동도 재미있는 것을 많이 생각해 내게 됐고, 기후변화를 막는 일을 신나서 했던 것 같아요", "처음에는 잘 몰랐어요. 기후변화? 뭐 지구 온도가 올라가는 거라는 것 말고는. 그런데 우리끼리 주제를 정하고 조사하고 활동도 하다 보니, 내 안에 나도 몰랐던 생각을 알게 되는 거 있죠". 2021년 근무하는 학교에서 기후변화에 대한 우리들의 대응을 주제로 프로젝트형 봉사활동을 진행했다. 아이들에게는 '기후변화'라는 주제만 주어졌다. 그 이외는 모두 아이들이 알아서 하는 것이었다. 조건은 '자발적일 것, 나만을 위하는 것이 아니라 우리를 위하는 것일 것, 스스로 실행할 것'.

　최근 주목을 받고 있는 교수학습 방법으로 프로젝트 기반 학습Project Based Learning, 문제 기반 학습Problem Based Learning, 현상 기반 학습 Phenomenon Based Learning이 있다. 교육학자들은 차이점을 두고 세 개의 학습을 구분하고 있지만, 현장에서는 같은 개념으로 받아들여지고 있다. 이 세 가지의 학습방법은 학습동기, 흥미, 즐거움, 스스로 학습이라는 측면에서 매우 긍정적인 영향을 주고 있다. 아이들의 사례를 살펴보면 이점이 더 명확해진다.

저희는 채식에 대한 학생들의 생각을 바꾸어 보자는 것을 프로젝트 목표로 정했어요. 저는 사실 채소를 하나도 못 먹거든요. 왜 그런지 모르겠지만 목에서 안 넘어가요. 일단 우리부터 채식에 어떤 것들이 있는지 알아봐야겠다고 생각했어요. 그리고 채식하는, 그러니까 비건들은 너무 튀고 극단적인 사람들이라는 생각을 많이 하거든요. 친구들도 그렇고. 함께 자료를 찾다 보니, 채식 젤리가 있는 거예요. 원래 젤리는 동물에서 만든 젤라틴으로 만드는 거거든요. 채식 젤리를 사서 함께 맛보는 것부터 했어요. 맛있더라고요. 그러다 우연히 학교 선생님이 채식 요리 전문가를 소개해 주셨어요. 이야기를 듣다 보니, 채식 요리를 함께 만들어 먹어보자는 의견들이 있었죠. 그래서 친구들을 더 모아서 채식 요리 전문가의 이야기를 듣고, 간단하게 채식을 요리해서 먹어보는 시간을 가졌어요. 채식도 맛있구나. 솔직히 비건 샌드위치를 먹는데 달걀이나 버터, 햄 생각이 안 난 건 아니에요. 그래도 맛있었어요. 그래서 학교에서 채식 급식을 하는 날 밥을 안 남기는 인증샷 SNS 활동을 했어요.

이 학생의 사례에서 채식에 대해 자신이 가지고 있는 거부감을 스스로 극복해 보고자 하는 목표를 가지고 정보를 조사하며 다양한 기회를 만나게 됐다. 전문가와의 만남의 기회를 갖게 되며 주변의 친구들을 더 모아서 채식요리를 해먹는 프로그램을 조직하게 된다. 그리고 스스로 학습하는 것이 진화하여 채식급식의 날 잔반 줄이기 캠페인이라는 실천을 조직하게 됐다.

또 다른 사례에서도 특별한 배움이 일어났다.

제일 기억에 남는 건 커다란 냄비를 들고 떡볶이 집에 가서 음식을 사온 거였어요. 아, 참. 저희는 챌린지 활동을 했어요. 지역에 '용기 있는 시장'이 있어요. 매일 열리는 시장은 아니고요, 일회용 비닐 포장 안 쓰는 시장이에요. 직접 용기를 가져오는 시장이요. 그래서 우리도 SNS에서 '용기 내! 챌린지'를 했지요. 처음부터 끝까지 우리가 만들어 가는 활동이라 자유로워서 좋았어요. 이런저런 아이디어를 내고 직접 해보고. 저희가 쓴 계정이 그룹 계정을 만들 수 없는 거라, 마음껏 올리지 못해서 확산을 많이 못 했지만, 그래도 활동하면서 기후변화를 막는 일을 더 잘해야겠다는 책임감 같은 게 자라는 것을 느꼈어요.

이 사례의 경우 학생이 스스로 만들어 가는 활동의 자유로움뿐만 아니라 과정에서 책임감을 느끼게 됐다고 한다. 흔히들 자유롭게 열어두었을 때 과연 교육의 효과가 일어날까를 걱정한다. 하지만 이 사례의 경우 자유로움이라는 조건에서 확실한 동기가 생기고, 이를 바탕으로 한 시도가 책임감이라는 중요한 교육 목표에 도달하게 된 것이다.

저희는 길거리 교육을 했어요. 기후변화 교육 거리 공연이죠. 제가 선택한 과목에서 배운 내용을 조금 더 단순하게 만들었어요. 아이들이랑 이야기하다 보니 아이디어들이 막 생기더라고요. 그래서 세 가지 정도 놀이 같은 활동을 만들어서 점심시간에 책상을 길게 붙여놓고 거리 공연을 했지요. 두 번 했는데, 아무래도 활동을 하는 거라 시간이 부족해서 많은 학생이 참가하지는 못했지만 그래도 활동을 한 친구들이 '몰랐던 것을 알게 됐다'라고 말해줘서 기뻤어요.

이 경우 창발성이 일어나는 경험을 했다고 한다. 그리고 실천 과정에서 주변 친구들의 피드백을 받고 즐거움을 느끼게 됐다고 한다.

기후위기 교육은 수동적 교육을 넘어서야 한다. 기존의 환경교육을 하면서 가장 큰 곤란함은 실천과 지속성이다. 이 문제는 기후위기 대응 교육에서도 마찬가지로 고민이 되는 부분이다. 학생들이 수동적으로 주어지는 교육내용을 받아들이는 것으로는 실천과 지속성을 담보하기 어렵다. 위의 사례처럼 자유롭게, 스스로 정한 목표와 내용으로 실천적인 활동을 하며, 주변과의 상호작용을 통해 책임감과 즐거움을 느끼는 것. 기후위기 대응 교육에서 중요하게 지켜야 할 방법일 것이다.

OECD에서는 학습 나침반의 개념과 학생 행위 주체성을 미래사회에 요구되는 주요한 교육목표라고 이야기한다. 학생이 교사의 지도나 지시를 단순히 수용하지 않고 낯선 상황에서도 스스로 의미를 찾고 헤쳐 나갈 수 있도록 하는 것 그리고 그 과정에서 학생들이 행위 주체자로 개인적·사회적으로 더 나은 세상을 만드는 데 기여할 수 있도록 책임감 있게 생각하고 행동할 수 있는 역량을 키워야 한다는 것이다.

기후위기 대응을 위해 학생들은 '행위자'로서 '주체성'을 가지고 기후위기를 이해하고 피해를 최소화하기 위한 적응과 실천을 해야 한다. 그러기 위해서는 학생들이 지금보다 더 자유롭게 더 많은 시간을 다양한 주제를 가지고 탐구하고 토의해야 한다. 교육으로 현재 대기 중의 이산화탄소를 1피피엠ppm도 줄일 수는 없지만, '행위자 주체성'을 바탕으로 강화된 기후 역량은 미래의 건강한 시민으로 건강한 공동체를 만들고 지켜낼 수 있게 할 것이다. 위의 사례처럼 학생들이 기후와 관련한 자신의 프로젝트를 만들고 추진하도록 해야 한다. 거창하고 훌륭한 탐구 결과를 얻지 않아도 상관없다. 꼭 탐구가 아니어도 된다. 봉사활동이든지, 동아리 활동이든지 스스로 제안한 자신의 프로젝트를 갖도록 해야 한다. 관심을 가지고 스스로 문제를 찾아내어 문제의 정보를 조직하고, 해결방안을 상상한 후 검증하고 수정하며 지속적인 실천을 해야 한다. 기후위기는 앞으로 더 심해지며 예측하지 못한 다양한 형태의 문제를 만들어 낼 것이다. 이 문제 상황을 해결하거나 피해를 최소화하며 적응하기 위해서는 창의력이 필요하고, 책임감이 요구되며, 지속적인 실천과 소통이 필수적인 요소가 될 것이다. 기후위기 대응 교육은 학생 중심의 교육을 넘어서 학생이 만들어 가는 교육이 되어야 한다. 문제 중심 학습, 프로젝트 학습, 현상 기반 학습 등 무엇이라고 불리든지 이러한 교수학습 방법은 학생들이 나침반이 되어, 스스로 해결의 주체로 나서게 할 것이다.

지구는 큰 행성도 별도 아니다. 억세게 운이 좋아 적당한 질량의 중심별
이 있는 태양계에 속하게 됐고, 또 적당한 거리에 위치하게 되면서 생명
이 발생하고 진화하여 번성할 수 있었다. 그 생명은 지층의 토양, 빙하
와 바다인 수권, 그리고 지구를 둘러싸고 있는 대기가 이루고 있는 아주
얇디얇은 막 안에서 일어나고 있는 상호작용의 영향 아래에 있다. 그리
고 기후위기도 그 상호작용으로 일어나는 현상이다. 그런데 이렇게 과
학이 발전한 현대에도 우리는 이 얇은 막에서 일어나는 많은 일을 여전
히 잘 모르고 있다. 물론 지구 시스템의 복잡성이 큰 원인이다. 하지만
우리가 이들을 이해하고 알아가려고 하지 않은 탓도 있다. 과학도 시장
에서 환대받는 분야만 집중해서 발전해 왔다. 이미 오래전부터 바다와
대기와 토양은 다양한 신호를 보내오고 있었다. 그런데 인류는 이곳을
개발하고 경제적인 이익을 산출하는 곳으로 생각해 왔다. 기후위기 교
육은 이 얇은 막 안에서 일어나는 상호작용을 제대로 이해하는 것부터
시작해야 한다. 하지만 또, 이것만으로 다 됐다고 해서는 안 된다.

　요즘은 3D 영화뿐만 아니라 4D 영화도 나오고 있다. 영화 속 전투
기가 급강하하는 장면에 맞춰 의자의 각도가 달라지고, 사막의 모래바
람이 볼을 때리기도 한다. 주인공이 깊은 숲속에 들어서면 피톤치드 향
이 난다. 관람객의 상상력에 현실감이라는 불을 붙여 영화 감상에 몰입
감을 더하는 것이다. 영화도 이런데, 현실 사회에서 일어나는 복잡한 현
상을 이해하기 위해서 독립된 고유영역으로 나누어져 있는 한 개의 교

과에서 그 복잡한 현상을 제대로 담아낼 수 있을까? 기후변화는 어떤가? 기후변화가 일어나는 원인 중 과학으로 설명이 될 수 있는 부분이 있다. 온실가스에 의한 지구 복사 에너지 흡수와 재방출, 또 탄소의 주요 흡수원인 숲에서 일어나는 광합성 작용과 호흡, 토양의 미생물에 의한 분해 작용, 다양한 형태의 지표면이 태양 복사 에너지를 얼마나 반사하는지를 알려주는 반사율의 이해 등. 기후변화를 제대로 학습하는 것이 이것으로 다 된 것일까? 오늘의 기후변화에 기여한 바가 0이지만 가장 큰 손해를 입고 있는 지역의 사람들이 국기를 내리고 고국을 떠나야 하는 현실, 기후변화를 막기 위해 문을 닫아야 하는 석탄 화력발전소와 그곳을 직장으로 오랫동안 노동을 해왔던 노동자들, 상위 10퍼센트의 부유한 사람들이 전 세계 이산화탄소 배출량의 50퍼센트를 배출하고 있는 현실 등 정의가 구현되지 못하는 현상을 제대로 파악하고 원인에 대한 분석도 해야 한다. 그러기 위해서는 인권 및 윤리적·정치적 영역에 대한 학습도 필요하다. 숲에서 오래된 나무의 탄소저장역량만을 기준으로 벌채를 하고 어린나무를 심는 것이 타당한 것인지, 숲에서 죽은 나무 둥치나 오래된 나무가 숲의 다양한 생물종의 서식지로서 역할을 하는 부분에 대한 가치 평가는 어떻게 해야 하는지, 혹은 동물권을 넘어 자연권, 즉 자연의 권리까지 인정해야 하는지 등 생태계와의 새로운 관계 맺음에 대한 학습도 있어야 한다. 기후위기로 인한 피해는 대기 중의 온실가스 양에만 비례하는 것이 아니라, 사회의 여러 정책, 문화, 불평등 정도, 복지 수준, 교육 수준과도 함께 연결된 문제다. 그래서 기후위기에 대한 교육은 여러 교과영역에서 이루어져야 한다. 그리고 가능하면 여러 교과가 분절적으로 시행하는 것이 아니라, 시계의 여러 부속이 자기의 역할을 정확하게 수행하며 시각을 정확하게 가리키는 것과 같은 시스템적 관점에서 통합교육을 해야 한다. 주제통합교육, 융합교육 등으로 불리고 있는 교수 학습 방법이다. 두 개의 교과가 융합해서 나타나는 교육적 결과는 두 배를 훨씬 뛰어 넘는다. 자연과 사회의 다양한 영역과 층위의 원인과 문제가 얽혀 있는 기후위기에 대한 이해와 대응 교육도 비빔밥처럼, 시계처럼, 지구 시스템처럼 통합적으로 진행해야 하는 것이다.

자연권의 보장, 기대어 사는 삶

'부엔 비비르buen vivir' 혹은 '비비르 비엔vivir bien'은 스페인어로 좋은 삶, 조화로운 삶이라고 흔히들 번역한다. 생존조차 벅찬 안데스의 고원에서 원주민들이 삶을 이어갈 수 있게 한 세계관이었다. 척박한 고원에서 오래도록 깃들어 살아왔던 부족들은 힘을 빼는 법을 알았다. 안데스의 고원으로부터 온 세계관의 핵심은 공생과 공존과 관계다. 그들은 '모든 것은 관계되어 있고, 상호의존적이며, 서로 접속되어 있다'라고 생각한다. 공생, 공존과 관계 중심의 사유가 에콰도르에서 자연에 권리를 인정하는 법안을 만들었다. 우리나라에서도 동물권을 인정해야 한다는 논의들은 드물지 않았다. 그런데 기후변화 대응을 위해서는 동물권을 넘어서야, 무생물로 분류된 자연이 제대로 보전되어야 기후변화의 영향을 줄일 수 있다. 물론 기후변화 대응이라는 목적을 위해서 동물권을 넘어선 자연권의 인정이 필요하다는 것은 아니다. 기후위기의 사태에 직면해서야 비로소 인간 중심의 사고에서 벗어나 자연이 본래부터 인정받아야 하는 권리에 눈을 뜨기 시작했다는 것이다.

토양과 바다를 포함한 전체 자연에 권리를 인정한다는 것은 어떤 것일까? 힘을 빼는 것이다. 인류가 어깨에 과도하게 들어간 힘을 빼는 것이다. '부엔 비비르'를 '기대어 사는 삶'이라고 말하고 싶다. 힘을 빼야 기댈 수 있기 때문이다. 지구의 중심에 우뚝 서서 그들을 내려다보며 보살펴야 한다는 책임감 따위는 이제 제발 버려야 한다. 우리가 그들을 보호하는 것이 아니라 우리가 그들에게 기대어야 하는 것이다. 규모, 힘, 시간적 장구함 등 어느 기준으로 보더라도 인류가 자연에 기대는 것이 맞는다.

깊은 숲에서 웅크리고 엎드려 대지의 기운을 느끼고 토양 속의 작은 벌레와 균과 뿌리들을 만나야 한다. 그래야 지구계의 변화를 이해하고 우리가 관심도 주지 않은 사이에도 토양 속에서 어떻게 탄소를 가두며 지구를 지켜왔는지 그제야 볼 수 있게 되고 알 수 있게 된다. 힘을 빼고 기대는 삶을 시작해야 한다.

제대로 해야 하는 논쟁들

1977년 7월 13일, 거대도시 뉴욕에 정전이 발생했다. 만 하루를 넘긴 대정전은 그 사회의 모순을 그대로 드러냈다. 상점의 유리 진열장은 파손

됐으며, 가격표가 붙은 각종 상품은 어둠과 혼란을 틈타 '하늘에서 옷, 냉장고, TV가 내려온 듯' 약탈로 사라졌다. 1,600여 곳의 상점이 털렸고, 1,000곳 이상에서 방화가 일어났다. 딱 하루 만에 4,000여 명의 사람들이 체포됐다. 한 변전소에 내리친 벼락 때문에 발생한 대정전은 약 25시간 동안 뉴욕을 공포의 밤으로 몰아넣었다. 42년 뒤, 2017년 또다시 뉴욕 맨해튼에 대규모 정전이 발생했다. 뉴욕을 상징하는 뉴욕 스퀘어의 대형 광고판이 꺼졌다. 그러나 혼란은 없었다. 제니퍼 로페즈의 공연장에 있던 많은 사람들은 혼란 없이 차분히 공연장 밖으로 나갔고, 공연이 취소된 뉴욕 카네기홀의 연주자들과 뮤지컬 〈웨이트리스〉 팀은 즉석 거리 공연을 열기도 했다. 물론 같은 도시 다른 모습의 원인은 여러 가지일 것이나 위기를 어떻게 맞아야 하는지 보여준다. 기후위기의 시대, 심화되는 위기 속에 우리가 만들어야 하는 미래의 모습도 마찬가지다.

위기의 시대, '100년 만의 처음'이라는 수식어가 매년 경신되는 기상이변 기록, 경제적 손실, 고향을 떠나는 난민, 생사의 기로에 선 사람들. 그리고 그 혼란의 틈을 타 자기 주머니만을 채우려는 불순한 의도들도 얼굴을 드러내고, 하나의 현상에 대한 여러 가지의 해법들이 한상 그득하게 차려질 것이다. 진짜가 어떤 것인지 가려낼 수 있어야 한다. 필요한 정보를 조직하고, 거짓 정보를 가려낼 수 있어야 하며, 소통하고 학습하고, 공평하고 정의로운 모두를 위한 미래를 만들어 가야 한다. 즉, 위기를 잘 넘기기 위해서는 제대로 된 기후적응 역량을 키워야 한다.

지금은 우리나라만 세계에서 유일하게 남은 분단국가가 됐지만, 독일도 이전에는 동독과 서독으로 나뉘어 있었다. 이념과 경제, 사회 체제가 완전히 다른 두 개의 나라가 하나로 통일되는 과정이 쉽진 않았을 것이다. 사회는 혼란스러웠고 여러 색깔의 목소리들로 시끄러웠다. 혼란의 과정에서 학교교육은 어떻게 대응했을까? 청소년이라고 해서, 학교라고 해서, 교육이 이루어지는 곳이라고 해서 혼란을 피해 갈 수는 없었다. 적응을 위한 대책이 필요했고, 교육학자들이 독일의 도시 보이텔스바흐에 모였다. 그리고 통일 독일을 만들어 가는 혼란의 과정에 드러난 논쟁을 학교로 가져오되 바르게 가져오자며 몇 가지 원칙을 세웠다.

첫째, 학습자를 교화하지 말아야 한다. 즉, 논쟁을 교육활동에서 다룰 때, '올바른 견해'라는 이유를 앞세워 노골적인 방식 또는 미묘한 방식으로 학습자의 자주적인 판단이나 의견 제시를 방해하지 않아야 한다. 둘째, 정치 영역과 학문 세계에서 논쟁적으로 다루어지는 내용은 되도록 수업시간에도 논쟁의 방식으로 다루어져야 한다. 셋째, 학습자가 정치교육을 통해 정치 상황과 그에 따른 자신의 이해관계를 판단하고 그에 따라 실천할 수 있는 역량을 키울 수 있도록 해야 한다. 즉, 주권자라는 자각을 할 수 있는 기회와 공동체에 관여할 수 있는 기회를 주어 역량을 키워야 한다는 것이다. 당시 보이텔스바흐에 모인 교육학자들은 서로 다른 정치적 입장을 가지고 있었지만, 토론 과정에서 중요하게 추구했던 것은 자신의 입장을 관철하는 것이 아닌, 누구도 거부할 수 없는 정치교육의 목표와 방법을 담는 것이었다(설규주, 2018: 153~179). 이 원칙은 이후 여러 나라로 퍼져 학교에서 사회문제, 정치문제의 논쟁을 교육

하는 방법에 영향을 주었다. 회의가 이루어졌던 지역 이름을 따와서 '보이텔스바흐 합의Beutelsbacher Konsens'라고 부르게 됐다.

이미 시작된 기후위기를 바르게 견뎌내도록 기후 역량을 키워야 한다. 기후위기 대응 교육은 기후변화의 과학적 원인과 과정에 대한 이해를 넘어, 적응을 위해 우리 사회가 정치적으로 추구해야 할 입장에 대해, 기후위기의 완화를 위한 다양한 과학기술과 정책에 대한 교육이 이루어져야 한다. 하지만 이런 정치적 입장과 과학기술의 채택 및 정책에 관해서는 다양한 가치관에 의해 여러 입장들이 등장할 수밖에 없다. 따라서 사회정치적 논쟁에 대한 교육이 이루어져야 한다.

우리 사회는 이미 기후위기와 관련된 여러 논쟁들이 진행되고 있다. 논쟁에 대한 이해를 바탕으로 입장을 가지고 논쟁의 주체로 참여하는 교육이 제대로 된 기후 역량을 키우는 과정이다. '당신은 무엇을 지지하는가? 또 왜 그것을 지지하는가? 혹은 왜 반대하는가?' 이런 질문을 던져야 하는 것이다.

기후위기를 막는 여러 기술과 정책들로부터 시작해 보자. 예시로 들고 있는 논쟁들은 이미 사회에서 진행되고 있는 논쟁들도 있고, 또 현재는 드러나지 않았지만 입장을 가져야 할 필요가 있는 것들도 있다. 연령에 따라 조건에 따라 이 예시들은 적절하게 변형되어 활용될 수 있을 것이다. 다만, 희망하는 것은 기후변화 대응 교육을 진행하면서 생활양식의 변화나 개인적인 실천의 영역에만 머물지 말고, 다가올 미래를 위해 꼭 이러한 논쟁을 교육과정에서 다루는 것이다.

[논쟁 1] 과학기술로 기후위기를 막을 수 있을까? 이산화탄소 포집기술ccs이라는 것이 있다. 화석연료를 연소하여 배출되는 이산화탄소를 대기 중으로 보내지 않거나, 혹은 성질을 변화시켜 내보내는 방법과 대기 중에 이미 배출된 이산화탄소를 제거하는 기술이다. 이 기술이 나오게 된 배경에는 지구공학기술이라는 과학자들의 엉뚱한 상상력이 한몫했다. 지구와 태양 사이에 얇은 반사막을 띄워서 마치 선글라스로 태양 빛을 막는 것처럼 태양 복사 에너지가 지구에 들어오는 양을 조절하자는 상상. 극 지역에 비료를 뿌려서 광합성을 하는 플랑크톤을 대량으로 번식하게 하여 늘어난 바다의 숲을 만들어 보자는 상상. 대기 중의 이산화탄소를 걸러내는 거대한 필터를 설치하자는 상상. 그런 상상 중 현실 세계에서의 실현 가능성, 낮은 위험, 경제성의 기준을 통과한 것이 탄소 포집기술이라고 할 수 있다. 현재 시멘트 산업의 경우 이산화탄소를 배출할 수밖에 없다. 자연 상태에서 채취한 석회석(탄산칼슘)을 가열하여 산화칼슘을 만드는 과정에서 석회석 질량의 절반을 차지하는 여분의 이산화탄소가 제거된다. 이런 산업에서는 탄소 포집기술이 큰 효과를 볼 것이다. 이런 기술의 사용을 더 확대한다면 화석 연료 사용을 줄이지 않고도, 즉 경제개발의 속도를 늦추지 않고도 온실가스를 줄일 수 있지 않을까? 끊임없는 성장과 발전을 할 수 있지 않을까? 그런데 안전한가? 과거 유전이었던 지층에 포집한 이산화탄소를 가두어 둔다고 하는데, 만에 하나 지층에 균열이 가서 한꺼번에 유출이 되는 일은 없을까? 또 기후위기의 완화나 적응에 대한 대책에 집중하기보다 탄소 포집기술을 제한 없이 쓰는 방향으로 흘러가지는 않을까? 비용이 적당해서 공

장을 가동하는 기업에서 설치 가능한 정도일까? 지층에 가두어 둔 포집된 이산화탄소는 얼마나 오래도록 보관하고 있어야 하는 걸까?

[논쟁 2] 숲의 오래된 나무들은 베어버리고 어린나무들을 심어 광합성 양을 늘려야 하나? 광합성 양보다 호흡량이 많아지는 것은 나무의 나이가 얼마나 되어야 하는 것인가? 나무의 수종에 상관없이 그 나이는 똑같은 것인가? 환경조건 생육상태, 숲의 건강성 등 외부 환경과 관계없이 그 나이는 똑같은 것인가? 오래된 나무나 죽은 나무는 숲에서 하는 역할이 없나? 죽은 나무에서 숲속의 많은 곤충과 식물이 자라는데. 오래된 나무가 숲에서 다른 어린나무들과 연결되어 다양한 상호작용을 하며 강한 저항성을 키운다고 하던데. 또, 나무는 무조건 많으면 좋은 건가? 추운 지역에는 나무가 늘면 태양 복사 에너지 흡수량이 는다고 하던데?

[논쟁 3] 에콰도르와 볼리비아에서는 자연에도 권리를 인정하는 법을 만들었다고 한다. 예를 들면, 강을 막아서 댐을 만들 때 강의 권리가 법으로 보장되어 있어서 함부로 침해해서는 안 된다는 것이다. 또, 뉴질랜드의 황가누이강은 법인으로서의 권리를 인정받고 공식적인 대변인도 두고 있다고 한다. 동물들에 권리를 인정해야 한다는 이야기는 들었지만, 돌과 식물 그리고 땅과 공기에도 권리를 인정해야 하는 건가? 권리의 인정은 최소한 생각하고 최소한의 의사를 표현할 수 있는 것들로 한정해야 하는 것 아닌가? 도로를 늘리기 위해 산에 터널을 뚫어야 할 때 자연에 어떻게 권한을 위임

받나? 누가 권한을 대행할 수 있나? 그들의 권리를 다 인정하면 우리의 권리가 적어지고 경제발전이 불가능해지는 건 아닌가? 우리 인류와 자연은 동등한 권리를 가져야 하나?

[논쟁 4] 지속가능한 발전이라는 말이 있다. 그런데 그 말은 좀 이상하다. 발전한다는 것은 도시를 확대하고 공장도 많이 짓는 것을 이야기하는데, 그러자면 자원도 많이 쓰고, 자연으로부터 상당량의 물질을 채취하여 사용해야 하는데, 지속가능할 수 있나? 지구가 점점 커지는 것도 아닌데 발전을 하면서 지속가능할 수 있나? 지속가능한 발전은 지속가능해야 한다는 것과 끊임없이 발전한다는 양 극단의 두 개로 나누어 놓고 냉정하게 우리 사회가 어느 쪽에 무게중심을 두어야 하는지 이야기해야 하는 것은 아닌가?

[논쟁 5] 소형원자로SMR는 안전하다고 앞으로는 SMR로 가야 한다고 하던데, 소형원자로는 원자력을 이용하는 게 아닌가? 어떻게 안전성을 보장하는 것인가? 원자력발전은 처음에 건설하는 데 비용이 많이 든다는데, 작은 것 여러 개 만드는 데 드는 비용이 큰 것 하나 만드는 비용보다 적게 드는 건가? 작은 원자력발전소는 어디에 짓나? 큰 원자력발전소가 우리 동네에 지어지는 것은 안 되지만 작은 원자력발전소는 지어도 되는 걸까? 소형원자로는 이미 실용화된 기술인가? 소형원자로에서는 핵폐기물이 발생하지 않는 것인가?

[논쟁 6] 수소를 연료로 이용하면 미세먼지도 없어지고 기후변화도 막을 수 있다는데. 그런데 수소에는 여러 개의 이름이 있던데, 그레이, 그린, 블루는 다 같은 수소인가? 수소는 어떻게 만드나? 수소라고 다 같은 수소는 아닌데, 수소라는 이름 하나만으로 슬쩍 담을 넘어가는 것은 아닌가?

[논쟁 7] 다른 나라에는 없고 우리나라에만 있는 힘이 있다. '밥심'이 그것이다. 밥을 먹어야 힘을 낼 수 있다고 한다. 그런데 쌀은 물속에서 자란다. 물속에다 비료도 준다. 산소가 차단된 물속에서 유기물이 분해되면 소 트림처럼 메테인 가스가 나온다. 그래서 논이 온난화를 일으킨다고 비판을 받는다. 그럼 우리가 쌀을 먹는 것을 멈추어야 하나? 빵이 맛있긴 하지만 365일 빵을 먹을 수는 없는데. 논은 온실가스 배출원인가? 논농사에서 메탄을 배출하지 않는 농법은 없을까?

[논쟁 8] 기후위기에 대응하기 위해 구성된 국제적인 협의체에서 어떤 국가가 얼마만큼의 책임을 지는 것이 맞는 것일까? 2021년 글래스고에서 열린 COP26 회의에서 석탄 화력발전소의 단계적 폐지를 합의해 나가던 중 인도의 반대로 단계적 감축으로 결정됐다. 그뿐만 아니라 인도는 2050년까지 탄소중립을 실현해야 한다는 국제사회의 요구에도 2070년에 탄소중립을 실현할 것이라고 발표를 했다. 인도의 입장은 내일의 기후위기에 대한 책임을 모르겠지만, 오늘의 기후위기의 책임은 유럽과 미국에 있어서 자국의 경제적 발전을 막으면서까지 책임을 질 필요가 없다는 것이다. 물

론 중국도 2050년 탄소중립이 아닌 2060년 탄소중립을 선언했다. 그뿐만 아니라 메탄 감축 선언에도 중국, 러시아, 인도는 합의하지 않았다. 이세 나라가 현재 가장 많은 메탄을 배출하는 국가임에도 말이다. 후발 신흥 공업국들의 이러한 주장을 어떻게 받아들여야 할까? 무조건 비판할 수만은 없을 듯한데. 그들의 주장이 영 틀린 말은 아니지 않나? 그렇다고 모든 국가가 기후위기 앞에서 자기 이익을 위한 계산기만을 두들긴다면 기후위기를 극복해 나갈 수 없다. 공통의 책임이 우선일까? 아니면 차별화된 책임이 먼저여야 할까?

[논쟁 9] 기후위기에 가장 큰 피해를 입는 국가들은 현재의 기후위기에 책임이 가장 적은 국가들이라는데, 기후위기로 현재 피해를 보는 저개발국에 대한 지원은 원조의 형태여야 할까? 아니면 보상금이어야 할까? 원조는 대부분 차관이라는 빚으로 제공되고 있다는데, 차관이 급하게 당장 원금상환을 해야 하는 빚도, 사채처럼 비싼 이자를 내야 하는 것도 아니지만, 돈을 꾸어주는 것과 피해에 대한 보상을 받는 것은 차원이 다른 이야기다. 피해를 입은 당사국에 보상이 아닌 돈을 빌려주는 것이 맞는 것일까? 보상은 누가 또 얼마나 해야 하는 것일까?

[논쟁 10] 브라질의 현직 대통령은 브라질이 가난해서 아마존 숲이 자꾸 파괴된다고 말한다. 그래서 먼저 아마존을 이용하여 개발을 하고 경제성장을 이룬 후 보존하겠다고 한다. 우리나라도 과거 다른 나라에서 밖으로 밀

어낸 중화학공업을 국내 산업으로 육성하여 대기오염을 감수하면서 경제 발전의 기초를 다졌다는 평가가 있긴 한데, 브라질의 태도에 국제사회는 어떻게 행동해야 할까? 아마존 숲은 우리의 것이 아니라 그들의 것이 분명한데 우리가 이래라 저래라 할 수 있는 권리가 있을까? 그렇다고 이산화탄소 흡수원이 배출원으로 돌변하는 과정을 그저 손 놓고 바라만 보아야 하는 것일까?

[논쟁 11] 전 세계 전기차 보급률은 2~3퍼센트밖에 되지 않는다. 충전 문제도 있을 거고, 눈치를 보며 좀 더 고용량의 배터리가 개발될 때까지 기다리는 사람도 있을 거고, 정부가 지원금을 더 주지 않을까 봐 지원금 확대를 기다리는 사람도 있을 것이다. 그런데 노르웨이의 경우 전기차 보급률이 50퍼센트나 된다. 전 세계 평균을 훌쩍 뛰어넘어 자동차 시장의 판형이 달라져 버린 것은 정부가 전폭적인 지원을 했기에 가능했을 것이다. 그런데 전기차를 구매하는 사람들만 정부의 혜택을 받게 되는 거 아닌가? 뚜벅이나 따릉이를 이용하며 기후위기를 막는 데 앞장서서 실천하는 사람들이 손해 보는 기분이 드는데? 프랑스의 그린 뉴딜처럼 도심의 차량 통행을 통제하고 대중교통을 촘촘하게 연결하여 도심 내의 모든 이동을 15분 이내에 가능하도록 도심의 변신에 재정을 투자하는 것이 더 바람직한 것은 아닌가? 차량을 줄이는 것이 맞는 것일까? 보조금을 적극적으로 지불해 전기차 보급률을 늘리는 것이 맞는 것일까?

이 외에도 많은 논쟁이 있을 것이다. 모든 논쟁이 그렇듯이 정해진 답은 없다. 답은 우리가 함께 소통하며 조율하며 만들어 가는 것이다. 이 과정에서 우리 사회에 매우 부족한 듣는 근육을 일찍부터 만들어 나가야 한다. 근육이 자라고 논의가 모이는 교육을 통해 결국에는 신기후 체제의 새로운 규범이 형성될 것이다. 규범은 위에서 툭 하고 떨어지는 것이 아니라 자라는 것이다. 그리고 자라면서 가능한 수평적으로 서로 다른 모양과 성질의 생각 조각들이 연결되어야 한다. 규범이 자라는 자리에 교육이 제대로 역할을 해야 하는 것이다.

오래도록 써 내려가는 이야기, 교육

2050년, 우리는 어떤 세상에서 살게 될까? 우리는 성공했을까? 아이슬란드에서 오크예퀴들Okjokull이 죽었다. 그리고 나이가 700살이나 되는 예퀴들의 장례식이 치러졌다. 예퀴들은 아이슬란드어로 빙하라는 뜻이다. 오크Ok 빙하는 아이슬란드의 레이캬비크 북동쪽에 위치한 방패모양의 순상화산인 오크 화산의 분화구 정상을 뒤덮고 있던 대형 빙하였지만, 빙하학자 오두르 시구루손Oddur Sigurðsson이 2014년 공식적으로 이 빙하의 사망선고를 내렸고, 이로써 아이슬란드에서 처음으로 죽음을 맞이한 공식적인 빙하가 됐다. 오크산 정상부를 다 덮을 만큼 규모가 컸었던 오크 빙하는 지금은 화산 분화구에만 일부 얼음이 남아 있다. 이곳에 가면 오크 빙하를 추모하는 비문을 만날 수 있다.

미래로 보내는 편지

오크는 아이슬란드에서 죽음을 맞이한 첫 번째 빙하입니다. 향후 200년 안에 아이슬란드의 모든 빙하들은 같은 운명을 맞게 될 것입니다. 이 기념비는 어떤 일이 일어나고 있고 또 무엇을 해야 하는지 우리가 알고 있음을 알리기 위한 것입니다.

우리가 해냈는지 당신만이 알 것입니다.

오크뿐만 아니라 2050년 우리가 성공적으로 1.5도 미만의 온도를 유지한다는 엄청난 가정을 한번 해보자. 그렇다 하더라도 우리는 이미 많은 것들을 떠나보낸 후일 것이다. 그래서 교육은 더 중요한 역할을 해야 한다. 다시는 이런 위기를 맞지 않기 위해, 다시는 이유도 알지 못한 채 비정상적으로 영원히 지구상에서 그 존재가 사라져 가는 것들이 생기지 않기 위해서 말이다. 교육은 오래도록 써 내려가는 긴 이야기다. 절대적인 지식은 없다. 절대적인 철학도 과학도 없다. 그렇다면 우리가 교육을 통해 주요하게 학습해야 하는 것은 무엇일까? 바로 성찰이다. 오류를 되풀이하지 않기 위해, 변화된 시대와 변화된 조건 속에서 새로운 지식과 정보를 정리해 내고 지혜를 구축해야 한다. 성찰을 통해서 말이다. 그래야 위기를 덜 맞이하게 될 것이고, 위기 속에서도 우리를 지켜낼 수 있을 것이다. 우리, 지구 위의 모든 존재들, 지구 생활자들을 말이다. 교육만으로는 오늘 대기 중의 온실기체를 1피피엠도 줄일 수는 없지만 제대로 된 기후 역량을 가진 주체들을 키워낼 것이고, 이것은 사회의 규범과 문화를 바꿀 것이고, 다시는 스스로 위기를 불러오는 두 얼굴의 인류가 반복되지 않도록 할 것이다.

아, 참. 1.5도를 못 지키면 어떻게 하냐고? 그럼 0.1도라도 더 낮추어야 한다. 그래야 다가올 미래의 시간과 그 시간을 살아갈 미래의 또 다른 우리에게 기회를 남겨줄 수 있는 것이다. 묵묵히, 하지만 가능한 모든 방법을 동원해서 가야 한다. 그게 이미 미래를 결정해 버린 우리가 오늘 취해야 하는 태도다.

기후위기와 건강

내 몸을 지키기 위해
지금 당장 움직여야 해

채수미

5

PROFILE

채수미

한국보건사회연구원 연구위원

국회 기후변화포럼 운영위원

질병관리청 기후보건영향평가 전문위원회 위원

「기후변화 등 미래 질병 전략 수립 연구」(2021)

「폭염 민감계층의 건강피해 최소화 방안」(2020)

폐지를 주우며 근근이 삶을 이어나가고 있는 최양희는 어느덧 일흔이 됐다. 하루 종일 종이상자, 신문지, 책 등의 폐지를 줍고 돌아다녀도 고물상에 넘기고 받는 돈은 얼마 되지 않았다. 해마다 폐지값은 올랐다는데 최양희의 손에 떨어지는 돈은 늘 제자리다.

최양희는 항상 손에 쥔 것이 없었다. 삶을 버티다 보니 그렇게 됐다. 남편 오성웅은 아이를 낳고 얼마 지나지 않아 집을 나가버렸다. 가끔씩 들러도 가계에는 단 한 푼의 도움도 되지 않는 사람이었다. 하나 있던 딸은 어린 시절 발병한 병으로 한참을 투병했다. 딸의 병원비며 약값을 대느라 최양희의 허리가 휘고 몸이 말라갔다. 딸을 지키기 위해, 살기 위해 갖고 있던 집을 팔고, 전세로, 월세로, 지금의 쪽방으로 내려앉았다. 하지만 그런 최양희의 정성에도 딸은 결국 열여덟 살의 나이에 눈을 감았다.

딸이 죽고 나서 단 한 번도 최양희를 찾지 않았던 오성웅은 다 늙어빠지고 다리를 다쳐 일을 할 수 없는 몸이 되고서야 최양희의 곁으로 돌아왔다. 결국 제 몸 하나 옹송그리고 살기도 힘들던 쪽방에서 사십 년 넘게 최양희를 외면하고 살았던 오성웅을 품어야 했다. 그래도 남편이라고 내다 버릴 수가 없었다.

폐지를 팔아서 노인 둘이 먹고살기란 쉽지 않았다. 폐지를 챙겨가는 노인에게 관심과 친절을 베풀고, 기초생활보장 수급자라는 것에 대해 일러주고, 생계급여를 받을 수 있게 도운 민지영 선생이 아니었더라면 지금쯤 최양희도, 오성웅도 산목숨이 아니었을 것이다.

오늘도 어김없이 수레에 폐지를 채우는 최양희에게서 비지땀이 줄줄이 흘러내렸다. 마스크를 쓰고 있으니 숨을 쉬기도 버겁다. 간간이 마스크를 내리기도 하고, 손수건으로 땀을 훔쳤는데도 여전히 덥다. 올여름이 무덥대서 부러 새벽같이 움직였는데도 시간이 지날수록 달아오르는 뙤약볕은 어쩔 수 없었다. 이제 겨우 오전 10시 무렵인데도 왜 이렇게 더운지, 몸이 늙으면 더위나 추위를 느끼는 감각도 좀 둔해지면 좋겠다 싶지만 이뤄질 리 없는 바람이다.

아무래도 11시 전에 일을 마무리하고 들어가야겠다. 집에 있다 해질 무렵에나 다시 나와야지 싶다. 집 안에 틀어박힌 오성웅의 끼니도 챙겨줘야 한다. 마음 같아서는 굶어 죽든가 말든가 모르는 척하고 싶지만 가뜩이나 몸도 불편한 사람 끼니를 거르게 하는 것이 마음에 걸린다.

집을 향해 발걸음을 서두르는 최양희에게 이른 점심을 먹고 돌아오던 민지영이 반갑게 인사를 하며 주스 캔 2개를 내민다.

"할머니, 오늘도 고생 많으시네요. 이거 시원한 음료순데 댁에 가서 할아버지랑 같이 드세요."

"아이고. 선생님, 식사 가시는 갑소. 뭘 이렇게 맨날 챙겨주고 그런다요. 나는 뭐 하나 줄 것도 없고, 받기만 하자니 여간 죄송스러운 게 아닌디."

"괜찮아요. 이거 오다가 할머니 보이시길래 일부러 드시라고 좀 챙겼어요. 날이 너무 더워서요."

"고맙게 잘 마실게요잉. 선생님도 얼른 식사 자시고 시원헌 데로 얼른 들어가쇼."

"그럴게요" 하며 인사를 건넨 민지영이 웃으며 자리를 뜬다. 최양희는 민지영이 준 시원한 음료를 복대 가방에 넣고 수레를 끄는 발길을 재촉했다. 그래도 냉기가 식기 전에 가져다주고 싶다. 오성웅도 차가운 주스 캔을 보면 좋아할 것이다. 두 사람은 찬 음료를 마신지가 좀 됐다. 쪽방 한편에 둔 오래된 냉장고는 버릴 때가 됐는지, 냉장이 시원치 않다. 그 탓에 냉장고 안 김치는 푹 익어버리고, 찬물도 금세 미지근해진다.

집에 도착한 최양희는 굳게 닫힌 방문을 보며 혀를 찼다. 세 평 남짓한 창문 없는 방이라 살짝이라도 방문을 열고 있으라고 해도, 남들이 자신을 보는 것이 싫다며 오성웅은 꿋꿋이 문을 닫았다. 코로나 전이었다면 어디 경로당이나 무더위 쉼터라도 가 있었으면 됐을 텐데 요새는 괜스레 다른 사람과 섞였다가 병이라도 걸릴까 싶어 나다니질 않는다. 자그마한 중고 에어컨이라도 사다 달고 싶지만, 견물생심이라고 에어컨을 달아두면 많이 쓸 것 같고, 그러면 그 전기세가 감당이 안 될 것 같아 엄두가 나지 않았다.

수레를 내려놓은 최양희가 수돗가에 놓인 대야에 담긴 물로 서둘러 손을 씻고 물세수를 하며 외쳤다.

"나 왔응께 쫌만 기다리쇼. 금방 밥 차려낼랑께."

하지만 방 안에선 아무런 대답이 없다. 부스럭거리는 소리조차도 없었다. 다리 한쪽이 불편해졌어도 성깔만큼은 여전히 대단한 오성 웅이라 평소 같으면 왜 이렇게 늦었냐고 성질을 부렸을 텐데. 문득 불안해진 최양희가 잠잠한 방문을 벌떡 열어젖혔다. 바깥과 별반 다르지 않은, 아니 그보다 더 달궈진 공기가 안에서 훅 하고 밀려 나왔다. 창문 하나 없는 자그만 쪽방 안, 허름한 이부자리 위로 정신을 잃은 오성웅의 모습이 보였다.

119에 신고를 할까. 하지만 구급차가 이곳 쪽방촌의 다닥다닥한 집들과 비좁은 골목을 뚫고 오성웅을 실으러 오기에는 무리가 있었다. 오히려 구급차를 기다리다가 오성웅이 죽어버릴지도 모른다. 이럴 바엔 차라리 대로변까지만이라도 옮기고 신고를 하자. 결심한 최양희가 수레에 잔뜩 쌓여 있던 폐지 더미를 집어 던졌다. 그리고 앙상한 팔로 힘겹게 쓰러진 오성웅을 옮겨 실었다. 오성웅을 실은 최양희의 수레가 바쁜 걸음을 굴렀다.

통합관제센터에서 거리 CCTV 영상을 모니터링하던 신유현의 눈에 이상한 모습이 포착됐다. 평소 폐지를 줍고 다니던 할머니라 눈에 익은 분이었는데, 오늘따라 수레에 폐지가 아닌 웬 할아버지를 싣고 움직이고 있었다. 수레에 실린 할아버지는 미동도 없이 수레 안에 누워 있었는데 아무리 봐도 무언가 문제가 있어 보였다. 신유현은 두 사람에게서 눈을 뗄 수가 없었다. 이건 어떤 직감 같은 거였다.

쪽방촌에서 대로변과 연결된 초입까지 할머니의 수레는 쉬지 않았다. CCTV를 따라 움직이는 신유현의 눈도 마찬가지였다. 목적지에 도착했다 싶었는지 할머니의 수레가 멈췄다. 수레를 세운 할머니는 가방에서 뭔가를 꺼낼 듯이 손을 휘적이더니 풀썩하고 쓰러졌다. 정신을 잃은 것이 분명해 보였다.

신유현이 급하게 119 상황실로 전화를 걸었다. 할머니와 할아버지의 위치를 전달하고, 노인 두 분이 정신을 잃고 쓰러졌는데 아무래도 온열질환이 의심된다고 신고했다. CCTV 영상 안에 신유현의 신고를 받은 구급차 두 대가 정신을 잃은 할머니와 할아버지를 싣고 떠나고 할머니의 수레만이 덩그러니 자리에 남았다.

이른 점심을 먹으러 나서던 신유현은 평소 알고 지내던 구급대원에게 자신의 신고 얘기를 하며 두 노인의 상태가 어떤지 묻는 문자를 남겼다.

「유현 씨, 다행히 두 분 다 위험한 고비는 넘겼다고 하네요. 고생하셨습니다.」

문자를 확인한 신유현이 안도의 한숨을 쉬었다. 시계를 보니 오전 11시 45분, 현재 온도는 섭씨 32도. 어제부터 폭염 특보가 내렸다.

기후변화를 대하는 우리의 태도

코로나19가 유행하기 시작한 지 3년째이다. 팬데믹이 우리의 생명과 건강을 위협하면서, 경제, 교육, 환경 등 사회 전반에 충격을 주었다. 신종 바이러스는 쉽사리 사라지지 않았고 이제 그것은 우리 일상의 하나로 스며들었다. 이제 그것이 없는 이전의 삶을 기다리기보다 그것에 잘 적응하면서 살아갈 방법을 찾는 것이 현명한 일임을 알게 됐다. 그렇게 되기까지 많은 고통과 희생이 있었고, 또 앞으로 코로나19와의 삶에 완전히 적응하기까지 얼마나 긴 노력이 필요할지 여전히 남은 숙제가 크다. 그러니 지금 우리는 비난하고 좌절하기보다는 발전과 반성의 시간을 갖는 것이 중요하다.

실제로 그간 할 수는 있었지만 시급하지 않거나 동력이 없어서 실현되지 않았던 일들이 일상화되기도 했다. 그중 하나가 비대면 방식이다. 이제 직접 만나지 않고도 배우고, 정보를 교류하고, 물건을 사고, 상황에 따라서는 질병 관리에 도움을 받는 것이 자연스럽게 받아들여진다. 지금 내 삶의 변화가 뚜렷해지니 우리는 그 변화를 이해하고 적응하는 데 적극적이며 융통성을 발휘하게 되었다. 그리고 미래의 삶을 생각하고 준비할 필요성을 느끼게 됐다.

2021년 몇몇 보건정책 분야 전문가와 미래학자 들이 모여 미래 우리 사회의 건강과 질병에 영향을 미칠 문제를 논의한 바 있다. 앞으로 무엇이 우리의 건강과 질병에 미칠 영향력이 클 것인지, 그 영향을 예측

할 수 있는지, 우리 보건정책은 그 영향에 대해 준비가 되어 있는지 누적된 지식과 전문적 경험을 바탕으로 심도 있게 토론했다. 그리고 그들은 기후변화의 가속화를 우리의 건강, 질병에 미칠 영향력이 가장 큰 문제로 꼽았다(채수미 외, 2021). 2019년에도 이러한 논의가 있었으나, 당시에도 기후변화가 이만큼이나 중요하게 인식됐던 것은 아니다(채수미 외, 2019). 이것은 매우 중요하고 놀라운 변화라고 할 수 있다. 그동안 기후변화는 환경의 영역에서 다루어져야 할 문제로 여겨져 왔고, 실제 보건정책에서는 기후변화에 중점을 둔 사업을 찾기 어려운 상황이었기 때문이다. 국제적인 보건 문제를 다루는 세계보건기구 역시 최근 들어 보건정책의 우선순위 과제로서 기후위기를 가장 먼저 언급하고 있다. 기후위기, 지금 이것은 우리의 건강한 삶을 위해 우선적으로 고려해야 할 문제다. 그런데 기후변화, 그리고 그것이 건강에 미치는 영향에 대해 사람들은 얼마나 관심이 있을까?

팬데믹 이후 기후변화에 대응하자는 사회적 분위기가 강화된 것은 사실이지만, 이미 오래 전부터 기후변화가 중요한 위기로 다가오고 있음은 알려져 있었다. 그리고 심지어 많은 조사에서 한국 사람들은 기후변화에 대해 거의 모든 사람이 인식하고 있다고 보고되어 왔다. 그런데 왜 기후변화에 중점을 둔 보건정책 예산은 늘어나지 않는지, 기후변화는 왜 보건정책에서 중요한 의제로 다루어지지 않는지 생각해 볼 필요가 있다. 사람들에게 기후변화에 대해 알고 있는지 물으면 모른다고 답하기보다는 안다고 답할 가능성이 높다. 실제 전혀 모르지 않기도 하고,

알고 있어야 바람직할 것 같기 때문이기도 하다. 그런데 이와 같은 현실 앞에서 우리가 이미 기후변화에 대한 감수성이 높다고 말할 수 있는가? 문제를 정확히 정의하기 위해서는 의식적으로 원하는 방향으로 결론짓지 않도록 다양한 시각으로 바라보아야 한다. 2017년에 실시된 한 조사에서, 기후변화에 대해 얼마나 알고 있다고 생각하느냐는 질문에 전혀 모른다고 응답한 경우는 3.4퍼센트밖에 되지 않았다. 그러나 더 나아가 기후변화와 관련된 여러 가지 기상현상에 대해 구체적인 질문을 했을 때는 잘 모른다는 응답이 늘어났다. 어쩌면 첫 번째 질문에서 대다수가 알고 있다고 했던 것은 기후변화의 본질을 이해하고 있어서가 아니라, 기후변화라는 용어에 대한 친숙함 때문일지 모른다. 특히 기후변화라는 말을 들었을 때 무엇이 먼저 떠오르는지 생각나는 대로 말하도록 했을 때, 건강과 연결 지어 설명한 경우는 극히 드물었다. 이는 기후변화가 건강에 영향을 미칠 수 있다는 것이 우리의 인식 속에 우선적인 문제로 자리 잡지 못했음을 방증한다(채수미 외, 2017).

공평하지 않은 피해

기후변화가 우리의 건강에 영향을 미치기는 하지만 그 피해가 모두에게 똑같이 일어나는 것이 아니라는 점은 잘 알려져 있다. 그리고 피해를 크게 입는 사람들을 취약계층이라 일컫는 경우가 많다. 기후변화의 건강 영향이 더 크게 나타나는 집단은 크게 네 가지로 분류해 볼 수 있다. 첫째, 인구학적 특성에 따라서 보면, 생애주기 구분상 아동, 청소년, 고령자가 해당되고, 사회경제적으로 보면 경제적 어려움이 있는 저소득층이 대상이 된다. 둘째, 직업적 특성에 따라 볼 수 있다. 농어업 종사자, 야외 노동자, 그리고 소방, 경찰공무원, 군인 등과 같은 특수직 노동자는 업무 특성상 기후환경에 노출될 가능성이 크다. 셋째, 임산부, 기저질환자와 같은 신체적 특성을 가진 집단은 기후변화에 더욱 민감하다. 마지막으로 기후변화에 따른 기상현상은 특정 지역에 더욱 두드러진다. 따라서 혹서, 혹한 지역, 해안가 등에 거주하는 사람들은 극단적인 기상현상을 마주할 가능성이 크다. 즉, 기후변화에 따른 피해가 큰 집단은 반드시 경제적으로 어려움이 있는 경우만이 아니라 건강한 성인도 포함된다. 취약계층이라는 말은 흔히 저소득계층과 같은 의미로 받아들여지는 경우가 많기 때문에, 기후 취약계층보다는 기후 민감계층이라 부르는 것이 의미를 충분히 담아낼 수 있다.

　기후 민감계층이 처한 위험은 많은 연구에서 다루어 왔다. 스페인의 연구에 의하면 폭염에 따른 1세 미만 여아의 사망 위험이 1.53배 높아졌으며(Basagaña et al., 2011: 765), 호주의 연구에서도 폭염 시 0~4세 유아의 사망 위험이 3.23배, 5~14세 아동의 구급차 호출이 1.47배 증가하는 것으로 나타났다(Nitschke et al., 2011: 4~5). 또 기온의 변화는 노인의 사망과 심뇌혈관질환, 호흡기질환의 위험을 증가시킨다(Bunker et al., 2016: 258; Yu et al., 2012: 569, 우경숙 외, 2019: 11 재인용). 물론 국외 연구

뿐 아니라 우리나라 인구집단을 대상으로도 다수 연구가 이루어졌다. 국내 연구들을 분석기법을 활용해 종합해 보면, 폭염 중에 75세 미만은 사망 위험이 1.06배 높아지고, 75세 이상은 그보다 더 높아 1.16배로 나타났다(우경숙 외, 2019: 23). 국내에서는 야외 노동자를 대상으로 한 연구를 찾기 어려운데, 미국에서 농업종사자의 온열질환으로 인한 사망 위험은 2.83배, 건설 노동자는 2.04배로 보고하기도 했다(Petitti et al., 2013: 4).

이처럼 기후변화로부터 더 큰 피해를 입을 수밖에 없어 민감계층이라 불리는 그들이 어떤 피해를 호소하는지 살펴볼 필요가 있다. 다른 나라가 아닌 바로 우리나라에서 말이다. 그런데 지금부터 소개하려는 사례(채수미 외, 2020a, 2020b)는 2020년 여름에 보고된 것이라는 특이점이 있다. 왜냐하면 그 여름은 조금 특별했기 때문이다. 그해 6월은 마치 앞으로의 폭염을 예고하듯 1973년 이후 가장 더웠다. 그러나 우리는 6월의 더위쯤이야 거뜬히 이겨낸다. 그런데 이어진 7월에는 6월의 더위와 다르게 장마가 길어 평년보다 2도가량 낮았다. 8월에는 폭염과 열대야 일수도 많았고 기온도 높은 편이었으나, 태풍이 잦아 곳곳에서 그 피해가 심각했다. 절정의 더위가 찾아오곤 하는 7~8월에 우리는 더울 틈 없이 여름을 보냈었다.

어쨌거나 열대야가 계속되고 한낮에는 내리쬐는 햇볕이 뜨거웠던 그해 8월 말 필자는 70세 전후의 고령자들을 만나 폭염 속 삶에 대한 이야기를 들었다. 그들은 견딜 만한 더위라고 했다. 그러면서도 밤에는 열대야 때문에 잠을 제대로 잘 수 없고, 선풍기와 에어컨이 꺼지면 다시 깬다고 했다. 폭염에 따른 우선적인 문제는 주저 없이 농작물 피해라고 생각했고, 건강문제를 먼저 꺼내지는 않았다. 필자가 질문한 뒤에야 어디가 아팠던 것은 아닌지 애써 떠올려 보는 듯하더니, 관절 통증이 습도 때문에 심해진 것 같다고 했다. 어르신들이 많이 겪는 질환이긴 하지만, 폭염 정책 측면에서 주의를 기울여야 하는 건강 영향 범주에 속하는 질환은 아니었다. 그리고 더울 때 화를 참기 어렵다는 경험을 떠올리면서 폭염이 정신건강에 영향을 미칠 것 같다고 했다. 매년 여름마다 열사병, 일사병과 같은 온열질환자 수가 뉴스에 계속 보도되기 때문에 그것을 제일 먼저 떠올릴 것이라고 생각했던 것과 달랐다.

그 후 국민기초생활보장사업 수급자 몇 분을 만날 수 있었다. 어르신들이 그해 여름이 덜 덥다고 했던 것과 달리, 이들에게 2020년 여름은 보통의 여름과 차이를 느낄 수 없이 똑같이 더웠다. 전기료를 걱정하면서도·내 뜻대로 에어컨을 조정할 수 있는 사람들에게 집은 아마도 꽤 훌륭한 안식처일 것이다. 하지만 이들이 묘사한 집은 습기와 곰팡이로 얼룩진 벽, 밤이면 벌레를 막아주지 못하는 방충망, 에어컨을 작동할 수 없는 공간이었다. 이들은 더우면 더울수록 밖으로 나가야 했다. 여름이 되면 지자체는 주로 경로당에 무더위쉼터를 지정해 둔다. 만났던 어르신들은 아직 경로당에 갈 나이가 아니어서 그곳을 이용하지 않는다고 했는데, 수급자 몇 분이 그곳을 이용하지 않는 이유는 달랐다. 대인관계로 충격을 경험한 뒤 사람 만나기를 기피하기도 했고, 경로당 노인들과 어울리기에 문화적·경제적 괴리가 있기 때문이기도 했다. 그리고 이들 역시 어르신들이 그랬던 것처럼, 더위가 우리 몸에 어떤 영향을 줄 수 있을지 설명하는 것을 어려워했다. 그런데 놀랍게도 이들 또한 정신적 문제를 언급했다. 이들이 겪는 여름철의 정신적 불안, 스트레스는 심각했다.

집이 워낙 습하니까, 비가 많이 오고 여름에 그러면 오히려 오늘 같은 날보다 더 갑갑해요. 옷도 눅눅해지고 습도가 많으면 사람이 불쾌지수가 좀 높다고 하잖아요. 불쾌함도 있지만 약간 좀 다른 … 우울하기도 하고 약간 좀 그런 것 같아요. 그러니까 그런 면에서는 앞으로도 계속 이런 올해 여름 같은 상황이면 저는 안 좋지 않을까? 사는 데 조금 더 불편하거나 나한테 스트레스가 되지 않을까.

여름은 괴롭죠. 진짜로 차라리 추우면 좋은데. 어느 때는 뚜껑 열릴 정도로 내가 예민해요. 더운 거에 대해서는.

왠지 모르게 멍해지고 날씨가 더우니까, 그냥 뭔가 모르게 쓸쓸하고 외롭고 그런 것 있잖아요. 잠도 안 오고 그런 게 있더라고요. 날씨가 더우니까 정신적으로 문제더라고. 골 아프고 짜증나고 그렇더라고.

이제 호흡기질환, 심혈관질환을 진단받고 처방약을 복용 중인 기저질환자의 경험을 잠시 살펴보겠다. 기저질환자들이 기후변화에 따른 건강 영향을 포괄적으로 이해하고 있었던 것은 아니지만, 적어도 더위 속에서 자신이 앓고 있는 질환의 증상이 심해지는 것을 뚜렷하게 느꼈고, 더위 때문인지 명확하게 판단할 수는 없다면서도 신체의 불편함이나 문제가 생겼다고 했다.

제가 심장 때문에 순환기 쪽이 안 좋은데요. … 이번 주처럼 계속 더울 때는 (순환기질환 증상이) 나빠졌다기보다는 컨디션이 전체적으로 안 좋고 심장도 약간 좀 이상하다 정도의 느낌은 받아요.

예년에 비해 너무 더워지니까 호흡 쪽에서 많이 불편해서 … 나이가 들어가고 하다 보니까 지금 약간의 부정맥도 생겼고, 꼭 같이 여러 군데가 아픈 경우가 많다 보니까 … 운동을 꼭 꾸준히 하려고 하고, 약도 지어 먹어서 심해진 건 아닌데, 크게 진척이 없어서 병원에서도 약을 몇 번 바꾼 적은 있어요.

그들은 몸이 아프니 다양한 방법을 적극적으로 시도했지만, 효과적이고 적절한 방법을 찾지 못했고 무엇보다 어떻게 하면 좋을지 정보를 얻지 못해 답답해했다. 그런데 자신에게 만성질환이 있고, 그것이 자신을 여름에 더 고통스럽게 한다는 점은 기후환경에 대한 높은 관심으로 이어졌다. 기후변화에 기여할 수 있는 작은 노력을 실천하고 있다고 했다.

저는 분리배출을 제대로 하려고 하고 있고요. 박스에서 테이프 다 떼어야 되고 플라스틱에도 이런 비닐도 원래 벗겨야 된다고 하고 그런 거 다 하려고 노력하고 있고요. 애들한테도 가르치고 있거든요. 플라스틱 케이스도 씻어서 버리게끔 가르치고, 꼭지 같은 것 다 떼서 버리고, 나머지 아래는 씻어서 버리게끔 하고, 제가 할 수 있는 실천은 하려고 노력하고 있습니다.

저는 고기를 진짜 좋아했는데 소비를 많이 줄였어요. 소를 키우는 데 탄소가 많이 배출이 돼가지고 환경오염이 많이 된다고 해서.

보건정책의 중요한 노력 중 하나는 사람들의 건강한 생활습관을 유도하는 것인데, 개인이 질병을 예방하려는 행동을 취하기까지 어떤 요인이 작용하는지를 설명하는 것이 건강신념모형Health Belief Model이다. 모형에 따르면, 자신에게 질병이 발생할 가능성, 그 질병의 심각성에 대한 생각, 질병 예방행동을 함으로써 얻게 되는 장점, 그 행동을 하는 데 어려움이나 할 수 있다는 생각, 그리고 결정적인 사건 경험이 행동 변화를 일으키게 된다고 한다(Glanz et al. eds., 2008). 살펴본 몇 가지 사례들이 이 모형을 잘 설명하고 있는 듯하다. 기저질환자들은 질병이 이미 발생했고 그것이 생활에 불편을 주고 있으며, 질병이라는 것이 어쩌면 그들에게는 행동을 변화시키게 된 결정적인 사건 경험이 될 수도 있다. 결국 그들은 자신의 질병 관리뿐 아니라 기후변화에 적극적인 관심을 갖기에 이르렀다. 반면, 몇몇 저소득층 그리고 고령층에게서 볼 수 있었던 공통

점은 정신적 문제를 비롯해 고충을 겪고 있기는 했지만, 더위 때문에 발생할 수 있는 건강문제를 잘 인식하지 못하고 있다는 점에서 건강적응 행동을 보일 가능성은 적다.

기후변화와 그것과 관련된 건강문제에 대해 우리가 잘 이해하고 있거나 체감하는 것은 아닌 듯하다. 그리고 그것은 당연하다. 흡연이 폐에 영향을 미치는 것처럼 직관적으로 알 수 있는 것이 아닐뿐더러 우리가 그러한 정보를 접할 기회도 많지 않다. 그리고 무엇보다 기후변화가 내 몸의 변화로 나타나기까지는 복잡한 과정이 있으며 경우에 따라 긴 시간이 걸리기도 한다. 그렇다고 계속 모른 채 살아가거나 그 사실을 묵시해서도 안 될 일이다. 기후변화로부터 우리의 건강을 보호하기 위해, 우리 스스로 행동해야 하고, 또 필요한 것은 국가에 요구해야 한다. 나의 질병은 선천적으로 가진 내 신체의 특성을 비롯해, 내가 건강한 생활습관을 실천하고 있는지, 내가 살고 있는 이 사회가 구성원의 건강 보호를 위해 대응과 대비가 되어 있는지 복합적으로 작용해 나타난다. 따라서 건강을 위한 우리의 역할은 건강한 생활습관을 실천하는 것뿐 아니라 사회에 정당한 목소리를 내는 것까지이다.

국가의 정책은 몇 단계 과정을 거친다. 정책의제가 만들어지면, 정책 목표를 설계하고 목표를 달성하기 위한 전략이 수립된다. 그 전략을 수행하는 데 필요한 입법 과정도 필요하다. 그리고 현장에 전략이 실현되도록 하는 다양한 사업과 프로그램이 작동하도록 한다. 그 이후 공공 예산이 투입된 만큼 효과적으로 운영됐는지 평가하고 개선한다. 정책 결정이 한 번에 완성되는 것이 아니기 때문에 이 과정은 반복될 수 있다. 그리고 실제 정책이 반드시 이 단계에 따라 진행되지는 않을 수도 있다 (Kraft and Furlong, 2010). 정책과정에 정책입안자와 전문가들만이 참여하는 것이 아니다. 기후변화로 인한 건강문제에 대해 국민의 인식이 높아질수록, 그리고 요구가 분명해질수록 정책과정에 사람들의 목소리가 반영될 가능성이 높아진다.

빨라지는 기후변화

아마 지금쯤 기후변화는 현재 얼마나 진행이 된 것일까, 이것이 앞으로 우리 건강에 얼마나 위협이 된다는 것일까라는 의문이 들 수 있겠다. 기후변화에 관한 정부 간 협의체라 부르는 IPCC는 1988년 만들어진 국제기구다. 1990년 첫 번째 보고서를 시작으로 2021년 6차 보고서에 이르기까지 우리에게 기후변화에 대한 과학적 근거를 제공해 주고 있다. IPCC가 2014년도에 발간한 5차 보고서에 따르면, 2081~2100년 사이인 21세기 말이 되면 산업화 이전인 1850~1900년에 비해 지표면의 온도변화가 1.5도를 넘을 것으로 전망했다. 조금 더 구체적으로 설명하면, 긍정적 가정과 부정적 가정에 따라 최소 0.3도, 최대 4.8도까지 변화할 것으로 보았다. 이처럼 지구의 기온이 상승하면 대부분의 육지 지역에서 극한 고온과 저온 현상이 더 잦아질 것이라 했다. 폭염이 더 자주, 더

지난 2,000년 동안 지표면 온도의 변화

ⓐ 10년 단위 전 지구 지표면 평균온도 변화 1~2000년(추정값), 1850~2020년(관측값)

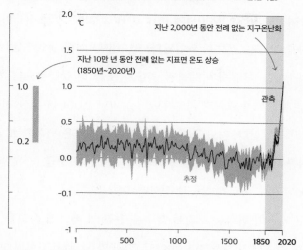

ⓑ 1850~2020년 연평균 전 지구 지표면 온도

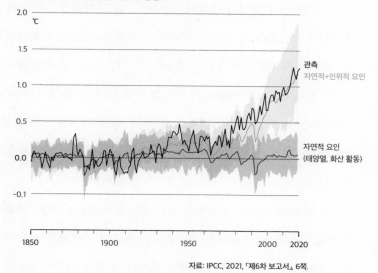

자료: IPCC, 2021, 「제6차 보고서」, 6쪽.

길게 올 가능성이 높아지는 것이다.

그리고 7년 뒤 IPCC는 6차 보고서를 통해 더 강력한 경고를 했다. 산업화 이전인 1850~1900년에 비해 2011~2020년 기준 지표면의 온도는 1.09도 상승한 것으로 확인됐다. 약 100년 이상 동안의 변화다. 이 변화의 속도를 어떻게 이해하면 좋을지 조금 더 알아볼 필요가 있다. IPCC는 지금까지 벌어진 지구온난화를 지난 2,000년 동안 전례 없는 현상이라고 말한다. 지난 2,000년간 지표면의 기온 변화를 보면 이 변화는 최근 100년 동안 주목할 만하며, 그 100년을 조금 더 세밀하게 보면 1970년 이후 빠르게 상승한 것이다.

지구 기온의 변화는 시간이 갈수록 점점 더 빠르게 속도를 내고 있다. 1.5도 상승에 도달하려면 이제 약 0.4도가 남았다. 코로나19의 유행 이후 국제사회뿐 아니라 우리나라에서도 기후변화와 탄소중립에 대해 적극적인 모습을 보이고 있다. 안심하고 있어도 되는가? 미래 기온변화는 몇 가지 시나리오를 가지고 예측한다. 시나리오는 2015년을 기준으로 2050년에서 2100년 사이 이산화탄소 배출의 변화를 가정한다. SSP1-1.9는 2050년경 탄소중립을 실현하는 것을 가정하는 가장 긍정적 시나리오다. 그러나 불행하게도 이 모든 시나리오가 곧 다가올 눈앞의 미래인 2021~2040년 사이 1.5도 상승을 전망하고 있다.

즉, 기후변화 대응 정책에서 탄소 배출을 저감하는 완화 정책이 시급하며, 그러한 노력 중에도 기후변화는 계속될 것이므로 적응 정책이 필수적이다. 그중에서도 건강 적응 정책은 이 기후환경에 우리의 몸이

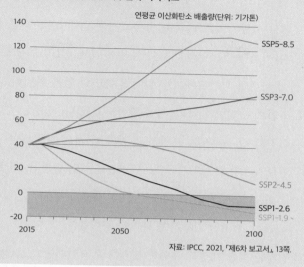

이산화탄소 배출에 따른 기후변화 시나리오

연평균 이산화탄소 배출량(단위: 기가톤)

SSP5-8.5

SSP3-7.0

SSP2-4.5

SSP1-2.6
SSP1-1.9

자료: IPCC, 2021, 「제6차 보고서」, 13쪽.

익숙해지도록 내버려 두는 것이 아니라, 건강을 보호해 줄 수 있는 살아
갈 만한 환경을 만들고 우리 개인이 자신의 건강을 보호할 수 있는 능력
을 키워주는 것을 뜻한다.

폭염이 인간의 건강에 주는 피해

기후변화가 영향을 미치는 가장 심각한 건강피해는 사망이다. 1995년
에 시카고에서 벌어진 폭염 참사는 가장 대표적으로 인용되는 사건이
다. 당시 시카고 낮 최고기온은 41도였고 체감온도는 52도에 이르렀으

며 사흘 연속 38도가 넘었다. 일주일간 739명의 사망자가 발생했다. 다수가 무연고 사망자였고 이들은 공동묘지에 합장됐다. 폭염의 피해는 폭력범죄율이나 독거노인의 비율이 높은 지역에서 컸다고 알려졌다.

그런데 이것이 시카고에서만 벌어진 특별한 일은 아니다. 우리나라에서도 폭염으로 인한 피해가 매년 확인되고 있다. 질병관리청은 매년 여름 온열질환 감시체계를 운영하고 있다. 전국의 응급실을 운영하는 대부분 의료기관이 감시체계에 참여하여 열사병, 열탈진, 열경련, 열실신, 열부종과 같은 온열질환으로 진단된 환자를 보고한다.

우리나라는 2018년 기록적인 폭염을 경험했다. 그 여름이 얼마나 더웠는지 정부는 법을 개정해 폭염을 법적으로 자연재난에 포함하는 일이 있었다. 그해 여름 감시체계에 집계된 온열질환자는 4,526명이었고, 온열질환 추정 사망자는 48명이었다. 감시체계가 운영된 2011년 이래 가장 많은 숫자였다. 당시 온열질환자는 연령별로 보면 50대가 986명으로 가장 많았다. 40~60대에서 주로 발생했다. 그러나 각 연령별 인구수 대비로 보면, 연령이 높아질수록 환자가 더 많았던 것으로 확인된다. 즉, 고령자에게 더 위험했던 것이다. 지역별로도 그렇다. 가장 더운 지역으로 알려진 대구에서는 다른 지역에 비해 상대적으로 환자수가 적었다. 덥다고 피해가 큰 것이 아니라 건강적응 인프라가 충분하지 않은 지역의 피해가 더 컸다. 온열질환자는 주로 더운 오후 12시부터 5시 사이 낮 시간대에 많이 발생했으나, 절반의 환자는 그 외의 시간에 발생했다. 그리고 발생장소도 눈여겨보아야 한다. 환자는 주로 실외에서 발생하긴

2018년 온열질환 발생 현황: 연령별, 지역별

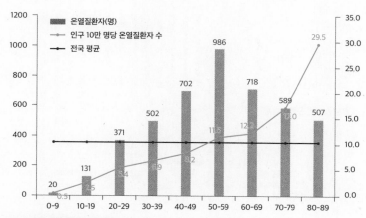

▲ 연령별 온열질환자(10만 명당)

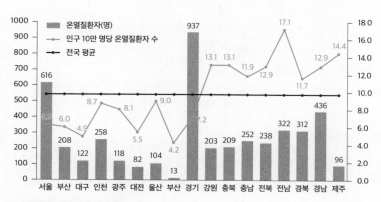

▲ 지역별 온열질환자(10만 명당)

2018년 온열질환 발생 현황: 발생 시간별, 발생 장소별

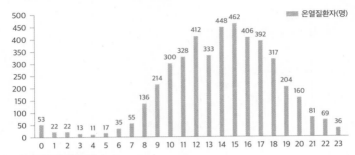

▲ 발생 시간별 온열질환자

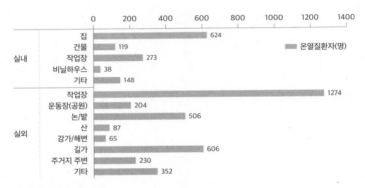

▲ 발생 장소별 온열질환자

연도별 온열질환자 수

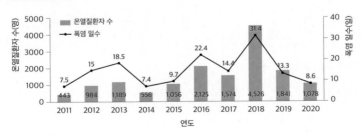

하지만, 2018년에는 야외 작업장 다음으로 집 안에서 발생한 경우가 많았다. 발생장소의 순위가 매년 같은 것은 아니지만, 가장 안전해야 할 집 안이 누군가에게는 여름을 나기에 위험한 장소였다는 사실이 안타까운 일이다.

　그런데 온열질환 감시체계에서 확인된 환자 수는 과소 집계될 가능성이 있다. 의료기관에서 자발적으로 보고하는 수치이기도 하고, 직접적인 폭염의 영향으로 응급실에 갔다고 하더라도 감시체계에서 집계하는 질병코드로 진단받지 않을 가능성도 있기 때문이다. 실제 피해 규모보다 과소 집계되었다 하더라도 감시체계에서 확인된 온열질환자 규모는 우리에게 중요하게 다가오지 않을 수 있다. 해마다 폭염일수나 기온의 변화가 다르므로 환자 수에 변동이 있지만, 지금 우리가 신종감염병의 대유행을 겪고 있는 탓에 가장 심각했던 2018년 폭염 사례마저도 큰 수치로 여겨지지 않을 수 있겠다. 그리고 여름철 충분히 냉방시설을 이용할 수 있거나, 그런 장소에서 시간을 보낼 수 있는 많은 사람들은 어쩌면 우리나라에서 매년 여름 일어나고 있는 이 문제가 아직 심각하게 여겨지지 않을 수 있다. 사실 기후변화로 인한 건강 영향은 온열질환에 그치지 않고, 매우 광범위하다.

기후변화에 따른 다양한 건강문제

기후변화로 나타나는 대표적인 기상현상은 기온의 변화, 대기오염, 자연 생태계 변화, 기상재해로 분류해 볼 수 있다. 각각의 문제는 다양한 질환과 맞물려 있고, 그것은 우리의 삶의 질에도 영향을 준다. 앞서 살펴본 온열질환이나 한랭질환은 각각 폭염과 한파에 노출되면 비교적 즉각적으로 그 영향이 나타나기 때문에 직관적으로 관련성을 이해할 수 있다. 하지만 심뇌혈관질환, 호흡기 알레르기질환, 정신질환 등과 같은 비감염성 질환은 그 질환에 주요하게 영향을 주는 요인이나 선행 질환이 알려져 있기도 하고, 다양한 요인이 복합적으로 작용해 나타난다. 그렇기 때문에 그런 질환을 가진 환자들은 자신의 증상이 악화된다고 하더라도 그것이 기후변화의 영향인지 아닌지 인식하기 어렵다. 또한 의료인이 환자 개인에 대해 인과관계를 정확히 판단하는 것도 가능하지 않은 일이다. 개인으로 보면 기후변화의 영향을 판단하는 것은 어렵지만, 집단, 지역을 대상으로 한 많은 연구들은 기후변화가 그러한 질환의 의료 이용을 증가시키고, 그 질환으로 인한 사망시점을 앞당기는 것으로 보고하고 있다. 기후변화가 기저질환자의 증상을 악화시키고 사망률을 높이는 데 미치는 영향의 크기는 누구를 대상으로 연구하는지, 어떤 해의 영향을 평가하는지, 어떤 분석 모형을 활용하는지에 따라 다르다. 즉, 더운 날 발생하는 온열질환처럼 몇 명의 환자가 발생했는지 숫자를 세어서 확인하는 것이 불가능하다. 따라서 지금까지 우리가 정부의 공

기후변화에 따른 건강 영향

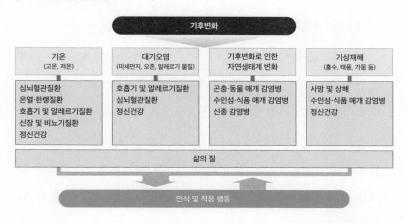

자료: 채수미 외(2018: 163).

식 모니터링시스템을 통해 확인할 수 있는 피해 현황은 여름철 온열질환과 겨울철 한랭질환뿐이다.

심뇌혈관질환은 한국인의 5대 사망원인에 포함된다. 2020년 기준으로 보면, 암으로 사망하는 경우가 전체 사망자 가운데 27.0퍼센트로 가장 많고, 심장질환이 10.6퍼센트로 2위이며, 뇌혈관질환이 7.2퍼센트로 4위다. 우리나라 전체 질병 부담에서 큰 부분을 차지하는 심뇌혈관질환자는 특히 기후변화의 여러 영향에 취약하다. 더운 여름에는 체온이 올라가게 되는데, 우리 몸은 열을 내보내기 위해 말초 혈관이 확장되면서 혈압이 떨어진다. 심장은 떨어진 혈압을 정상화하기 위해 더 많은 활동을 하여 부담이 늘어나게 된다. 그리고 여름에 땀을 과도하게 배출하면 수분이 손실되어 혈액의 농도가 짙어져 혈전의 위험이 높아진다.

또한 수분 손실은 소변이 농축되는 것과 관련이 있으므로 요로결석의 위험이 커질 수 있다.

대기오염은 미세먼지, 오존 농도의 증가가 대표적이다. 특히 미세먼지는 사회적으로 크게 이슈가 되면서, 2019년부터 법적으로 사회적 재난으로 다루어지기 시작했다. 미세먼지 농도가 증가하는 이유를 기후변화만으로 설명할 수 있는 것은 아니지만, 일정 부분 관련성은 있다. 미세먼지는 피부와 코에 먼저 닿지만, 말 그대로 매우 작은 입자이므로 몸속에 들어간 후 혈관을 타고 온몸에 영향을 줄 수 있다. 그리고 홍수, 태풍과 같은 극단적인 기상현상으로 인해 다치거나 사망에 이를 수 있다. 기상재해로 오염된 물에 노출되면 관련 감염병의 위험도 높아진다. 그뿐만이 아니다. 기상재해로 인한 피해는 충분히 예기치 못한 상황에서 겪게 되는 트라우마가 될 수 있으므로, 상황에 따라 단기적·장기적으로 우리 정신건강에 부정적 영향을 미칠 수 있다. 사실 기후변화는 정신건

기후변화와 정신건강의 관계

기후현상	직접 영향	간접 영향
허리케인, 태풍, 홍수 등 극단적인 기상현상	- 상해, 사망 - 급성 스트레스, 트라우마 반응 - PTSD 위험 증가	- 주택과 기반시설 파손 - 의료서비스 자원 및 지역사회 시스템 문제 - 강제 이주 - 상해, 신체적 동반질환
가뭄, 폭염 등 아급성 기상현상	- 고온 노출 관련 기저 정신질환의 악화 - 폭력 및 공격행동 증가	- 농업 부문 노동자 실직 - 사회경제적 격차 및 지역사회 갈등 발생 - 이주
사막화, 침식, 생물다양성 감소 등 장기적인 환경 변화	- 슬픔, 무기력, 불안 - 주변 환경 변화로 인한 우울감	- 생계 수단 상실 - 비자발적인 이주와 이와 관련된 정신건강 문제 - 이주와 자원 부족으로 인한 갈등 증가

자료: Bourque and Willox(2014: 418).

강에 직·간접적으로 다양하게 영향을 미친다. 허리케인, 태풍, 홍수를 극단적인 기상현상이라고 본다면, 가뭄, 폭염은 그에 비해 아급성亞急性 기상현상이라고 볼 수 있다. 심각한 더위 속에서는 폭력적이고 공격적인 행동이 늘어난다. 또한 기온이 상승할수록 정신질환자가 더 병원을 자주 찾게 되고, 자살 사망자가 늘어나는 것으로 확인됐다. 또한 생물다양성이 감소하고 사막화가 진행되는 것은 장기적으로 이루어지는 환경변화다. 또한 환경이 변화하면 더 나은 환경을 찾아서, 혹은 원하지 않더라도 강제로 다른 지역으로 이주하며 생계 수단을 잃을 수도 있다. 이처럼 환경변화가 우리에게 슬픔과 불안, 우울을 가져다주기도 한다.

기후변화와 감염병

이제 감염병의 이야기를 시작해 보려고 한다. 코로나19라는 신종 감염병으로 우리는 불편과 두려움을 넘어서 삶이 송두리째 뒤바뀌기도 했다. 일상생활, 학업, 업무가 상당 부분 비대면으로 이루어지는 데 익숙해지면서, 대인관계와 사고방식도 달라진 것을 느낀다. 코로나19는 계속해서 변이를 일으키는 지독한 바이러스다. 지금은 개개인 모두가 방역의 주체일 수밖에 없고, 그러다 보니 모두가 점점 더 전문가가 되어간다. 감염병의 충격으로부터 회복력을 키우기 위해서는 기후변화와 연결지어 조금 더 감염병을 이해해 보는 시간이 필요하다.

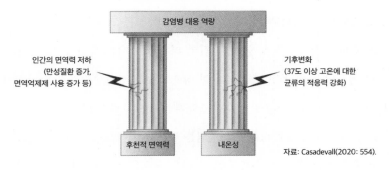

감염병 발생에 대한 기후변화의 영향

감염병 대응 역량

인간의 면역력 저하
(만성질환 증가,
면역억제제 사용 증가 등)

기후변화
(37도 이상 고온에 대한
균류의 적응력 강화)

후천적 면역력

내온성

자료: Casadevall(2020: 554).

　인간은 본래 감염병을 견뎌낼 수 있는 두 가지 역량을 갖추고 있다. 하나가 면역력이다. 우리는 선천적으로 또는 후천적으로 적응하여 면역력을 키움으로써 감염병으로부터 자신을 보호할 수 있는 힘을 갖게 된다. 또 다른 하나는 내온성으로, 우리 심부체온만으로도 감염병을 일으키는 거의 대부분의 균종을 억제할 수 있다. 그러나 이 두 가지 보호요인의 기능이 약화되고 있다. 왜냐하면 질병 치료에 사용되는 면역억제제가 오히려 면역력에 부정적인 영향을 줄 수 있기 때문이다. 또한 내온성이 충분한 보호 기능을 하지 못하는 것은 지구온난화에 따라 고온에 적응력을 갖게 된 균류 때문이다(Casadevall, 2020: 554).

　기후변화는 사실 여러 방향으로 감염병 발생과 확산에 위협요인이 된다. 기후변화는 감염병에 곧바로 영향을 주기보다는 감염병이 발생하거나 유행하게 되는 세 가지 요인에 직접 영향을 미친다. 그 세 가지 요인은 바로 병원체, 매개체 및 숙주, 전파 경로다. 병원체는 병의 원인이 되는 세균, 바이러스 등을 말하는데 기후변화는 병원체의 생존, 생활주기 변화에 영향을 미친다. 병원체는 생존하거나 번식하기에 적절한 기온의 범위가 있기 때문에 극단적인 더위에서는 생존하지 못할 수도 있다. 이 병원체를 분열·증식시키거나 이동시키는 숙주 또는 매개체 또한 기후변화의 직접적인 영향을 받는다. 숙주 또는 매개체는 곤충, 동물, 사람일 수 있다. 따뜻한 지역에서 서식하던 매개체는 지구온난화로 살아갈 수 있는 서식지가 넓어지면서, 질병의 확산 가능성이 높아진다. 마지막으로 전염경로도 기후변화에 따라 변화가 생길 수 있다. 감염병은 비말, 공기, 신체 접촉을 통해 직접적으로 전염이 가능하고, 매개체나 중간숙주를 통해 간접적으로 전염될 수도 있다. 그런데 기후변화는 인간과 그 외 숙주의 생활 및 행동패턴에 영향을 준다. 예를 들어 기후에 따라 사람들의 이동, 야외활동, 직업 등이 달라질 수 있기 때문에, 이것이 전염경로를 다양화할 수 있다. 또한 병원체, 숙주 및 매개체, 전염경로를 관리할 수 있는 국가의 방역정책과 시스템, 국가 정책에 대한 국민의 수용성, 사회적·문화적 특성 등이 감염병의 위험을 결정짓는 데 작용한다 (Wu et al., 2016: 16). 이와 같이 기후변화와 감염병 간의 메커니즘이 복잡하기 때문에, 기후요소의 변화만으로 감염병의 발생과 유행을 예측하기는 어렵다. 그러나 분명한 것은 감염병 위험을 결정짓는 요소들은 기후변화와 밀접하게 관련이 나타나고, 부정적인 방향으로 작용할 가능성이 높은 것은 분명하다.

우리나라에서 감염병은 국가 대응을 고려해 전파력이나 심각도에

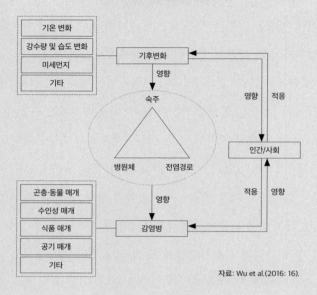

기후변화와 감염병의 관계

자료: Wu et al.(2016: 16).

따라 제1급부터 제4급까지 분류된다. 치명률이 높거나 집단 발생 우려가 큰 경우 제1급으로 분류하고 있어, 발생 또는 유행 즉시 신고해야 하고, 음압격리와 같은 높은 수준의 격리를 하게 된다. 중증급성호흡기증후군SARS, 중동호흡기증후군MERS, 신종 인플루엔자 등이 여기에 포함된다. 또한 감염병은 감염원, 감염 경로 등에 따라 분류되기도 한다.

그런데 앞서 설명한 것처럼 기후변화는 병원체가 인간에게 감염되기까지의 경로와 매우 밀접한 관련이 있으므로, 기후변화 대응 측면에서는 주로 곤충·동물 매개 감염병과 수인성·식품 매개 감염병에 대해

법정감염병의 급별 분류

제1급 감염병(17종)	제2급 감염병(20종)	제3급 감염병(26종)	제4급 감염병(23종)
가. 에볼라바이러스병	가. 결핵	가. 파상풍	가. 인플루엔자
나. 마버그열	나. 수두	나. B형간염	나. 매독
다. 라사열	다. 홍역	다. 일본뇌염	다. 회충증
라. 크리미안콩고출혈열	라. 콜레라	라. C형간염	라. 편충증
마. 남아메리카출혈열	마. 장티푸스	마. 말라리아	마. 요충증
바. 리프트밸리열	바. 파라티푸스	바. 레지오넬라증	바. 간흡충증
사. 두창	사. 세균성이질	사. 비브리오패혈증	사. 폐흡충증
아. 페스트	아. 장출혈성대장균	아. 발진티푸스	아. 장흡충증
자. 탄저	감염증	자. 발진열	자. 수족구병
차. 보툴리눔독소증	자. A형간염	차. 쯔쯔가무시증	차. 임질
카. 야토병	차. 백일해	카. 렙토스피라증	카. 클라미디아감염증
타. 신종감염병증후군	카. 유행성이하선염	타. 브루셀라증	타. 연성하감
파. 중증급성호흡기	타. 풍진	파. 공수병	파. 성기단순포진
증후군(SARS)	파. 폴리오	하. 신증후군출혈열	하. 첨규콘딜롬
하. 중동호흡기증후군	하. 수막구균 감염증	거. 후천성면역결핍증(AIDS)	거. 반코마이신내성장알균(VRE)
(MERS)	거. b형헤모필루스	너. 크로이츠펠트-야콥병(CJD)	감염증
거. 동물인플루엔자	인플루엔자	및 변종크로이펠츠-야콥병	너. 메티실린내성황색포도알균
인체감염증	너. 폐렴구균 감염증	(vCJD)	(MRSA) 감염증
너. 신종 인플루엔자	더. 한센병	더. 황열	더. 다제내성녹농균(MRPA)
더. 디프테리아	러. 성홍열	러. 뎅기열	감염증
	머. 반코마이신내성황색	머. 큐열	러. 다제내성아시네토박터
	포도알균(VRSA)	버. 웨스트나일열	바우마니균(MRAB) 감염증
	감염증	서. 라임병	머. 장관감염증
	버. 카바페넴내성장내	어. 진드기매개뇌염	버. 급성호흡기감염증
	세균속균종(CRE)	저. 유비저	서. 해외유입기생충감염증
	감염증	처. 치쿤구니아열	어. 엔테로바이러스감염증
		커. 중증열성혈소판감소증후군	저. 사람유두종바이러스감염증
		(SFTS)	
		터. 지카바이러스감염증	

중점을 두게 된다. 곤충·동물 매개 감염병은 곤충이나 동물이 감염된 사람 또는 동물 숙주로부터 감염되지 않은 사람에게 병원체를 전염시키는 감염병을 말한다. 이 유형의 감염병으로는 말라리아, 뎅기열, 일본뇌염, 지카바이러스감염증, 치쿤구니아열, 라임병, 웨스트나일열 등이 있다. 이러한 감염병은 주로 제3급 감염병으로 분류되어, 발생을 계속 감시할 필요가 있어서, 발생 또는 유행 시 24시간 이내 신고해야 하는 감염병으

로 격리는 필요하지 않다. 매개체는 따뜻한 온도에서 더 유리한 것으로 알려져 있고, 많은 국가들에서 수행된 연구들은 기온 상승이 곤충·동물 매개 감염병의 유행 위험을 높이는 것으로 보고해 왔다.

우리나라에서는 곤충·동물 매개 감염병 중 말라리아에 대해 기후변화와의 관련성을 분석한 연구가 주를 이룬다. 기온이 상승하면 말라리아 발생 위험이 커진다는 연구 결과가 일반적이다. 지역에 따라 그 위험도는 차이가 있고, 기온의 상승과 말라리아 발생까지 일정기간이 소요된다. 사실 우리나라는 1983년 세계보건기구에 말라리아 근절을 보고하기도 했었다. 그런데 1993년 재출현한 이후 말라리아는 매년 발생하고 있다. 2017~2019년에는 매년 500명 이상, 2020년에는 385명의 환자가 발생했다(질병관리청 통계). 국가가 관리하는 법정감염병 중에서 환자 수로 보면 아주 많은 것은 아니지만, 감염병은 재출현하기도 하고 언제 어떻게 확산할지 알 수 없기 때문에 지속적으로 감시할 필요가 있다. 말라리아 외에 쓰쓰가무시증, 뎅기열, 신증후군출혈열, 일본뇌염 등의 연구도 확인되지만, 보고된 연구의 수가 많지 않고 아직 추가적인 분석과 논의가 필요한 상황이다. 국제적으로는 기후변화와 곤충·동물 매개 감염병의 관련성을 보고하는 연구가 많이 발표되어 왔으나, 앞서 설명했던 두 가지 보호요인의 복잡한 메커니즘 때문에 기후변화에 따른 곤충·동물 매개 감염병의 위험을 예측하는 것은 어려운 일이다.

수인성·식품 매개 감염병은 오염된 물, 식품을 섭취함으로써 발생하는 질환으로, 콜레라, 세균성이질, 장티푸스, A형간염, 이질 등이 있다.

이러한 감염병은 주로 제2급 감염병이다. 전파 가능성을 고려해 발생 또는 유행 시 24시간 이내 신고해야 하고, 격리해야 한다. 국제적으로 관련 연구는 많이 확인할 수 있다. 기온이 상승하면 캄필로박터균감염증, 장출혈성대장균감염증, 살모넬라증과 같은 박테리아 감염병 발생이 늘고(Brubacher et al., 2020: 138808), 설사 발생률이 높아지며(Bhandari et al., 2020: 199~206), 세균성이질도 문제가 된다(Liu et al., 2020: 057008.1~057008.9). 기온이 상승하는 것뿐 아니라 극한 기상 현상의 영향에 대한 보고도 확인되고 있다. 홍수는 콜레라와 세균성이질의 발생과 관련이 있고(Cash et al., 2014: 1~10), 극심한 집중 강우는 보통의 강우에 비해 세균성이질이나 엔테로바이러스 감염증의 발생 위험성을 높인다(Chen et al., 2012: 1~8). 많은 전문가들은 이와 같은 연구에 대해 한계가 있음을 지적하고 있다. 기후요인만이 아니라 숙주의 생태, 인간의 문화와 행동, 토지이용, 국가의 방역 정책 등 다양한 요인이 함께 분석되어야 한다는 것이다. 한편, 수인성·식품 매개 감염병은 병원체와 사람이 연결되는 다양한 경로가 확인됐음에도, 이를 조사하는 것은 복잡하다. 게다가 연구 대상으로 하는 지역이나 시점에 따라 상반된 결과가 나오기도 한다. 또한 기후변화가 병원체의 성장, 번식에 영향을 미치기는 하지만 관련성의 방향이 다르다. 즉, 기온이 상승함에 따라 감염의 위험이 커지는 병원체가 있고, 감염의 위험이 작아지는 병원체도 있다.

코로나19 유행 초기부터 많은 연구자들이 기후요인과 코로나19 사이의 관련성을 확인하고자 노력했다. 이전에 유행했던 사스와 메르스가 기후요인과 갖는 관련성이 코로나19에서도 유사할 것으로 보면서, 코로나19가 더 확산될 수 있는 기후 조건이 있다고 설명하기도 했다(Araujo and Naimi, 2020: 4). 초기 연구에서는 주로 기온, 습도가 높아질수록 코로나19 유행은 감소할 것으로 예측했다. 기상요인의 영향으로만 설명한다면, 여름에는 유행의 위험이 작아지고 겨울에는 여러 이유로 유행 위험이 커지기 때문이다. 습도가 높은 여름에는 바이러스로 가득 찬 침방울이 공기 중에서 빨리 제거될 수 있다. 그러나 건조한 겨울에는 바이러스가 더 오랫동안 공기 중에 떠다닐 수 있는 조건이 된다. 겨울에 유행 위험이 커지는 또 다른 이유는 추우면 사람들이 실내에 모여드는 행동 변화가 일어나기 때문이다(Rouen et al., 2020: 8). 사람들의 활동은 감염병 확산에 매우 중요한 요인이다. 앞서 기후요인은 병원체, 숙주뿐 아니라 전염 경로에 영향을 미친다는 점을 살펴보았다. 인구밀도가 매우 높은 뉴욕에서는 오히려 기온이 상승할수록 코로나19의 유행이 심해졌다(Bashir et al., 2020: 1). 아주 더운 기온이 아니라 사람들이 활동하기에 적절한 수준으로 기온이 따뜻해지면, 야외활동이 늘어나 사람들의 접촉이 늘어날 수밖에 없다(Azuma et al., 2020: 5). 강수량이 늘어날수록 코로나19의 위험이 감소하는 것은 비가 오면 사람들이 밖에 덜 나가는 것과 관련이 있다(Menebo, 2020: 3~4).

이러한 연구들은 우리가 앞서 살펴보았던 기후변화와 감염병의 복잡한 메커니즘을 그대로 반영하고 있다. 기후요인은 감염병이 유행하는 데 필요한 요소들에 영향을 미치고, 그 영향은 기온의 상승인지, 강수량의 변화인지에 따라 위험의 방향도 다르다. 또한 우리가 코로나19에 대한 정책 과정에서 보았듯 각국의 정책, 그리고 정책이 작용하는 사회·문화적 특성, 인구이동, 인구집단의 면역력 등에 따라 유행의 위험은 달라진다. 코로나19 유행 초기에는 팬데믹으로 판단하는 것 자체도 어려웠다. 유행하기 시작했을 무렵에는 코로나19의 종식에 대한 전망이 많았다. 우리는 팬데믹을 경험하면서 코로나19에 대한 판단과 대응도 계속 바꾸어 왔다.

이와 같이 기후변화와 감염병의 관계가 복잡하게 연결되어 있고, 감염병과 그 대응의 특수성이 있기 때문에, 앞으로 진행될 기후변화가 감염병의 위험을 얼마나 키울 것인지 계산해 내는 것은 어렵다. 그러나 기후변화가 어떻게 감염병에 위협적으로 작용하는지 이해할 수 있는 계기가 됐을 것이라 생각한다.

우리가 기억해야 하는 것

최근 기후변화에 대한 위기의식이 높아진 것은 기후변화에 대한 과학적 근거가 더 축적됐기 때문이기도 하지만 그보다는 폭염, 홍수, 산불과 같은 기후변화로 인한 다양한 기상현상과 사건을 우리가 전보다 더 경험하게 된 것이 크게 작용했을 것이다. 기후변화가 가속화됨에 따라 그 속도를 늦추기 위한 노력은 분명 중요한 사회적 과제가 되었다. 2022년 치러진 대선에서도 기후변화 대응을 위한 공약을 어렵지 않게 확인할 수 있었다. 그러나 여전히 기후변화 대응 속에서 건강을 보호해야 할 필요성에 대한 인식은 높지 않고, 이를 위한 노력도 잘 보이지 않는다.

우리가 건강을 보호하기 위해 실질적인 행동을 하기까지는 많은 요인들이 작용하는데, 그중 하나가 관련 경험이다. 그러나 기후변화가 실제로 일어나고 있다는 것을 여러 기상현상을 통해 체감하고 있는 것과 달리, 기후변화로 인해 건강에 문제가 일어나고 있다는 것을 실감하기는 어렵다. 우선 기후변화가 건강에 영향을 미치기까지의 경로가 복잡하고, 건강은 유전적·개인적·사회적 요인이 복합적으로 얽혀 영향을 받기 때문이다. 기후변화로 인해 새로운 질병이 발생하기도 하지만, 그보다는 기저질환을 더 악화시키는 형태로 영향을 주는 경우가 더 많은 것도 건강 영향을 실감하기 어려운 이유이다. 건강 영향은 기후변화에 노출된 즉시 나타나기도 하지만, 노출 이후 시간이 지난 후에 나타나는 경우가 많다. 그렇기 때문에 자신의 건강문제를 기후변화 때문이라고 판단하기 어렵고, 기후변화에 따른 건강문제를 경험적으로 이해하기 어렵다.

가장 직관적으로 이해할 수 있고 파악해 낼 수 있는 건강피해는 폭염으로 인한 온열질환, 한파로 인한 한랭질환이다. 폭염, 한파에 노출되어 직접적으로 발생하며, 비교적 노출 후 단시간에 발생하기 때문이다. 그러나 온열질환이나 한랭질환은 기후변화로 인한 건강 영향 중 극히 일부일 뿐이며, 그 또한 의료기관에서 진단을 받은 경우만 보고되고 있다. 즉, 기후변화로 인해 나타나는 우리의 전체적인 건강피해를 집계하는 것은 홍수로 인한 경제적 피해, 가뭄으로 인한 농작물의 피해 등을 수치화하는 것보다 복잡한 접근이 필요하다.

지금까지 보고되어 온 근거들은 연구 대상으로 한 인구집단의 건강이 기후변화로 인해 악화될 위험이나 사망할 위험이 얼마나 커지는지를 제시하고 있다. 이로써 우리는 기후변화가 우리의 건강에 얼마나 영향을 주는지 가늠할 수 있다. 앞서 살펴본 기후변화와 그로 인한 건강문제는 앞으로 발생할지 모를 가능성에 대한 것이 아니라, 이미 일어난 현상에 대해 확보한 데이터를 가지고 세계의 연구자들이 분석해 낸 것들을 소개한 것이다. 전 세계 속 한국도 기후변화를 경험하고 있고, 그 위험은 빠르게 커지고 있다. 기후변화로 인해 다른 나라가 아닌 바로 우리가 사는 한국에서도 건강피해가 발생했음은 이미 확인되었다. 기후변화가 우리의 건강과 삶에 얼마나 더 나쁜 영향을 미칠 것인가에 대한 예측이 다양한 변동 가능성을 얼마나 연구에 반영할 수 있는가에 따라 달라질 뿐이다.

우리나라에 발생했던 기록적인 폭염 사례에서 보았듯이, 그 피해는 지역별·집단별로 다르다. 폭염에 얼마나 노출됐는가에 따라, 그리고 얼마나 적응할 수 있는가에 따라 피해가 달라진다. 적응은 아무런 노력 없이 자연적으로 이루어진 익숙함이 아니라 기후환경에 대한 노출과 건강피해를 최소화하기 위한 개인적·사회적 노력을 의미한다. 기후변화 적응을 통해 건강피해의 정도를 바꿀 수 있음을 알 수 있다. 그러므로 기후변화의 속도를 늦추는 일만큼이나 건강을 보호하기 위한 적응 노력도 필요하다.

　기후변화는 후손들에게 어쩌면 일어날지 모를 우연한 충격이 아니라, 오늘 살아 있는 나의 건강을 해치는 사회적 문제다. 국가는 2050년까지 탄소중립을 실현하자고 했다. 탄소중립을 실현하는 길은 어렵고 불편할 수 있지만, 우리가 건강한 삶이라는 보답을 받을 것이라고 믿는다. 건강을 지키기 위해서는 우리 각자의 인식과 행동부터 변화하는 것이 중요하다. 그것은 우리 사회가 기후위기를 이겨내는 데 보석 같은 힘이 된다.

기후위기와 주거

당신이 원하는
꿈의 주택은 어디입니까

\# 최경호

6

PROFILE

최경호

주거중립성연구소 수처작주 소장

전 한양대학교 겸임교수

전 한국사회주택협회 정책위원

전 국토교통부 장관정책보좌관

CCTV 통합관제센터 관제요원으로 일하고 있는 신유현은 매일 아침 출근길이 고생길이다. 신유현이 이토록 고생하는 데에는 두 가지 이유가 있다. 첫째는 서울에서 자취하지 않고 파주 본가에서 서울로 출근을 시작한 탓이고, 둘째는 출퇴근 방법으로 대중교통 이용을 선택할 수밖에 없기 때문이다.

대학 시절, 서울에서 자취를 하던 때에는 지하철과 버스를 이용해도 불편함이 없었다. 지하철도, 버스도 시내 거의 모든 곳에 노선이 있는 데다 늦은 시간까지 밖에 있어도 충분히 막차를 타고 귀가할 수 있었다.

군복무 이후 서울 자취집을 정리하고 본가로 들어가긴 했지만, 외출 시에 부모님의 차를 이용하거나 친구가 차를 몰고 데리러 오곤 해서 서울을 오가는 데 어려움이 없었다. 대학에 복학하고 나서는 아들이 공부에 집중하길 바랐던 부모님이 흔쾌히 차를 빌려주시기도 했다. 매일 수업이 있던 것도 아니라서 굳이 대중교통을 이용할 필요가 없었다.

문제는 신유현이 서울로 직장을 얻으면서부터 발생했다. 신유현의 본가와 직장은 자유로를 이용해 차로 30~40분 정도면 충분한 거리다. 차를 타면 그렇게 멀다고는 할 수 없는 거리였다. 더구나 3교대로 근무하는 신유현의 직업 특성상 주마다 출퇴근 시간이 바뀌는 탓에 오히려 출퇴근 러시아워에만 걸리지 않는다면 차를 끌고 다니는 편이 훨씬 편했다. 그러니까 차를 쓸 수 있었다면 말이다.

부모님의 차를 이용하려던 신유현의 출퇴근 계획은 오래가지 못했다. 먼저 다 큰 자식을 뒷바라지하게 된 어머니가 신유현이 차를 타고 나가면 장을 볼 때도, 외출할 때도 차를 이용할 수 없다며 불만을 토로했다. 게다가 신유현의 안락한 출퇴근 계획의 방패막이가 되어주던 아버지마저 새로운 사업을 시작하게 됐다며 더는 차를 빌려줄 수 없다고 선언한 것이다. 하기야 신유현의 본가 주변은 차가 없으면 어딜 나다니지도 못할 만큼 좀 황량한 곳이긴 했다.

결국 차는 부모님에게로 돌아갔고, 신유현은 별수 없이 뚜벅이 신세가 되어야 했다. 물론 하나 있는 아들이 통사정을 하면 다시 차를 빌려줄지도 모르지만, 차마 졸라볼 엄두도 나지 않았다. 신유현 스스로도 자신이 염치없게 느껴졌기 때문이다.

4년제 대학까지 졸업시키며 뒷바라지를 했고 아들의 취직 소식에 '이제 자식 다 키웠구나' 하며 여유로운 노년을 보내려는데, 그 아들이 집을 떠나지 않는다. 거기다 본인 돈을 아끼겠다며 계속 본가에 얹혀살겠다는데, 쫓아내진 않더라도 달가운 일은 아닐 것이다. 게다가 차를 빌려주는 것도 하루 이틀이지 취직한 아들 출퇴근까지 책임지다가는 오히려 본인들이 집에 갇힐 판이었다. 교통편이 뜸한 지역에서 차의 유무는 그만큼 삶의 질을 갈랐다.

일련의 과정으로 수도권 뚜벅이의 길을 걷게 된 신유현은 기후위기가 심각하다는데 이렇게라도 이바지하자고 생각했다. 한 사람만큼의 배기가스를 줄이는 일이다, 나는 환경을 생각해서 이러는 것이다, 하고 마음을 달랬던 신유현은 대중교통을 이용한 첫 출근부터 당황하고 말았다. 대중교통을 이용한 출근 시간은 차를 타는 것보다 2배 이상이 더 걸렸기 때문이다. 시내버스를 타고 일산 동부경찰서 정류장에 내리고, 거기서 서울로 향하는 빨간색 광역버스로 환승을 해야 했다. 버스 안에서 보내는 시간만 해도 1시간이 좀 넘었는데, 자칫 잘못해 둘 중 하나라도 버스를 놓치면 낭패였다.

신유현이 타야 하는 시내버스의 배차 간격은 10~20분, 광역버스의 배차 간격은 14분이었다. 버스 안에 타 있는 시간과 도보 시간을 다 합치면 아무리 바투 잡아도 1시간 20분. 그나마 이것이 대중교통으로 출근하는 가장 빠른 경로였으며, 신유현의 본가에서 직장까지 걸리는 최소 시간이었다. 물론 여기에 버스 기다리는 시간은 포함되지 않았다.

결국 신유현은 그날 평소 안 하던 지각까지 하고 말았다.

1시간 30분이 넘는, 아니 출근과 퇴근을 합쳐 3시간 가까이 되어가는 버스 탑승 시간은 정말이지 고통스러웠다. 수도권에서 서울로 출퇴근하는 사람들의 수는 많았고 버스의 좌석은 부족했다. 대부분이 서울을 목적지로 두고 있어 중간에 일어나는 사람도 없었다. 신유현 역시 자리에 앉아서 출근할 수 있는 날은 거의 없었다.

버스밖에 이용할 수단이 없던 신유현은 통로에 서 있어야만 했다.

직장 앞 정류장에 내릴 때까지 내내 서 있거나, 시내버스든 광역버스든 둘 중 적어도 하나를 타는 동안에는 서 있게 되는 것이었다. 게다가 버스 안에 탄 사람은 어찌나 많은지. 콩나물시루 속처럼 빽빽한 사람들의 틈바구니 안에서 신유현은 없던 병도 생겨날 것만 같았다.

꾸역꾸역 튼튼한 두 다리와 대중교통을 이용한 출근을 버텨낸 지 어언 6개월 차. 머리칼을 드라이기로 말리던 신유현은 정수리에 자그맣게 자리한 땜빵을 발견했다. 스트레스성 원형 탈모가 틀림없다. 심심풀이 삼아 켜둔 뉴스에서는 새로운 도시계획을 이야기하는 뉴스가 흘러나왔다.

「'도로 위 도시' □□ 콤팩트시티 지구 계획이 승인되었고 내년 상반기 중 착공에 들어갈 예정입니다. 서울시와 주택도시공사 측에 따르면 내년 2월 시공사를 발주하고, 상반기 착공을 시작해 2025년 준공을 목표로 하고 있다고 발표했습니다.」

콤팩트시티. 요즘 들어 간혹 뉴스에서 보이곤 하는 단어였다. 그중 가장 인상 깊었던 것은 북부간선도로 상부에 지어질 것이라던 콤팩트시티 설계 조감도였다. 청년 1인 가구와 신혼부부 등 2인 가구를 위한 전용면적을 나누어 가구들을 공급할 예정이라고 했다. 소음과 진동을 차단하기 위해 '터널형 복개 구조물'과 '브릿지 시스템'을 도입한다는데, 솔직히 그런 건 잘 모르겠고 저런 게 지어진다면 이사나 가고 싶다고 신유현은 생각했다.

문득 코로나 때문에 재택근무를 한다던 친구가 떠올랐다. 컴퓨터만 있으면 되는 직장인이라 업무에 별 차질이 없다고 했던가. 그 녀석이 너무 부러웠다. 물론 신유현은 CCTV를 봐야 하니 재택근무를 할 수 없겠지만, 직장과 가까운 곳으로 집을 옮길 수는 있지 않을까. 콤팩트시티가 지어지기만 한다면 꼭 거기서 살아야지. 하지만 준공이 3년 뒤라니 일단 차를 뽑을까. 기왕 뽑을 거 전기차를 알아봐야겠다. 요즘 보조금도 잘 나온다니 발품 좀 팔아봐야지. 자동차에 쏟아부을 돈이며 보험료를 감당할 일이 걱정스럽긴 하지만 어쩔 수가 없다. 스마트폰에 쇼핑 앱을 띄운 신유현이 탈모 전용 샴푸를 구매하며 중얼거렸다.

공동의 노력이 필요한 주거정책

코로나19 전과 후의 일상이 완전히 달라진 가운데, 우리 곁에 가장 친숙해진 것은 '마스크'다. 쓰고 있으면 답답하지만, 자신과 타인을 감염의 위협으로부터 보호하는 효과적인 수단이다. 그런데 지구온난화가 더욱 진행되면 동토의 얼음이 녹고, 그 아래 수만 년 동안 얼어 있었기에 현재 인류의 면역체계로 감당할 수 없는 옛날 바이러스가 세상에 나올 수도 있다고 한다. 이런 상황에서 혹시나 마스크를 만드는 공정이 기후변화를 가속하는 것이라면 이 또한 난감한 문제다. 방역과 기후변화가 악순환의 회로에 빠지는 것이다. '답답함'과 '보호'의 딜레마를 넘어 '위기'까지 심화하는, 어쩌면 트릴레마trilemma다. 그런데 우리의 '주거'가 처한 운명이 이와 비슷하다.

주택도 마스크처럼 우리를 외부의 위협으로부터 보호해 준다. 인류가 토굴을 벗어나 환경을 파괴(?)해 가며 집을 짓고 살게 된 이래, 집을 짓는 목적은 비바람을 피하고 온도를 유지하는 등 자연의 힘에 '대항'하기 위한 것이었다. 사회적으로는 외부의 침입으로부터 신체나 재산을 보호하기 위한 목적도 있다. 또한 집은 가족을 이루어 후세를 낳고 키우는 바탕이기도 하고, 현대사회에서는 여가와 휴식이라는 문화적 측면 외에도 일터로서의 성격도 복합적으로 가지게 됐다.

주택이 이러한 복합적 기능을 발휘하기 위해서는 에너지를 상당한 수준으로 소모하게 된다. 대표적인 것이 무더위를 피하기 위한 냉방기의 사용이다. 여름철 피크 전력 부하를 높이는 주된 원인으로 꼽는다. 2010년 이후 매년 최대 전력수요가 나타난 날들을 보면 7월 말에서 8월 사이에 몰려 있다. 이 전력수요를 감당하기 위해서 화석연료를 사용하면 지구온난화는 더 심해지고, 더워진 날씨에 에어컨을 더 세게 틀면 악순환이 계속되는 것이다. 또한 가전제품의 종류가 과거와는 비할 수 없이 많아지면서 전력수요는 매년 늘어나고 있다. 지구온난화에 따른 기후변화에는 여름철 더위만 있는 것이 아니다. 폭우나 혹한도 기후변화의 연속선에 있다. 이에 대응하기 위한 기반시설이나 난방 역시 상당한 에너지를 필요로 한다.

주택이 우리를 보호하기도 하지만, 동시에 우리가 주택에서 살아가는 방식은 외부의 위협을 심화시키는 악순환의 회로 안에 놓여 있는 것만 같다. 살기 위해 지은 주택이, 너무 덥거나 추워서 튼 냉난방장치가, 많은 인구를 소화하기 위한 도시의 개발이나 재개발이 장차 우리의 삶을 더욱 위협한다면, 이러한 악순환을 벗어날 방법을 찾아야만 한다.

교통이나 산업부문보다는 그 비중이 작지만, 주거 부문은 세계적으로 에너지 소비의 22퍼센트, 탄소 배출의 17퍼센트를 차지한다. 그러나 직간접으로 연관된 비주거 건물이나 건설산업까지 포함하면, 에너지 소비의 36퍼센트, 탄소 배출의 39퍼센트로 어떤 부문보다 큰 비중을 차지한다. 그러나 당장 사람이 살고 있는 집과 이를 바탕으로 형성된 주거문화를 하루아침에 바꾸기는 힘들고, 돈도 많이 들며, 무엇보다 당장의 삶의 터전이 걸린 문제다. 유럽이나 미국의 그린뉴딜 정책에서도 주택을 매우 중요한 주제로 다루고 있는 이유다. 한국 역시, 당장의 부동산 가격의 폭등만으로도 고통스럽겠지만, 기후위기 대응 측면에서 주거문화와 주택정책을 어떻게 바꾸어 가야 할지는 지속가능한 미래를 위해서 반드시 살펴봐야 할 주제다.

개인에게는 생활공간이자 많은 경우 '중요한 재산'인 주택이 문명론적으로는 어쩌면 기후변화를 초래한 원인 중 하나가 된 처지이다. 이런 처지에서 벗어나 주택이 장차 기후위기를 극복하는 수단이 될 수 있을까? 그 가능성을 탐색하기 위해 이 글은 주택의 '에너지 생산처로서의 기능'과 주택이 모여 구성하는 마을과 도시의 민주적이고 효과적인 운영(거버넌스)의 측면을 돌아본다. 민주주의는 그 자체의 가치도 충분하지만 에너지 생산처로서의 기능을 온전히 발휘하기 위해서도 필요하다. 향후 기후변화에 대응하기 위해서는 주택의 운영-관리 단계의 중요성이 커질 것이다. 주택은 도시를 구성하는 요소로서 사회적 연대의 중요한 도구라는 점도 중요한 발견이다.

주택에 대한 관점은 '각자도생 차원의 해법'이 아닌 '공동의 노력으로 관리해야 할 사회적 자산'으로 변해야 한다. 지구적 차원의 위기에서 자유로울 수 있는 사람은 없기 때문이고, 혼자만 노력한다고 해결될 일도 아니기 때문이다. 나만 지구를 위해 에어컨을 안 틀고 흐르는 땀을 창문을 열어 식히려 해도, 옆집 실외기의 더운 바람이 우리집으로 들어오면 억울함을 참기 힘들어지는 것이 인지상정 아닌가. 그리하여 우리 모두는 각자가 주거정책의 수요자로만 머무를 것이 아니라, 주택과 도시의 선량한 관리자가 되어야 한다는 것이 이 글의 결론이다. 단순한 에너지 절약을 넘어, 당사자로서 주거문화와 도시정책을 만들고 구현하는 과정에 참여하고, 또 제도적으로 이런 참여를 뒷받침할 방법을 찾는 것이 필요한 것이다.

주택, 주거와 에너지

주거와 주택

'주택'은 물리적 건물을 말하고, '주거'는 주택을 바탕으로 살아가는 생활의 문화적·정서적·사회적 측면을 포함한 개념이다. 영어로 주택은 하우스house, 주거는 하우징housing이라고 구분할 수 있다. 국내 법률상으로 주택은 "세대世帶의 구성원이 장기간 독립된 주거생활을 할 수 있는 구조로 된 건축물의 전부 또는 일부 및 그 부속토지"(주택법 2조)로 정의된다. 주거는 그 자체에 대한 법적 정의는 없고, '주거권', '주거환경', '주거급여', '주거약자' 등 다른 개념과 연계되어 언급된다. 그중 주거권의 정의를 통해 주거의 의미를 도출해 낼 수는 있다. 주거기본법 2조에는 "국민은 관계 법령 및 조례로 정하는 바에 따라 물리적·사회적 위험으로부터 벗어나 쾌적하고 안정적인 주거환경에서 인간다운 주거생활을 할 권리를 갖는다"라고 주거권이 정의되어 있는바, 그렇다면 '주거'는 '물리적·사회적 위험으로부터 벗어나 쾌적하고 안정적인 환경에서 누리는 인간다운 생활'이라는 식으로 역으로 규정할 수 있겠다.

실생활에서의 주거의 의미는 법적 정의보다 더욱 복잡하고 종합적이다. 기능적으로 주거는 먹고, 자고, 배설하고, 씻는 행위를 지원할 시설을 갖추어야 한다. 심리적 차원에서 자신의 공간이 주는 안정감은 자아의 형성과 유지에도 큰 영향을 미친다. 시대에 따라 주택에서 하는 활동들의 성격도 변한다. 과거에는 출산부터 '관혼상제' 모두를 집 안에서 치렀지만, 지금은 출생과 산후조리, 결혼, 장례 등은 집 밖의 별도 공간에서 이루어진다. 근대화와 산업화를 거치면서 사회적으로도 분업화가 진행된 것처럼 공간도 분업화가 이루어진 것이다. 한편 농업과 제조업까지를 포함한 어떤 생산 활동은 다시 집으로 들어오기도 한다.

당연한 이야기지만, 기술 발전도 공간과 영향을 주고받는다. 엘리베이터 덕분에 고층 건물에서 살아갈 수 있게 되면서 우리 도시의 겉모습은 많이 바뀌었다. 덕분에 도시의 인구밀도가 비약적으로 증가하자 주거 이외의 상업이나 업무시설, 그리고 상하수도나 전력 등의 기반시설의 배치에도 큰 영향을 미쳤다. 최근에는 인터넷이나 스마트폰이 보급되며 주택의 의미가 더욱 달라졌다.

과거 중산층 가정의 전형적인 모습은 거실에 텔레비전과 비디오, 전축, 소파, 그 옆 탁자에 전화기, 근처에 괘종시계가 있는 모습이었다. 지금은 그 모든 가전기기들의 기능이 스마트폰 안으로 들어왔다. 이제는 고시원 침대에 누워서도 인터넷 강의를 듣고 영화도 보고 음악도 감상하고 심지어 그림을 그리는 등의 창작활동도 할 수 있게 됐다. 물론 그렇다고 최저 주거기준 이하의 열악한 고시원도 개인에게 족하다는 이야기는 아니지만, 그 모든 활동을 하기 위해 필요한 공간의 수요가 과거와는 사뭇 달라졌고, 주거생활을 뒷받침하기 위한 제대로 된 공간, 혹은 '집다운 집'이 되기 위해 필요한 조건도 사람마다 다양해졌다는 이야기다. 어떤 많은 이들에게는 '독립된 화장실'보다 '무제한 와이파이가 잘 터지는 것'이 더 중요한 보금자리의 기준이 된 상황이다.

이렇게 사람마다 '집다운 집'에 대한 상은 다르지만, 모두 상당한 에너지를 소비하는 것을 전제로 할 것이다. 스마트폰의 전기소비량이 과거 전축과 비디오, 텔레비전과 스피커를 합친 것보다 적어졌을지 몰라도, 무선공유기를 항상 켜놓게 됐으며, '서버'나 '클라우드' 서비스는 당장 집 안에서 눈에 띄지 않을 뿐, 주택에서의 활동을 뒷받침하기 위해 어딘가에서는 과거에 안 쓰던 전기를 쓰고 있다. 1인당 주거면적도 역사적으로는 계속 늘어나는 추세다.

이에 대해 물리적 환경을 바꾸는 기술적 차원으로만 접근하면 사실 일반 시민들의 입장에서는 '기후위기와 주거'를 고민할 일이 별로 없다. 그냥 건축가나 엔지니어들이 친환경주택이나 에너지 절약기술을 개발하면 각자의 선호나 능력에 따라 가져다 쓰기만 하면 된다. 그러나 그러한 기술들이 제 역할을 발휘하게 하는 것도 결국은 이용자의 행태에 달려 있거니와, 인구의 대부분이 대도시에 모여 사는 현대사회에서 시민으로서 공공정책의 의사결정이나 현관문 바깥의 이웃과의 공동의 생활방식을 조율하지 않으면 결국 기후재앙을 피할 수 없다. 구체적인 논의로 들어가기 전에, 우선 주제와 관련한 목표, 즉 '양질의 주거환경을 누리거나 최소한의 주거권을 보장하면서도 기후위기를 극복하는 것'을 명확하게 이해하기 위해 주거권의 개념부터 간단히 살펴보자.

주거권

주거기본법에서도 그랬지만, 학술적으로도 주거권은 크게 '물리적 의미의 주택'과 '사회적 주거'에 대한 권리로 구성된다. 이는 최소한의 물리적 시설과 주변 환경 및 서비스를 바탕으로 일상생활을 보호하고 사회적 관계망에 포함될 수 있도록 한다는 의미다. 1991년 유엔 경제사회문화 권리위원회CESCR의 「적절한 주거의 권리에 관한 일반 논평 4Social and Cultural Rights General Comment No.4」에서는 '적절한 주거'를 구성하는 요소들을 다음과 같이 세분하여 제시했다.

ⓐ 점유의 법적 보장: 임차인은 임차계약의 종류와 상관없이 강제퇴거의 위협으로부터 주거를 보호받을 수 있어야 함.
ⓑ 서비스, 물자, 시설, 인프라에 대한 가용성: 적절한 주거란 깨끗한 물, 전기, 채광, 상하수도, 도로, 요리를 위한 에너지 사용, 세면시설, 음식물 저장 등의 필요한 시설 및 설비 등이 갖추어져 있어야 함.
ⓒ 부담 가능성: 모든 사람들은 자신들의 경제적 처지에서 적절한 주거를 구할 수 있어야 함.
ⓓ 거주 가능성: 주거공간이 너무 좁아서는 안 되며, 추위, 습기, 더위, 비,

바람 등을 막을 수 있는 수준이어야 함.

ⓔ 접근성: 노인, 장애인, 어린이, 병자 등의 조건에 관계없이 접근하기 용이한 주거조건을 갖추어야 함.

ⓕ 입지: 생산활동의 기반으로부터 너무 멀리 떨어져 있지 않고, 보건소, 학교, 보육시설 등의 사회적 시설들로부터 인접한 곳에 위치해야 함.

ⓖ 문화적 적절성: 주택의 건설방식에 따른 재료나 형태 등의 문화적 다양성을 인정해야 함.

이상의 7개 항목은 지구적 관점에서 다양한 기후와 국토 여건에 맞춰서 제시된 주거권의 구성요소다. 그런데 한국의 국토 여건이나 기반시설의 완비 정도를 감안하면, ⓑ 같은 경우는 이제 어느 정도 해결이 끝난 의제, ⓖ 같은 경우는 (아직은) 상대적으로 중요도가 낮은 의제라고 볼 수 있다. 남은 요소들을 한국의 현 상황에서 실천적인 차원의 의미가 있도록 범주화한다면, '안정성', '부담 가능성', '거주성'의 세 분야이다.

'안정성'은 원하는 기간만큼의 거주와 필요시 이전의 권리를 의미한다. 많은 나라에서는 무기계약도 자연스러운 경우가 많으나, 한국에서는 1981년 임대차보호법이 처음 제정되며 계약기간을 1년으로 정했다. 그 이후 1989년에 2년으로 늘린 이래 31년이 지난 2020년에서야 1회 연장이 가능하도록 했으나 전세매물 축소 등의 원인으로 지목되며 논란이 되고 있다. '부담 가능성'은 경제적 비용에 대한 이야기로, 시기, 장소, 연구 목적 등에 따라 조금씩 달리 측정된다. 많은 연구들에서는 주거비가 가구소득의 30퍼센트를 넘으면 부담이 지나치다고 본다. 이에 대한 국가별 비교연구도 많으나, 한국에는 전세라는 독특한 제도가 있어서 월세 중심의 외국과는 주거비의 수평 비교가 어려운 점이 있다. '거주성'은 품질에 대한 기준으로, '집다운 집'인지의 여부다. 그러나 단위 주택 내부만 따지는 것이 아니라 마을 단위로도 '살만한 곳'인지를 같이 보아야 할 것이다.

대체로 민간주택에서는 '안정성'과 '부담 가능성'이, 공공주택은 입지 조건이나 차별적 주거환경에 따른 '거주성'이 문제로 지목된다. 그러나 최소한의 물리적 시설 수준과 치안 등은 (일부 아직 문제가 있지만) '세계적인 차원에서 볼 때' 상대적으로 양호한 편이라고 전제한다면, 한국에서의 주거권의 문제는 '원하는 기간 동안 마음 편히 살 수 있느냐' 하는 '안정성'과 비용에 대한 '부담 가능성'에 좀 더 집중되는 상황이다. 다만 이른바 '쪽방'이나 고시원 등이 점점 늘어나고 있는 점은 심각하게 받아들일 필요가 있다. 이들은 '거주성'에 심각한 문제가 있으며 경우에 따라 '안정성'과 '부담 가능성'도 (주거 품질이 열악함에도!) 문제된다. 2019년 한국을 방문한 파르하 UN 주거권 특별보고관은 홈리스의 범위에 고시원과 쪽방에 사는 이들까지 포함하여 여러 가지 개선사항을 권고한 바도 있다. 심지어 최근의 화재사건을 보면 문자 그대로 생존권마저 위협하는 유형들이다.

주거와 에너지

이런 주거권의 요소가 기후위기와 무슨 관련이 있을까? 앞서 UN 주거권 특별보고관의 권고대로 주거권을 신장하기 위해서 집을 더 짓는데, 그 과정에서 탄소 배출을 늘려야 한다면 기후위기 대응 차원에서는 난감한 상황이 될 것이다. 그렇다고 탄소 배출을 줄이기 위해 특정 계층이나 집단에게만 가혹한 조건을 계속 그대로 둔다면 그것도 곤란할 것이다. 주거권의 신장과 에너지와의 상관관계를 살펴보기 위해, 주거권의

주거권의 7요소와 에너지 소비와의 관계

ⓐ **점유의 법적 보장(Legal security of tenure)**
임차인은 임차계약의 종류와 상관없이 강제퇴거의 위험으로부터 주거를 보호받을 수 있어야 함.

ⓑ **서비스, 물자, 시설, 인프라에 대한 가용성(Availability of services, materials, facilities and infrastructure)**
적절한 주거란 깨끗한 물, 전기, 채광, 상하수도, 도로, 요리를 위한 에너지 사용, 세면시설, 음식물 저장 등의 필요한 시설 및 설비 등이 갖추어져 있어야 함.

ⓒ **부담 가능성(Affordability)**
모든 사람들은 자신들의 경제적 처지에서 적절한 주거를 구할 수 있어야 함.

ⓓ **거주 가능성(Habitability)**
주거공간이 너무 좁아서는 안 되며, 추위, 습기, 더위, 비, 바람 등을 막을 수 있는 수준이어야 함.

ⓔ **접근성(Accessibility)**
노인, 장애인, 어린이, 병자 등의 조건에 관계없이 접근하기 용이한 주거조건을 갖추어야 함.

ⓕ **입지(Location)**
생산활동의 기반으로부터 너무 멀리 떨어져 있지 않고, 보건소, 학교, 보육시설 등의 사회적 시설들로부터 인접한 곳에 위치해야 함.

ⓖ **문화적 적절성(Cultural adequacy)**
주택의 건설방식에 따른 재료나 형태 등의 문화적 다양성을 인정해야 함.

안정적 거주

자원과 에너지의 사용

적절한 비용

에너지로부터 보호

사람과 물자의 이동

구성요소에서 명시된 내용과 이를 실현하기 위해서 필요한 직간접적인 에너지와의 관련성을 살펴보면 그림과 같다.

'ⓐ 점유의 법적 보장'은 안정적인 거주와 관련된 내용이다. 당장 에너지 소비나 탄소 배출과는 큰 관련이 없어 보인다. 'ⓑ 서비스, 물자, 시설, 인프라에 대한 가용성'은 자원과 에너지를 직접 사용하기도 하고, 이를 위해 사람과 물자가 이동해야 하기도 한다. 'ⓒ 부담 가능성'은 주거비에 대한 것인데, 건축물의 건설비용은 물론, 광열비도 주거비용에 포함된다고 볼 경우, 에너지와 관련이 깊다. 'ⓓ 거주 가능성' 역시 '주거 공간이 너무 좁아서는 안 되며 추위, 습기, 더위, 비, 바람 등을 막을 수 있어야 한다'고 하니, 외부의 에너지에 대항하여 내부의 환경을 유지하기 위해 에너지를 소모하게 된다. 또한 그런 성능을 갖추는 데엔 비용이 들어가니, 이는 부담 가능성과도 관련이 있다. 'ⓔ 접근성'은 건물의 물리적 형태가 사람이 접근하기 용이해야 하도록 만들어야 하므로 자원과 에너지를 소모하고, 사람과 물자의 이동과 관련이 있으며, 'ⓕ 입지'는 건물의 위치에 대한 내용으로서 접근성과 살짝 다른 내용이지만 에너지 차원에서는 비슷한 영향을 미친다. 마지막 'ⓖ 문화적 적절성'은 주로 재료에 대한 것인데, 문화적 다양성 보장 차원에서 지역의 특색을 살리라는 주문 같지만, 자재의 이동에 따른 탄소발자국을 줄이는 효과도 있다.

종합해 보면, 주거권을 온전히 구현하기 위해서는 필연적으로 에너지 소비와 탄소 배출이 발생한다. 주거권을 구성하는 각각의 요소들이 에너지에 영향을 미치는 과정을 정리하자면 ① 비바람 등의 외부의 에너지로부터 사람을 보호하고 실내 환경을 유지하기 위해 에너지를 쓰는 과정, ② 음식을 조리하고 씻고 배설하기 위한 각종 시설과 기구를 가동하기 위해 자원과 에너지를 사용하는 과정, ③ 이를 위해 사람과 물자가 집 안팎으로 오가는 과정, ④ 이 모든 과정이 주변에 피해를 끼치지 않으면서도 적절한 비용으로 해결 가능하도록 시스템을 운영하는 과정 등이 있다.

다음 절에서 이야기할 주거 분야 탄소 배출의 '직접' 배출 분야는 주로 위의 ①, ②, 그리고 '간접' 배출 분야는 ③에 해당한다고 할 수 있다. ④ 역시 일부는 간접 분야에 포함될 수 있겠으나 명확히 구분하기가 어렵고, 상대적으로 다른 분야에 비해 사람들의 관심이 크지 않은 편이다. 그러나 향후 과학·공학기술의 발달이 실제로도 탄소 배출 절감으로 이어지고, 이 혜택이나 비용이 특정계층에 편중되지 않도록 하기 위해서는(즉, 주거권을 신장하기 위해서는) 지금보다 많은 관심이 필요하다.

에너지 소비와 탄소 배출

한국의 경우 건축물의 온실가스 배출량이 전체 배출량의 약 20퍼센트 정도로 알려져 있지만(조상규·이진민, 2010), 그 비중은 계속해서 늘어나고 있다. 서울의 경우를 보면 2016년 에너지 소비 분야 온실가스 배출 비중은 건물이 67.5퍼센트였다(이정찬 외, 2020). 한국은 사계절이 뚜렷하여 냉난방으로 인한 에너지 소비 및 온실가스 배출이 다른 나라보다 더 클 것이다.

주택부문이 에너지 소비의 36퍼센트와 탄소 배출의 39퍼센트를 차지한다는 것은 서두에서도 밝혔는데, 다른 부문에서는 교통이 차지하는 비중도 어마어마하다. 그런데 교통 내에서는 산업 수요도 크지만, 일상의 통근교통량의 비중도 크다. 이는 주거권 중에서 '적절한 입지'와 '사람과 물자의 이동' 측면과 밀접한 관련이 있다. 주거만 놓고 보면 에너지 소비 측면보다는 탄소 배출의 비중이 조금 적지만, 여전히 만만치 않다. 어차피 에너지 생산과정도 탄소 배출과 무관하지 않다. 주거 부문 내에서도 주택까지의 사람과 물자의 이동과 관련된 '간접' 부문의 탄소 배출량이, '직접' 부문, 즉 주택 내부에서의 취사나 기타 생활에 따른 탄소배출량의 2배에 육박하는 점도 무시할 수 없다.

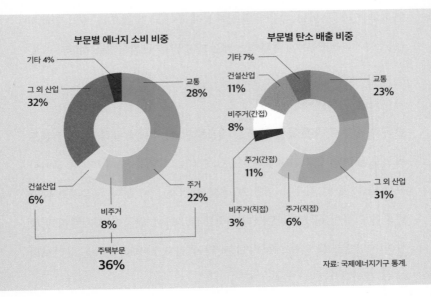

자료: 국제에너지기구 통계.

주택 내부에서의 에너지 사용량의 내역을 좀 더 자세히 보면, 난방 분야가 약 3분의 1로 가장 비중이 크다. 다음은 취사, 온수, 가전 및 기타, 냉방, 조명의 순서다. 그런데 최근 들어 냉방의 비중이 급속히 늘고 있다. 단위면적당 에너지 집약도Energy Intensity 차원에서 보면 난방 분야와 조명 분야는 2010년대 이후 각각 20퍼센트와 17퍼센트씩 개선되고 있는데, 냉방 분야가 9퍼센트 가까이 늘었다. 난방이나 다른 분야도 절대량이 감소한 것은 아니다. 이는 지구 위의 전체 건물들의 연면적 자체가 늘어나고 있기 때문이다. 또한 기후변화는 겨울철 혹한이나 폭우 등의 현상도 일으키기에, 난방 수요나 기타 시설 유지를 위한 에너지 수요는 계속 늘어날 것이다. 경제발전에 따라 1인당 사용면적도 늘어나는 추세이니, 이러한 문제는 기술발전을 통한 기계와 시설의 에너지 '절약'의 정도와 비례해서 개선되기는 힘들 것이다. 에너지소비를 0으로, 혹은 생산한 에너지와 소비한 에너지를 상쇄시키는 '제로에너지빌딩ZEB'의 필요성이 대두되는 이유다.

필요한 사회적 비용을 어떻게 충당하느냐가 관건이지만, 발전된 기술을 적용하여 신축 건물을 제로에너지빌딩으로 짓는다거나 기존 건물을 '그린리모델링'하여 에너지효율을 개선하는 것은 그 자체로 매우 중요한 과제다. 우리도 이제 곧 500제곱미터 이상 건물은 다 제로에너지 건축이 의무화된다. 그러나 집에서 아무리 에너지를 아껴도 매일 멀리까지 차량으로 출퇴근하거나 그런 시스템에 의존하고 있다면 탄소 배출은 더 심각한 수준이 될 수도 있다.

제로에너지건축 의무화 세부로드맵

자료: 국토교통부, 산업통상자원부, 한국에너지공단, 2020,
「제로에너지빌딩 2020 인증안내서 ver1」 3쪽.

　안타깝지만 자연을 벗하는 친환경적인 삶을 대다수 인구가 누릴 수는 없다. 전원도시의 인구가 매일 멀리까지 출퇴근하는 것보다는 녹지가 다소 부족하더라도 좁은 곳에 많은 이들이 모여 사는 것이 더 낫다. 교통에 따른 탄소 배출을 줄이고, 냉방은 몰라도 난방 효율은 높일 수 있으며, 취사나 상하수도 사용에 필요한 기반시설의 '규모의 경제'를 달성하기 때문이다. 이것이 '콤팩트시티Compact City'의 문제의식이다. 그렇다 해도, 무한정 모여도 되는 걸까? 멀리에 둔 대규모 발전소나 쓰레기 폐기장에 의존하는 측면은 어떻게 봐야 할까? 콤팩트시티론의 장단점, 혹은 허와 실을 살펴보자.

콤팩트시티와 주택

모여 살면 좋은가

벽들이 맞붙어 있는 공동주택은 아무래도 단독주택보다 난방비가 덜 든다. 수요가 몰리는 곳을 고밀 개발하면 그만큼 다른 곳의 환경을 보존할 수 있고, 교통으로 인한 탄소 배출도 줄일 수 있다. 인구 다수의 자가용 이용을 전제하고 단독주택 위주로 방만하게 배치된 도시보다는 대중교통과 공동주택 위주의 콤팩트한 도시가 에너지 효율적이라는 것은 자명한 사실이다.

에드워드 글레이저도 『도시의 승리Triumph of the City』에서 말하길, 5호 이상의 공동주택보다 단독주택이 주택당 88퍼센트의 전기를 더 소비한다고 한다. 용적률 130퍼센트인 뭄바이 시내의 교통체증 사례도 콤팩트시티가 좋다는 그의 주장의 논거 중 하나다. 심지어 그는 사람들의 평균 기대수명도 인구밀도와 관련이 있다고 밝혔다. 인구밀도가 1제곱킬로미터당 195.3명 이상인 국가들의 경우는 그 이하의 국가들보다는 6개월이 더 길고, 39명인 경우보다는 9개월이 더 길다고 계산해 낸 것이다.

그런데 그러면 얼마나 고밀화하는 것이 좋을까? 한국의 '2종 일반주거지역'의 경우, 서울시가 조례에서 더 엄격하게 정한 용적률 200퍼센트보다는 국토부 법령상의 250퍼센트가 더 좋을까? 서울은 왜 더 엄격하게 낮췄을까? 2020년에 발표된 '8·4 대책'은 공공재개발을 할 경우 용적률을 500퍼센트까지 허용하겠다고 하고, 그 후속대책에서는 도심

역세권이라면 주거지역도 700퍼센트까지 완화하겠다고 하며, 어떤 사람들은 용산공원에 용적률 1,000퍼센트로 공공주택 8만 호를 지어서 주택난을 해결하자고 하는데, 이러면 더욱더 콤팩트시티가 되고 주거복지도 해결하면서 기후위기 대응도 잘 할 수 있을까?

글레이저가 말하는 콤팩트시티의 문제의식은 용적률 133퍼센트의 뭄바이나 인구밀도 29명/헥타르(1만 제곱미터)의 래빗타운이라는 미국 교외지구에서 출발한 것이다. 그런데 래빗타운이 너무 저밀도라고 해서, 이미 인구밀도가 137.8명/헥타르인 강남구를 더 고밀화해야 할까? 세대당 2.5명이 산다고 가정할 경우 462.3명/헥타르가 이미 몰려 있는 대치동 ○○아파트 단지의 용적률 200퍼센트를 2.5배 늘려 500퍼센트로 재개발해도 될까?

결론부터 말하면, '안 된다'. 현재의 토지주가 토지가치를 극대화하고자 그런 주장을 한다면, 자신의 이익에 충실할 논리로서는 타당할지 몰라도, 실제 토지가치가 극대화되지도 않을뿐더러 일반 대중의 주거문제 해법으로는 '틀렸다'. 일부 초고층 주상복합건물의 용적률이 900퍼센트가 넘는다며 주택문제의 해법으로 거론하거나, 일부 계층의 '패닉바잉'에 대응한다고 국가가 나서서 '패닉 공급'을 하자는 일환으로 함부로 용적률을 높이자고 해서는 안 된다. 모든 것에는 양면성이 있듯, 모이게 되면 '집중의 경제'가 달성되는 측면도 있지만 '집중의 불경제'의 효과가 점점 커지기 시작하기 때문이다. 어느 선 이상이 되면 기후위기 대응은커녕 경제적 타산에도 맞지 않는다. 물론 이 책에서는 주제인 기후위기 대응 측면을 주로 다루지만, 서민들의 주거문제 해결에도 도움이 되지 않으니 분배정의에도 역행한다고 할 수 있고, 경제적으로도 지속가능하지 않으며, 최악의 경우 재난 대응 측면에서도 매우 위험한 것이다. 그렇다면 어느 정도가 적당한 밀도일까?

고층화의 한계이익 체감

한 층 더 올릴 때마다 추가로 생기는 이익은 건물의 층수가 높아지면 높아질수록 점점 줄어든다. 당장 면적부터 그렇다. 단층 건물에는 계단이 필요 없다. 그러나 2층부터는 계단이 필요하고, 더 높아지면 계단과 함께 엘리베이터도 들어가야 한다. 법적으로도 5층 이상이면 엘리베이터, 높이 31미터 이상의 경우는 비상용 엘리베이터가 필요하다. 상식적으로도 층수가 높아지고 쓰는 사람이 많아지면 엘리베이터를 계속 추가해야 한다. 그렇게 설계한 건물들에서도 출퇴근 시간대나 점심 시간대에 오피스 건물 엘리베이터 앞에 사람들이 늘어서는 장면은 익숙하다. 사람들의 눈에 잘 띄지는 않지만, 상하수도나 공조, 배전 등에 투입되는 면적과 이들의 시설용량과 소요 에너지도 늘어난다.

건물의 구조를 더 튼튼하게 만드는 비용도 기하급수적으로 올라간다. 고층 건물은 자체의 하중만 견디는 것이 아니라 어마어마한 풍압도 이겨내야 한다. 63빌딩 정도 되면 건물의 벽에 바람의 힘이 누적되는 정도는, 쉽게 설명하면 대지를 그대로 90도 돌려서 절벽에 매달린 것처럼 만들어도 건물이 꺾이지 않고 잘 매달려서 버텨야 할 수준이다.

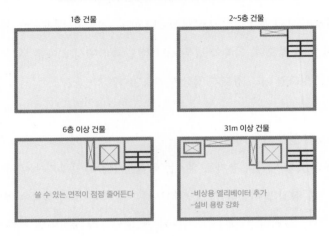

건물의 고층화에 따른 면적 측면의 한계이익 체감의 사례

사람과 물자의 '수직이동'을 위해 건물을 관통하는 부분을 '코어'라고도 한다. 대개 엘리베이터와 비상계단, 각종 배관들이 모여 있는 곳이다. 고층화될수록 코어 면적과 여기에 투입되는 에너지가 증가한다. 뒤집어 말하면, 각 층이 쓸 수 있는 면적은 점점 줄어든다는 것이다.

예컨대 63빌딩은 바닥층 면적의 무려 3분의 1 정도가 코어 면적에 할당된다. 게다가 초고층 건물의 경우는 중간에 피난층을 두고 상당 기간 화재 등으로부터 사람들이 대피해 있을 수 있는 시설도 설치해야 한다. 롯데타워의 경우 20개 층마다 1개소다. 결국 70층 이상부터는 추가로 층수를 올려봤자 실익이 없다(한국화재소방학회, 2006). 롯데타워는 면적이 주는 이익이 아니라 랜드마크로서 높이가 주는 상징성을 택한 경우고, ○○팰리스, ○○○리온, ○○투스 등의 유명한 주상복합 초고층 건물이 대체로 70층 안팎으로 짓는 것에는 다 이유가 있는 셈이다.

그나마 이건 건물 한두 동만 놓고 이야기할 때의 상황이다. 여러 동이 인접해 있으면, 건물들이 높아짐에 따라 건물 간 간격도 비례해서 널리 띄워야 한다. 도시가 고밀화되며 이 '인동간격'의 기준은 점점 완화되어 왔다. 모여 사는 대가로 그만큼의 채광을 희생하는 것이다. 그러나 여기에도 한계가 있으므로, 인동간격을 지나치게 줄이지 않기 위해 건물을 얇게 짓고 빗겨 배치하게 된다. 그렇게 되면 건폐율이 줄어든다. 그러면 용적률이나 연면적은 그대로여도, 예컨대 바닥 면적을 반으로 줄이는 대신 층고를 2배 늘린다 해도, 면적 차원에서는 오히려 손해다. 코어 면적으로 빠지는 몫이 늘어나기 때문이다. 결국 시공에는 효율적이고 개별 건물 하나는 더 비싸게 팔릴지 몰라도, 한 층 더 올려서 생기는 '사회적' 실익은 없다! 그렇다고 인동간격을 줄이기 시작하면, 녹지 등의 오픈스페이스 비중이 줄어들며, 무엇보다 주택의 일조시간이 줄어들면 '에너지 소비 중 가장 큰 비중'을 차지하는 난방비용이 증가한다. 재무적 측면에서 봐도, 그래서 만약 분양단가가 떨어지면, 주택 수는 늘어도 수익(률)이 낮아진다.

결정적으로, 서민 대중의 주택문제 해결 측면에서 초고층화는 생각만큼 도움이 되지 않는다. 층을 올릴수록 한계이익을 체감하는 만큼, 단위면적당 수익성이 좋은 경우에만 고층화의 실익이 있다. 따라서 주거용으로 쓰기는 어렵다. 롯데타워는 대기업의 이미지 차원에서 '랜드마크'를 만들고자 하는 의도도 있었지만, 실제 건물의 수익성을 위해서도 고급 레지던스, 고급 호텔, 고급 레스토랑이 들어갔다. 주택으로 쓰려고 한다면, 단위면적당 공급 비용도 비싸짐과 동시에, 개별주택의 면적 자체가 커지게 된다. 이유는 다음과 같다. 엘리베이터 하나를 나누어 쓰는 집이 많아지면 엘리베이터에서 각 현관까지 가는 복도로 빠져나가는 공간이 많아진다. 그러면 주거전용면적이 줄어든다. 그게 싫으면 한 층에 들어갈 세대수를 적게 넣어야 한다. 예컨대 같은 면적 한 층에 엘리베이터를 적게 넣으려면 세대수를 줄여야 하니, '개별 주택의 면적'이 커지는 것은 필연적인 결과다. 초고층 주택은 어쩔 수 없이 주택이 대형화되는 것이다. 실제로 앞서 언급한 70층 언저리의 초고층 주택들이 모두 고급 브랜드 주택이 된 이유다.

그 이하의 높이에서도 엘리베이터 숫자를 많이 넣자니 비용이 부담되고, 적게 넣자니 수직교통체증 문제가 심각해지니, 요새 많은 타워형 아파트들은 한 층당 3세대에 엘리베이터는 2대를 넣는 식으로도 문제를 해결하고 있다. 그런데 이렇게 되면 관리비가 비싸지게 된다. 결국 다수 서민들에게는 그림의 떡이 된다.

한편 고층화가 되면 건물 전체 연면적에서 지붕면적의 비중이 줄어든다. 그 건물에서 소비하는 에너지 중 태양광발전으로 대체할 수 있는 비중이 점점 줄어드는 셈이다. 물론 요새는 외벽이나 유리도 태양광발전 패널의 역할을 할 수 있다지만 그때에는 건물의 가로-세로 비율이나 표면적이 문제가 되는데, 다시 인동간격 문제로 돌아가서, 앞의 건물이 해를 가려버리면 소용이 없다. 따라서 무조건적 고밀화는 그 자체로 에

너지효율이 향상된다는 보장이 없으며, 건물의 형태와 배치 및 간격에
도 주의할 필요가 있다(조상규·이진민, 2010).

에너지 소비 측면에서의 인구밀도의 한계

주택의 차원이 아니라 인구의 차원에서는 어떨까? 이에 대해서는 인구
의 순밀도 기준 500/헥타르를 초과하는 도시의 경우 오히려 도시 전체
의 교통에너지 소비량이 증가한다는 연구가 있다(안건혁, 1998). 7대 광
역시 74개 자치구를 대상으로 콤팩트시티의 관점에서도 적정 개발밀도
가 무엇인지를 실증적으로 분석한 한 연구는, 순밀도 기준 528명/헥타
르, 총밀도 기준 220명/헥타르가 적절하다고 본다(조윤애·최무현, 2013).

이 기준에 비추어 현실에서 아파트 단지들의 실제 인구밀도가 어느
정도인지 살펴보자. 앞서 대치동 ○○아파트 단지엔 1헥타르당 462.3명
이 사는 것으로 추산했다. 현재 용적률이 200퍼센트인데도 그렇다. 용
적률을 300퍼센트로 늘렸을 때 그만큼 인구가 따라 늘면, 헥타르당
693명이 넘는다. 세대당 2.5명이 아니라 2명이라 가정해도 554.76명이
다. 다른 동네는 어떨까? 행당동 ㅎ아파트 단지는 용적률 294퍼센트,
건폐율 19퍼센트인데, 총 2,303세대가 산다. 대지 면적이 7.7헥타르라
하니, 세대당 2명이 산다 해도 인구밀도가 이미 헥타르당 596명이다.
위의 아파트 단지 모두 용적률 300퍼센트 기준으로도 적정 기준을 쉽
게 넘어선다. 그런데 500퍼센트라면?

서울은 이미 충분히 콤팩트도시다. 일부 역세권의 '환승지향 복합개

발Transit Oriented Development: TOD' 차원에서 점點적인 범위에서는 용적률 500퍼센트, 800퍼센트도 이야기할 수 있겠다. 주변 세력권의 면적이 충분히 넓다면 한 점에서의 초고밀 건물이 미치는 영향을 소화할 수 있기 때문이다. 현실에서 용적률 900퍼센트가 넘는 주상복합건물들이 있다고는 하나, 살펴보면 다 한두 동 정도이지 대규모 단지가 아니다. 그리고 주변에 공원이나 하천, 철도 등 오픈스페이스가 넓다. 주변지역을 어디까지로 보느냐에 따라 용적률은 300퍼센트나 200퍼센트 수준이 될 수도 있다.

앞서의 논의를 종합한다면, 다소 고밀화를 하더라도 일반적인 주거지역의 용적률의 한계는 300퍼센트 정도로 보는 것이 적절하다. 1인가구가 늘어나는 등 가구원수가 줄어든 점을 고려하고, 일부 상가, 관공서, 고령화시대에 필요한 커뮤니티케어(돌봄) 시설 등을 넣어 복합용도개발을 한다 해도, 건물 두세 동 이상의 면面 차원에서는 330퍼센트 정도가 주거지역 용적률의 최대치라고 봐야 할 것이다. 현재 제3종 일반주거지역의 법정 용적률은 300퍼센트다. 준주거지역은 500퍼센트인데, 복합용도를 염두에 두고 상업시설도 들어갈 수 있는 '준'주거지역이고 자족적 이용이 가능한 곳이기 때문이다.

교통 유발 측면에서의 인구밀도의 한계

모여 살면 개인의 이동거리가 줄어든다. 그러나 무조건 고밀화를 한다고 그만큼 교통에 드는 에너지가 줄어드는 것은 아니며, 오히려 문제를 악화시킬 수도 있다. '수평상의 이동'에 따른 교통비용을 줄이는 것은 '수직상의 이동'에 따른 교통비용의 증가를 상쇄해야 의미가 있는데, 수직교통비용은 고층화될수록 할증적으로 커진다는 점을 앞서 지적한 바 있다. 더 큰 문제는 수평교통비용도 마냥 줄어든다는 보장이 없고, 심지어 늘어날 수도 있다는 점이다.

수평교통량이 준다는 것은 직장과 집 사이의 거리가 가까울 때의 이야기다. 모두 멀리 통근하는데 집만 옹기종기 모여 있다고 수평교통비용이 줄어드는 것은 아니다. 고밀화를 해도 A지역 사람이 B로 출근하고 B지역 사는 사람이 A로 출근하는 상황이면 오히려 혼잡도가 높아져 고밀화되는 것 이상으로 교통비용이 늘어난다. 그렇다고 거주·이전의 자유를 제한하고 주거지를 강제로 배정할 수는 없다. 따라서 이 문제는 지역 간의 관계, 산업, 일자리, 교육 및 인구사회학적 측면 등을 종합적으로 접근해야 풀리는 문제다. 그렇지 않고서 무조건 고밀화만 하면 콤팩트시티의 이상이 실현되겠거니 하는 것은 이 사안을 너무 단순하게 생각하는 것이다. 토지주로서야 자신의 토지가치가 올라가니 좋겠지만, 기후위기 대응에는 역행한다. 건물 차원의 탄소 배출이 문제라면 용적률을 풀어 건물을 높고 두껍게 만들기보다는, 제로에너지빌딩으로 만들어 냉난방에 들어가는 에너지를 줄이는 것이 해법이다. 그린뉴딜에서 '그린리모델링'을 중시하는 이유다.

주택과는 살짝 다른 이야기로 여길 수도 있으나, 통근은 집과 일터 사이의 연결이고, 앞서 살펴보았듯 접근성도 주거권의 개념에 포함되는 것이니, 집 문제와 교통 문제를 떼어놓을 수는 없다. 교통 분야에서 탄소 배출은 크게 세 가지 요소의 결합으로 볼 수 있다. 교통수단과 인원이 배출하는 탄소량은 (단위배출량×이동거리×이동횟수)이다. 여기서 콤팩트시티 만능론이 중시한 것은 '이동거리'뿐이다. '단위배출량'을 줄이는 방법은 혼자 운전하는 이들이 대중교통을 이용하거나, 차량의 화석연료 의존도를 줄이는 것 등이 있다. '이동횟수'를 줄이려면 노동시간을 줄이거나 재택근무를 활성화하는 것이 효과적인 방법이다.

모두가 주 4일만 출근하고 하루는 재택근무를 한다면 주 5일 출근과 비교할 때 통근 교통량이 당장 20퍼센트 줄어든다. 물론 놀러가거나 장을 보러가는 경우가 있으니 전체 교통량이 그대로 5분의 1만큼 줄지는 않을 것이다. 그러나 이미 우리 도시가 고밀화의 한계에 봉착한 상황에서, 모든 직장인들의 거주지를 직장으로 5분의 1만큼 가까운 곳으로 옮기는 것보다는 하루는 집에서 일하는 것이 훨씬 실현하기 쉽고 비용도 덜 드는 방법일 것이다.

기후위기 대응을 위한 '스마트' 국토 공간 구조는?

'얼마나 모여 사는 게 좋은가'에 대한 답만큼이나 '어떻게 모여 살 것인가'에 대한 답도 필요하다. 앞서 살펴보았듯, 이미 심각하게 일극화된 국토의 상황을 더욱 악화시키는 것이 콤팩트시티의 취지는 아니다. 이는 실익도 없고, 경제적으로도 지속가능하지 않으며, 에너지 사용 측면에서 효율적이지도 않다. 적정 수준으로 흩어지되, 요령 있게 '모여서 흩어져

야' 한다. 일상적 생활권과 업무상 활동권역이 적절히 위계화되도록 국
토를 다극-다핵화하며, 공간과 시간에 통합적으로 접근해야 한다.

'권역 내에서는 콤팩트'한 다핵 국토를 목표로 하면 좋겠다. 권역 내
에서는 '15분 도시'나 '20분 도시'를 가능하게 하는 것이다. 권역 외로
나가야 하는 경우, 권역과 권역의 핵끼리 연결하는 고속철도와 같은 탈
탄소 쾌속 교통을 활용하도록 하면 된다. 네덜란드나 독일이 대표적인
사례다. 헤이그 중앙역은 바로 길 건너편에 중앙부처 청사들이 있다. 시
내로 들어가는 트램이나 버스정류장도, 기차에서 내린 플랫폼에서 바로
에스컬레이터만 오르면 된다. 업무상 멀리서 찾아오는 사람들은 기차에
서 내려서 바로 일을 보고 다시 돌아갈 수 있다. 철도역과 같은 교통 결
절점이 '혁신의 교차로' 역할을 하는 것이다. 헤이그의 주택가는 철도역
주변의 업무지구까지 자전거로 무리 없이 통근할 수 있는 거리에 포진
해 있다. TOD 방식으로 공간을 계획한 좋은 예다.

인구밀도가 이들 도시의 3배가 넘는 상황에서 자전거 정류장에서
계단만 내려가면 바로 기차 플랫폼까지 연결되는 시스템은 (부럽지만)
사치라고 볼 수도 있다. 그러나 고속철도 역사가 도심이 아니라 시 외곽
에 있어서는 곤란하다. 철도가 도심과 도심을 연결하는 것이 아니라 교
외와 교외를 연결시키는 어처구니없는 지금의 방식이라도 앞으로는 피
해야 한다. 그리고 자전거나 킥보드 등 개인형 이동수단의 발전에 발맞
춰 일상 이동, 통근, 업무상 이동의 위계나 순서에 따라 버스, 전철, 철도
등을 배치하는 것이 '스마트한 다핵화'다. 장밋빛 청사진으로 허세를 부

리다가 상가부분에서 미분양 사태가 나도 곤란하겠지만, 철도역 앞을 주택으로만 채우는 것도 곤란하다. 이것이 소위 '국가경쟁력'도 잃지 않고 '2050탄소중립'도 달성하며, 나아가 집값도 잡을 수 있는 근본적 방법이다. 그런 면에서 국회를 이전한다면, 세종시로 옮길 것이 아니라 고속철도 오송역을 복합개발해서 그 위로 옮기는 것을 제안한다. 전국 각지에서 업무상 방문하기에도 좋고, 세종시 공무원들도 지금처럼 서울로 오는 것보다야 훨씬 편해질 것이다.

한편, 주거지역 일부에 거점 오피스를 만드는 것은 '위드with 코로나' 시대에 맞도록 재택 또는 분산 근무가 가능하도록 하면서 탄소 배출도 줄일 수 있는 토지이용계획이다. 과거 제조업 중심의 산업화 시대에 주거지와 일터가 섞이지 않도록 하는 분리주의적 관점에서 탈피하고 복합용도개발에 대해 열린 자세로 접근할 필요가 있다. 지금은 차량정비시설이 전용주거지역이나 1종주거지역에 들어갈 수 없지만 전기차 시대에는 상황이 달라질지도 모른다. 여기에 노동시간 단축 등으로 단순히 '건물'을 콤팩트하게 만드는 것이 아니라 국토의 **'공간과 시간의 결합체계'**를 콤팩트하게 만드는 것이, 콤팩트시티의 문제의식을 온전히 구현하는 길이다.

생애주기분석의 관점

재건축과 재개발의 문제

건물의 고층화를 통한 문제 해결에 한계가 있다는 것은, 그동안 '황금알을 낳는 거위'로 여겨지던 재건축과 재개발 사업이 생애주기분석Life Cycle Analysis: LCA 관점에서 심각한 문제가 있다는 말이 된다. 도시화의 초창기엔 통했던 성공 공식이 40~50년 뒤의 철거와 재개발을 거쳐 또 40~50년 후에 재-재개발을 해야 할 때에는 작동하지 않고, 세대 간 불평등을 심화할 수 있기 때문이다.

용적률 100퍼센트의 5층짜리 아파트 단지를 300퍼센트짜리 15층으로 재개발하는 경우를 가정해 보자. 100호를 300호로 키우는 데 드는 호당 공사비가 2억 원이었고, 추가된 200호를 3억 원에 일반분양한다면 이미 여기서 공사비 600억 원이 회수된다. 이런 경우라면 건설회사도 돈을 잘 벌었고, 100명의 기존 조합원들은 돈 한 푼 안들이고 넓은 새집을 받는다. 마법의 비결은 '용적률 뻥튀기'다. 현실에서는 그래도 이 정도 행운은 흔치 않고, 대개는 조합원들도 어느 정도 자기분담금을 내야 한다. 그래도 재개발 직후 3억이던 집값이 2배 가까이 오른다면, 5,000만 원 정도 자기분담금을 내도 최소 2억 원은 버는, 400퍼센트의 수익률을 기대할 수 있다. 문제는 이게 지속가능하지 않다는 것이다. 지금이야 100퍼센트의 용적률이 300퍼센트로 튀겨질 수 있다 해도, 40~50년 뒤에도 3배를 튀겨 용적률 900퍼센트의 주택 단지를 만들 수 있을까? 15층을 재개발해서 45층이 된 아파트가, 재-재개발할 때에는 135층이 될 수 있을까?

시공기술의 측면에서야 가능하다. 내진설계를 하면 짓는 데 돈이 더 들겠지만 기술적으로 못 짓는 것은 아니다. 하지만 그렇게 비용을 들일 만한 실익이 없다. 뭔가 첨단기술이 더 나온다면 지금의 공간적 실익의 한계인 70층을 넘어 90층까지 올려도 실익이 있을 수 있겠다. 지진에도 버티며 정전에도 자체발전기로 90층에서 내려올 수도 있다. 그러나 그 집들을 소비해 줄 만큼 인구가 받쳐주지 않는다. 100호가 300호가 되려면 200세대만 들어오면 되지만, 300호가 900호가 되려면 600세대가 들어와야 한다. 이미 수도권 인구가 전 인구의 절반이 넘은 상황인데, 이렇게 되면 전국의 모든 인구를 끌어 모아도 모자란다.

인구는 늘지 않아도 1인가구가 늘어나니 전체 가구 수는 아직까지 증가추세다. 그러나 이것도 한계가 있다. 모두가 1인가구가 될 리는 없고, 설령 모두가 1인가구가 된다면 인구 증가율이 심각하게 낮아질 것이다. 그러니 40년 뒤에 재-재개발을 해야 할 때는 용적률을 3배 튀기기는커녕, 현재의 45층을 30층으로 줄이지나 않으면 다행이다. 그런데 세대수를 줄이는 '축소재개발'은 누가 돈을 보태주는 것이 아니니 지금의 사업방식은 통하지 않게 된다. 그러다가 노후화되고 슬럼화가 심해져서 사회문제가 되면, 공공재정을 투입해야 할 상황이 된다.

지금도 재개발로 생기는 비용과 이익을 동시대인들이 어떻게 나눌지에 대해 갑론을박을 하고 있다. 재개발로 인해 인구가 늘어나면 도로,

상하수도, 교육시설 등 기반시설에 미치는 부하가 커진다. 이렇게 현 세대에 가하는 부담은 재개발 조합에 각종 분담금이나 환수금을 매겨 거둬들이는데, 그래도 용적률을 키운 덕분에 남는 개발이익에 대해 초과이익환수금이 필요한지 등에 대해 논란은 계속되고 있다. 토지지분을 소유한 재개발 조합이 재개발로 생기는 이익을 가져가고, 그 단지를 유지하기 위해서 생기는 비용은 사회 전체가 부담한다는 '이익의 사유화, 비용의 사회화'라는 비판이 나온다.

'확대' 재개발도 이러한데, 미래에는 확대가 아니라 '축소' 재개발을 위해 공공재정이 투입되어야 할 때, 건물의 개발뿐만 아니라 철거와 그 이후 상황까지 염두에 두는 LCA 관점에서 보면, 지금의 조합원들이 가져가는 개발이익은 동시대인뿐만 아니라 미래세대로부터도 일부 이전해 왔다는 말이 된다. 사유재산의 영역을 넘어서서 세대 간 심각한 불평등이 발생하는 것이다. 용적률을 함부로 올리면 안 되는 또 다른, 아주 중요한 이유다.

단지의 규모도 문제가 된다. 앞서 대치동 ○○아파트 한 단지만 해도, 재건축 시 하루아침에 4,400여 세대가 인근에 집을 구하러 나오게 된다. 전월세난은 필연이다. 조금씩 돌아가며 재개발하는 '순환재개발' 방식이 필수다. 한참 도시화가 되던 초기에는 논밭에 처음 지으니 한 번에 몇천 세대씩 지어도 문제가 없었다. 아니, "1966~1980년간 하루 평균 894명씩 증가하는 서울 인구를 감당하기 위해서는 매일 224동의 주택, 버스 18대의 배치, 268톤의 수돗물과 1,340킬로그램의 쓰레기 처리

능력 등이 늘어나야 했던 상황"(손정목, 2003)에서는 절체절명의 과제였다. 40년 뒤 재개발할 때 어떻게 하나 하는 생각은 사치였다고 이해할 수 있다. 하지만 지금은 다르다. 논밭이 아니라 이미 사람이 살고 있는 대규모 단지를 재건축하는 것은 사회적 비용이 어마어마하다. 그리고 그다음 40년 후까지 생각해야 한다.

제조업 중심의 산업화 시기에 인구가 핵가족화되고 사회적으로나 (이촌향도) 자연적으로나(비교적 높은 출생률) 증가했다면, 지금은 인구가 혼성화(1인가구화, 고령화, 다문화화)되고 있고, 지식산업과 서비스업, AI 등으로 산업과 노동의 구조가 달라지고 있다. 과거에는 차량도 별로 없었으니, 사거리의 간격이 큰 '슈퍼블럭'의 대단지에 몰려드는 인구를 위한 주택을 신속·대량 공급하는 것이 급선무였지만, 지금은 슈퍼블럭을 분절해서 사거리의 간격을 줄이고, 단지 규모를 중소형으로 바꾸는 것이 나중에 급격한 '철거난민'을 발생시키지 않는 '순환재개발'을 위해 필요하다.

사람들이 너무 몰려들면, 멀쩡한 집을 허물고 다시 고밀도로 짓는 것이 불가피할 수도 있다. 그러나 건축폐기물 문제도 만만히 볼 일이 아니다. 전체 쓰레기 중에서 건설폐기물이 차지하는 비중은 44.5퍼센트나 된다. 수도권 쓰레기 매립지가 거의 포화상태이며, 정부가 3조 3,000억 원을 지원하겠다고 해도 매립지 공모에 지원하는 지방자치단체는 나타나지 않는 상황에서 '건설폐기물 대란'에 대한 우려는 점점 더 깊어지고 있다. 이에 정부는 건설폐기물을 더 줄이라고 업계에 요구하며 매립량까지 제한하려 하지만, 이미 99퍼센트를 재활용하고 있는 상황에서 이 이상 재활용률을 높이는 것도 쉽지 않다.

　잠깐! 아니, 99퍼센트나 재활용을 하고 1퍼센트만 버리는데도 전체 쓰레기에서 차지하는 비중이 44.5퍼센트라고? 그렇다. 그나마 이건 2019년의 전국 통계고, 수도권의 경우 2020년에는 58퍼센트가 건설폐기물이다! 그래서 2022년부터는 5톤 이상 대형 건설폐기물 반입이 금지된다. 일상에서는 잘 모르고 살지만, 사실 매우 무시무시한 이야기다. 주택의 수명을 늘리는 것이 '집값 잡는 것'만큼이나 중요한 이유다. 앞으로는 '유연평면 설계'와 주택 장수명화를 실현하여, 건물이 낡았다고 완전히 철거하는 것이 아니라, 변화하는 라이프 스타일에 맞춰서 내부를 고쳐가면서 쓰도록 해야 한다. 그러려면 운영단계의 주택관리가 중요해진다.

주택 장수명화와 운영단계의 중요성

생애주기분석의 관점은 주택뿐만 아니라 모든 분야에 적용해야 할 관점이다. 제품의 생산 단계에서의 사회적·경제적 부담만을 생각하는 것이 아니라 자원의 생산, 소비 및 처리 단계를 통틀어 분석해야만 지금의 경제적 번영의 혜택을 다음 세대와도 함께 누릴 수 있다. 이러한 지속가능성을 위해 생애주기비용LCC, 생애주기 이산화탄소 배출LCCO₂ 관점 분석의 중요성이 날로 커지고 있다. 주택의 생애주기비용을 보면, 건설 이후의 운영·유지·관리 단계에서 쓰이는 비용이 훨씬 많다. 그런데 제로에너지빌딩으로 지을 경우, 운영단계에서의 비용은 감소하지만 초기 건설 비용이 더 들어가게 된다. 생애주기 차원에서는 총 비용이 감소하고, 주택이 수명이 길어질수록 광열비 절감으로 인한 이익이 더 커지겠지만, 당장 최초의 주택가격은 비싸지는 것이다. 이 간극을 어떻게 좁힐 것인 가가 숙제다.

주택이라는 재화의 품질에 대한 정보는 '비대칭성'이 크다. 정말 공급자가 제대로 만들었는지에 대한 소비자의 신뢰를 이끌어낼 수 없다면, '주택의 탈탄소화'는 시장에서 작동할 수 없게 된다. 이는 분양가 산정이나 임대료 산정이나 마찬가지다. 그런 면에서 자주 임대인이나 임차인이 바뀌는 일반적인 민간임대주택보다는 공공임대주택이 조금 더 유리하다. 관리의 책임도 공적으로 지고 있는 운영주체가 장기간 운영

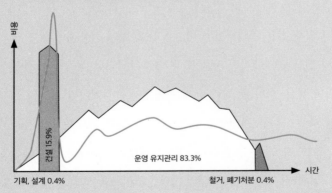

건설 생애주기 비용의 그린뉴딜 전과 후(녹색 선) 비교

비용

건설 15.9%

운영 유지관리 83.3%

기획, 설계 0.4%   철거, 폐기처분 0.4%

시간

자료: 김재영·이형찬(2001: 193).

하므로, 광열비 절약의 실적을 증명하기가 수월하다. 실제로 네덜란드의 경우 에너지 효율이 좋은 사회주택의 임대료가 조금 더 비싸지만, 임대료 고지서를 광열비 고지서와 같이 배부하여 실제 주거비용은 그만큼 늘어나지 않았다는 것을 입주자가 체감할 수 있도록 하고 있다. 네덜란드 정부의 입장에서도 1~2채, 많으면 5~10채의 집을 관리하는 다주택자들을 상대로 에너지효율 개선 사업을 벌이거나 제로에너지빌딩 지원금을 집행하기보다는, 상대적으로 적은 수의 공급·운영주체가 수백~수만 호의 집을 '책임 있게' 운영·관리하는 사회주택영역에서부터 그린리모델링을 시작하는 것이 효율적이라 판단하여 정책의 우선순위를 정한 것이다.

그러니 처음부터 건물을 잘 짓거나 리모델링해야 함은 물론이요, 에너지성능을 제대로 발휘하기 위해서나 건물의 수명을 길게 유지하기 위해서도 '운영·관리'는 매우 중요하다. 그런데 이는 주거복지와도 직결된다. 예컨대 수명 120년짜리 주택에 한 세대가 30년씩 총 4세대가 순차적으로 거주할 수 있다면, 단순계산으로는 각 세대는 집의 건설비용의 4분의 1씩만 부담하면 된다는 이야기가 된다. 이는 '그린뉴딜'의 정신에서 분배정의(복지)와 환경정의(기후변화 대응)의 조화를 꾀하는 것과도 일맥상통한다.

유연평면 설계를 통해 주택 내부 구조를 바꾸기 쉽게 하는 것이나 오래가는 주택을 만드는 것은 건축가나 시공 엔지니어들이 고민할 전문분야의 문제라고 생각할 수도 있겠지만, 주택의 '운영단계'가 점점 더 중요해진다는 것은 우리 모두의 책임 역시 중요해진다는 의미이다. 그래서 '거버넌스'가 필요하다. '가상발전소' 같은 경우가 특히 그렇다.

대안으로서의 가능성과 거버넌스

액티브 하우스, 스마트 그리드와 가상발전소

독일에서 시작된 **패시브 하우스**의 개념은 '에너지 효율성, 쾌적함, 경제성을 동시에 만족시키는 집'이다. 구체적으로는 직접적인 난방설비의 가동 없이, 보조적 수단만으로도 생활에 필요한 최소한의 신선한 공기의 품질과 온도를 유지할 수 있는 성능을 갖춘 집이다. 에너지 성능이나 단열 성능이 우수하기에 대체로 일반 주택에 비해 10분의 1 수준의 에너지만 써도 된다. 여름철 한옥도 패시브 하우스에 해당한다. 대청마루 북쪽의 서늘한 공기가 남향의 마당에서 데워진 공기 쪽으로 밀려오며 실내 온도를 어느 정도 서늘하게 계속 유지시켜 주기 때문이다. 구체적인 성능지표는 기후와 문화에 따라 다르게 설정할 필요는 있다. 연평균 기온이 국가마다 다르고, 한국의 경우 실내에서 신발을 벗고 지내는 주거문화에 따라 온돌과 같은 바닥난방을 중요하게 여기기에, 공기를 덥히는 난방방식에 맞춰 설정된 독일의 '열부하'나 연간 난방에너지 요구량을 그대로 적용하기는 어려울 것이다.

패시브 하우스가 말 그대로 수동적인 의미로 에너지를 절약하는 집이라면, 능동적인 주택은 **액티브 하우스**다. 전기를 받아서 소비만 하는 것이 아니라 직접 생산해서 외부에서 받아오는 전기를 줄이는 것은 물론, 거꾸로 전기를 보내줄 수도 있는 집이다. 이러한 패시브와 액티브의 개념이 합쳐진 것이 앞서 소개한 **제로에너지빌딩**의 원리라 할 수 있다. 나라마다 정의가 조금씩 다르지만, 이러한 자체 생산과 에너지 절감 기술을 통해 들고 나는 에너지를 합치면 '0'이 되는 것이 용어상의 개념이다. 현실에서는 완전히 0이 되기 힘들더라도 외부에서 들어오는 에너지가 극소화되는 건물도 제로에너지빌딩으로 인정한다. 국내 법규에서는 제로에너지건축물을 "건축물에 필요한 에너지부하를 최소화하고 신에너지 및 재생에너지를 활용하여 에너지 소요량을 최소화하는 녹색건축물"(녹색건축물 조성지원법 제2조)로 정의하고 있다. 그런데 에너지를 생산하는 액티브 하우스의 기능이 개별 건축물을 넘어 지역 차원의 제로에너지도시로 그 효과를 제대로 발휘하기 위해서는, 지능형 전력망인 **스마트 그리드**Smart Grid가 필요하다.

기존의 전력망은 중앙 집중형의 발전 형태에 따라 전력과 정보가 일방통행하는 공급자 중심으로 설비가 운영되고 있다면, 스마트 그리드 체제에서는 기존의 중앙집중형 발전소도 있지만 풍력, 태양광, 지열 등 신재생에너지를 활용한 '다양한 분산 에너지원'이 그리드에 동참한다. 또한 전체적인 송전 전력량의 균형을 맞추고, 낮 시간 태양광에서 만들어져 **에너지 저장장치**Energy Storage System: ESS에 저장됐던 전기를 꺼내 쓰고 모자란 곳으로 보내주기 위해 전력과 정보가 양방향으로 흐르게 된다. 이를 통해 시스템 운영에 필수적인 수요자의 참여가 가능해진다. 날씨나 바람의 영향에 따라 일정하지 않은 신재생에너지의 공급량이나, 지역이나 주택의 사정과 이용행태를 집계하는 **수요반응**Demand Response: DR 기능에 따라 스마트 그리드 체계에서는 발전용량과 송전 방향을 바꾸기도 하고, 가정에서 직접 생산한 에너지를 판매할 수도 있게 되는 것이다. 심지어 급할 때에는 전기차에 저장되어 있던 전기를 끌어다 쓸 수도 있다. 이런 기술이 실생활에서 어떻게 작동하는지는 우석훈의 소설 『당인리』의 다음 장면들에 잘 묘사되어 있다(강조는 필자).

최근 태양광 때문에 일반 가정에서 역송전하는 장치들을 한전에서 다 달았어. 그냥 플러그를 꽂기만 하면 돼. 가정용 발전기에 플러그인 하이브리드와 전기차, 수소차, 이런 전기 베이스 차들도 **역송전**이 가능하도록 바꾸었고. **피크타임, 가정에서 에어컨 끄고, 냉장고 끄면 가정용 태양광도 계통에 역송전할 여력**이 생겨. 여름철 피크 부하 관리용으로 한전에서 주력 정책으로 좀 밀었지….

존경하는 서울 시민 여러분, 우리는 전례 없는 전계통 정전이라는 국가적 비상 위기를 지나는 중입니다. 다행히 어제 새벽부터 서울 전역에는 현재 이상 없이 전기가 회복됐고, 도시 기능도 자족 구조라는 한계는 있지만 대중교통 정상화 등 점차 회복되어 가는 중입니다. 그렇지만 오늘 오후 2시부터, 우리는 최대 위기를 맞게 됐습니다. 시민 여러분의 적극적 협조 없이는 다시 오후 2시 이후로 다섯 시간 가량의 한시적 정전 혹은 지역별 순환 정전을 맞게 됩니다. … **첫째, 전기차나 플러그 인 하이브리드 등 전기 베이스의 차량들은 그 자체로 발전기 역할을 할 수 있고, 역송전이 가능**합니다. … 오후 3시부터 5시가, 요즘 같은 더운 날씨에는 여전히 피크타임입니다. 괴로우시겠지만 에어컨, 주방용 전열기, 냉장고, 이렇게 열을 사용하는 것들이 전기 소비가 큽니다. 긴급한 몇 시간만 이런 에어컨 등 전열기 사용을 자제해 주시면, 여러분들 가정에 설치되어 있는 태양광 발전기에서도 역송전이 가능할 여력이 생깁니다.

앞부분은 주인공이, 뒷부분은 소설 속 서울시장이 하는 말이다. 전국 단일 계통망이 지진으로 마비되는 '블랙아웃(대규모 정전)' 사태를 맞이하자, 당인리 발전소에서부터 시작하여 전국을 살리는 '파워 리부팅'을 하는 과정이 줄거리인 이 소설에서 '역송전'은 '나라를 구하는' 중요한 역할을 한다. 태양빛이 강렬한 낮 시간에 각 가정에서 합심하여 에어컨이나 냉장고를 끄면, 태양광을 설치한 집에서 생긴 전력을 지역 외로 역송전할 여력이 생겨, 마치 펌프에 마중물을 대듯 발전기에 전기를 보내 발전소를 살려낼 수 있는 것이다.

소설 『당인리』는 가상의 비상사태를 묘사했지만, 실제 우리의 생활에 이미 태양광의 위력은 다가와 있다. 흔히 연중 전력의 피크타임은 냉방기를 풀가동하는 한여름 한낮으로 알려져 있다. 실제로 2015년까지는 오후 2시에서 3시 사이가 피크타임이었다. 그런데 가정용 태양광 등 태양광 발전이 보급됨에 따라 2016년부터는 피크타임이 2시간 늦춰졌다. 정부의 계산에 따르면, 낮 시간대 전력수요의 11퍼센트 정도를 태양광이 담당하고 있는데, 이는 원전 10기 정도의 역할이라고 한다.

가상발전소Virtual Power Plant: VPP는 이러한 스마트 그리드 체계와 수요반응 및 역송전 기술에 정보처리 기술을 결합하고, 다양한 분산 에너지자원을 네트워크로 연결하여 관리를 최적화하여 마치 하나의 발전소처럼 통합 운영하는 체계다(조영혁 외, 2018). 석유기업 로열더치셸이 유럽 가상발전소 운영사 넥스트크라프트베르케를 인수했으며, 전기차 회사 테슬라는 2022년까지 호주의 5만여 호 주택을 대상으로 세계 최대 규모 가상발전소를 설립하겠다고 발표했다. 국내에서도 한화솔루션이 1조 5,000억 원을 차세대 태양광과 수소 및 가상발전소에 투자한다고 발표하는 등 유수의 기업들도 가상발전소를 미래의 먹거리 산업으로 주목하고 있다.

소설 『당인리』에서와 같은 비상사태가 아닌, 일상생활에서 수요자의 능동적인 참여로 피크타임의 전략사용량을 줄이거나, 심지어 개별

연도별 피크 전력 및 시간

연도	2010	2011	2012	2013	2014	2015	2016	2017	2018	2019	2020
날짜	8.20	8.31	8.5	8.19	7.25	8.7	8.12	7.21	7.24	8.13	8.20
시간	14~15시	14~15시	14~15시	14~15시	14~15시	14~15시	16~17시	16~17시	16~17시	16~17시	16~17시
최대전력 (GW)	69.9	72.2	74.3	74	76	76.9	85	84.5	92.4	90.3	87

가정의 발전원에서 생산된 전력을 공유할 수 있게 해주는 것이 가상발전소의 시스템이다. 전력 이용량과 방식에 대한 사전약정을 운영주체와 사용자가 체결하고, 정해진 시간대나, 유사시 양방향 소통을 통해 전력절감에 적극 참여하는 것이다.

각 가정에서 전력을 조금 절약하여 피크타임을 늦추거나 피크타임의 필요 전력량을 낮추는 것이, 기후위기 대응에 무슨 큰 도움이 될지 별로 안 와 닿을 수 있다. 전체 전기 사용량에 비하면 그렇게 절약하는 전기의 양이 미미해 보이기에 그럴 수 있다. 하지만 실제 절약하는 에너지는 예상 외로 크다. 이는 '기저전력'과 '첨두전력'의 발전방식의 차이 때문이다.

발전소의 경우 평소 기저전력용으로는 단가가 낮고 오염원이 적은 것이 유리하다. 현실에선 원자력 발전의 비중이 크다. 그런데 원자력 발전은 수시로 껐다가 켰다가 할 수 없다. 피크타임에 추가로 필요한 첨두 전력은 다소 오염 배출이 있더라도 순간만 가동하고 멈출 수 있어야 한다. 결국 첨두전력은 주로 화력발전기에 의존하게 된다. 화력이 문제라는 점도 있지만, 연중 몇 번 안 되는 가동의 순간을 위해 대규모 설비를 건설·유지하는 것 자체가 상당한 낭비다. 가상발전소를 통해서 지역별로 에너지의 생산과 소비의 균형을 최적화하면, 이렇게 첨두전력을 위해 낭비하는 상당한 자원을 줄일 수 있을 뿐만 아니라, 고압의 송전망을 유지하는 데 드는 비용이나 송전 과정에서의 에너지 손실도 줄일 수 있어 일거양득이다. 이와 더불어 참여자들에게 적절한 보상을 제공하는 기술이라는 점에서 가상발전소는 큰 의미가 있다.

가상발전소가 대규모로 현실화되기 위해서는 아직까지는 양방향 전력 흐름 제어 및 측정 기술, 스마트 그리드 구축, 전기요금 체계 개편 등등 기술적으로나 제도적으로 해결해야 할 과제가 많다. 이를 해결하는 것은 과학자나 엔지니어, 정치와 행정의 역할이니 일반 시민들이 기여할 수 있는 것이 없다고 생각할 수도 있다. 그러나 정부의 정책 방향은 결국 유권자의 선택에 달렸으며, 전문가들이 기술과 제도를 현실화시켜도 실제 이러한 시스템이 성공적으로 작동하기 위해서는 ① 참여자의 정보 사전 공유, ② 유사시의 공동 행동, ③ 이후 보상체계에 대해 구축된 신뢰 등이 필수적이다.

개별 소유의 일반 주택에서 평소 이웃과 아무런 교류가 없거나, 공동주택에 입주자의 조직적 참여를 유도할 자치조직이나 운영주체가 없을 경우에는 '스마트한 설비의 설치'가 별 효과를 내지 못하고 보여주기식 예산낭비로 끝날 가능성이 크다. 가상발전소의 운영에 동참하기 위해 온 집안의 전자제품을 끄고 창문을 열어 바람을 들이려 해도, 서두에서 말했듯 옆집 실외기의 더운 바람이 우리집으로 들어오면 억울함을 참기 힘들어지는 것이 인지상정이다. 한두 번이면 몰라도 보상체계가 작동하지 않으면 결국 '무임승차자'를 막지 못하고 공동의 노력은 실패하게 된다. 그래서 '거버넌스'가 중요하다.

거버넌스의 중요성

거버넌스라는 개념은 대체로 '통치'에 대응하여 '협치'로 번역되는데, 다양한 분야마다 조금씩 다른 의미로 쓰이고 있다. 여기서는 '시민참여를 통한 의사결정과 집행'이 가능한 '민주적 운영구조'와 '이를 뒷받침하는 정치와 행정' 시스템을 포괄하는 의미로 사용하겠다.

정책이나 제도, 예산 수립과정에서 쓰이던 '거버넌스'라는 용어가 이제 주거와 주택 분야에도 등장한 이유를 정리해 보면 다음과 같다. 먼저 주택과 관련한 도시계획과 재개발·재건축의 주요 행위 당사자로서, 또 조합이나 주민협의체의 구성원으로서 주민들의 역할이 점점 더 중요해지고 있으며 이들의 의사가 공공계획의 수립과 집행에 큰 영향을 미치고 있다.

둘째, 제로에너지빌딩과 같은 새로운 성능기준을 공공주택에만 적용할 것이 아니라 광범위한 민간주택 분야에도 적용하기 위해서는 역시 주민들과의 거버넌스가 중요하다. 공기업은 애초 정부의 행정체계에 편입되어 있고 소수의 기관이 다량의 주택을 관리하지만, 일반 민간임대주택은 수십만의 임대인이 평균 서너 채의 주택을 각자 관리한다. 이 주택들은 또한 제로에너지건축 의무화 세부 로드맵에서 2030년 이후 의무 대상으로 규정한 '500제곱미터 이상의 주택'에 해당하지 않는 경우가 많다. 현재 등록된 '등록임대주택'이 개인과 법인 소유를 합쳐 170만 호 정도인데, 그중 아파트와 오피스텔 등 연면적이 큰 건물의 주택은 48.4퍼센트이고, 나머지 절반 이상이 소규모의 다가구·다세대 주택들이다. 서울시의 경우 의무화 기준 이하의 주택이 동수 기준으로는 전체의 건축물의 74퍼센트가 넘는다(김민경·남현정, 2019). 이 주택들까지 '탈탄소 주택화'하기 위해서는 임대인과 임차인, 공기업과 사회적 경제 주체 등을 포괄하는 참여의 거버넌스 구조 확립이 필수적이다.

셋째, 가상발전소 등 첨단 기술을 활용한 에너지 절감과 생산에도 거버넌스는 필수적이다. 사전에 약정한 대로 전력 이용량과 사용방식을 양방향 소통을 통해 집단적으로 조절하기 위해서 알맞은 보상체계를 만들고 이를 시민참여를 통해 운영하는 것이야말로 기술만능주의로만은 절대 성취할 수 없는 일이다. 이렇게 하드웨어와 소프트웨어가 융합된 네트워크 속에서 주택이 제 역할을 하기 위해서는 거버넌스의 성공적인 작동이 필수다. 이 모든 것의 바탕에는 주택이라는 '자산'에 대한 인식의 전환이 필요하다.

개인과 사회의 자산

우리에게 부동산이 재산이라는 관점은 익숙하다. 아무리 집은 '사는 것이 아니라 사는 곳'이라며 사고파는 물건이라는 측면보다 살아가는 터전이라는 점을 강조해도, 현대사회에서 주택이 개별 가구들의 중요한 자산이라는 점은 변하지 않는다. 특히 가계에서 금융자산이 차지하는 비중이 주요 비교 국가들에 비해 적은 한국의 경우, 부동산에 의존하는 정도가 더욱 크다. 노후가 불안할수록 각자도생의 차원에서 부동산에 의존하는 정도는 더 커진다.

젊을 때 열심히 벌어서 집을 한 채 더 사두어 노후에 '생계형 임대 수익'으로 먹고살자는 것은 많은 이들이 생각하는 은퇴 전략이기도 하다. 그런데 이것도 사실 고령사회화가 진행될수록 지속가능하지 않은 전략이 된다. 만약 인구의 50퍼센트가 은퇴자가 되고, 이들이 모두 세를 놓으려면 자가율 50퍼센트의 사회에서 경제활동인구는 모두 세입자가 되어야 한다. 그게 아니라 만약 경제활동인구 중에서 절반인 25명이 자기 집을 소유하면, 자가율 75퍼센트의 사회에서 은퇴자 중 절반인 25명은 생계형 임대가 불가능해진다. 개인으로서는 이럴수록 얼른 집을 한 채 더 사두는 것이 현명한 전략일 수 있지만, 공공정책의 차원에서는 '생계형 임대' 이외의 노후보장제도와 이를 뒷받침할 수 있는 사회 공동의 자산으로서의 공공주택을 공급하고 관리할 필요와 의무가 생긴다. 단순히 개개인들의 집 없는 서러움이나 상대적 박탈감을 해소하는 차원이 아니라, 사회가 유지되기 위해서라도 이제 부동산이라는 자산에 대한 새로운 관점이 필요해지는 것이다.

더욱이 '모두가 살아남기 위해' 탄소중립 사회를 만들기 위해 공공재정이 투입되어 주택을 제로에너지빌딩으로 리모델링할 때, 이렇게 향상된 주택성능이 일부 소유자의 자산가치 상승으로만 이어지는 것은 '비용의 사회화와 이익의 사유화'로서 사회정의에도 어긋난다. 그렇다고 공공이 마냥 지원만 하고 이익을 아무나 와서 가져가게 되면 '공유지의 비극'이 발생할 수 있다. 따라서 가상발전소 운영에 참여하는 보상체계뿐만 아니라, 우리의 주택들을 '탄소중립사회'에 맞춰 개량하는 과정에서 참여와 보상, 비용부담의 시스템을 정교하게 만들어야 한다.

주택의 공급과 운영에는 투자자, 시행사, 건설사, 다주택자, 공기업, 사회적 경제주체, 법인 임대사업자, 개인 임대사업자, 1가구 1주택자, 세입자 등의 수많은 이해관계자가 얽혀 있다. 주택 자체 역시 아파트, 다세대, 오피스텔, 단독주택 등 다양한 주택의 유형들이 다양한 입지조건에 놓여 있다. 한편 UN주거권 보고관이 지적했듯, 법적으로 주택으로 분류되지 않아 주거복지와 에너지효율화 사업의 사각지대에 놓여 있지만 이미 무시할 수 없는 숫자의 1인가구들이 살고 있는 고시원 등 '비주택' 혹은 '비적정 주거'까지 아우르는 정책이 필요한 상황이다. 주택을 개인의 자산으로만 보는 관점이나, 자산으로 보지 말자는 이상주의적 관점만으로는 이런 문제들을 해결할 수 없다.

개인과 사회의 자산으로서의 주택을 통해 주거권을 보장하고 기후위기에 대응하기 위해서 필요한 제도 개선과제는 여러 분야에 걸쳐 있겠지만 그중에서도 '**금융**'이 가장 시급한 문제다. 현재의 '분양수익-시세차익'으로 청산exit하는 단기 투자 중심의 금융 구조를 장기 운영수익으로 대체하지 않으면 기후위기에 대응할 주택정책을 뒷받침할 수 없기 때문이다.

시간을 x축, 비용을 y축으로 놓은 그림을 보자. 왼쪽 좁고 높은 사각형이 초기에 집중된 건물의 공급비용이라 하면, 이를 어떻게 충당하느

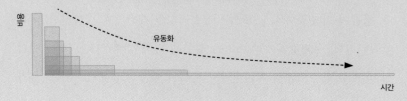

제로에너지빌딩의 공급비용 해결을 위한 주택 장수명화와 비용 유동화

냐가 (역)유동화, 혹은 할부 판매의 과제다. 그동안은 자금력이 있는 다주택자가 가격을 지불하고 집을 사준 뒤, 이를 전세나 월세로 세입자에 전달하는 '유동화의 매개' 역할을 했다. 건설회사로서야 장기할부 판매시 생기는 금융비용이나 부채비율을 감당할 수 없으니, 초기에 빨리 집을 분양하는 것을 선호했기 때문이다. 경제발전 초기엔 건설비용을 조달하기 어려웠고 금융의 여력은 제조업 중심의 경제발전에 투입됐기 때문에, 국가가 개입하여 '선분양'제도를 운영한 것은 일종의 공급자 금융의 역할을 했고, 세입자의 전세 보증금은 일종의 소비자 금융역할을 했다. 그 전까지는 이와 같은 금융구조가 민간임대를 떠받쳤지만, 1990년대에는 공공임대주택을 통해 국가가 직접 유동화 매개 역할을 하기 시작했다.

2000년대 이후에는 프로젝트 파이낸싱이 공급자 금융부문에서 선진화된 제도로 도입됐고, 소비자 금융 측면에서는 '모기지론'과 같이 앞으로 살아갈 주택을 담보로 돈을 빌려주는 제도가 도입됐다. 그런데 은행이나 소비자나, 빌린 돈을 소득으로 갚아나가기보다는 향후 집값이

오르면 팔아서 대출금도 갚고 차익도 얻는 패러다임이 우리에겐 익숙하다. 집값이 치솟을수록, 근로소득으로 막대한 대출금을 갚기는 점점 더 어려워지니, 시세차익에 의존하는 경향은 더욱 강해진다. 문제는 이렇게 되면 결국 주거권의 차원이나 기후위기 대응 차원에서 모두 지속가능하지 않게 된다는 점이다.

녹색금융의 차원에서나, 주거권의 보장 차원에서 기존의 공급자 금융의 성격을 '시세차익 의존형 금융구조'에서 '장기 운영수익으로 초기비용을 해결하는 구조'로 바꿔야 한다. 최종 소비자가 오랜 기간 적은 돈을 지불하여 비용을 충당할 수 있도록 하는 것이 유동화 과정이라 할 때, 이 유동화를 통해 지불 측면의 사각형(그림 아래의 낮은 사각형)의 면적이 현재가치 할인율을 고려하여 비용 측면의 사각형(왼쪽의 좁고 높은 사각형)의 면적을 감당할 수 있게 유지하면서, 최대한 길게 만들수록, 소비자가 지불해야 하는 비용(사각형의 높이)이 낮아진다. 장기간 지불하는 광열비를 통해 초기의 제로에너지빌딩 공급비용을 감당하거나, 휴대폰 단말기 가격을 통신요금에 더해 할부로 내게 하는 요금기반금융On the Bill Financing: OBF 같은 것이 좋은 예다.

투기가 근절된다 해도, 애초에 주택이라는 재화는 매우 비싼 재화다. 검소하게 건축비가 평당 600만 원이라 해도 25평의 주택이라면 1억 5,000만 원이다. 제로에너지건축을 적용하여 건축비가 평당 800만 원이 되면 2억 원이니, 매년 1,000만 원씩 저축한다 해도 20년이 걸린다. 시세차익에 의존하는 구조에서는 빚을 내서 집을 산 후 빚을 다 갚기 전에 오른 집값에 집을 파는 것이 유리한 전략이겠지만, 그러면 다음 세대는 30년, 그다음 세대는 40년이 걸려도 집을 살 수 없게 된다. 이렇게 보면, 시세차익에 의존하지 않고 임대료만으로 공급비용을 충당하는 비영리 민간조직이나 사회적 경제 주체 들이 공급하는 한국 사회주택의 시도가 비록 지금은 걸음마 단계지만, 미래지향적인 금융구조를 촉발해 내는 매우 중요한 역할을 하고 있음을 알 수 있다.

여기서 연기금이나 각종 공제회의 풍부한 재원의 역할이 중요해진다. 어차피 이런 기금들은 단기 투자로 차익을 내고 다음 투자할 곳을 또 찾기보다는 장기간 빌려주고 꾸준히 배당을 받는 것을 더 선호하는 경향이 있다. 연기금의 선호하는 현금흐름 구조는 주거권 보장과 기후위기 대응을 위해 '초기엔 많은 돈이 필요하지만 장기간의 임대료(임대주택의 경우)나 대출금 상환(자가소유의 경우), 그리고 에너지요금으로 비용을 충당해야 하는 대안적 금융시스템'에 적격인 것이다.

문제는 연기금의 요구수익률과 제로에너지주택 사업의 수익률 사이에 차이가 생길 때다. 주거권 차원에서 '부담가능한 임대료'를 책정할 경우 연금 재정 유지를 위한 수익률에 못 미칠 수도 있는데, 이를 국가에서 보전하는 것이 국가 재정을 직접 쓰는 것보다 훨씬 효율적이다. 주거권 보장과 기후위기 대응을 위해, 예컨대 연기금의 요구수익률 4퍼센트와 주택사업의 수익률 2.5퍼센트와의 차이인 1.5퍼센트를 국가에서 보전한다고 해보자. 재정 3조 원을 투입하면 200조 원의 연기금을 동원할 수 있게 된다.

한국형 OBF 파이낸싱 프로그램 모델의 사회주택에의 응용

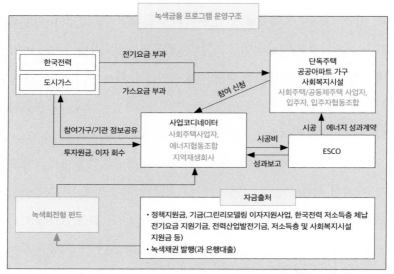

자료: 최경호(2020)에서 재인용.

앞서 고령사회가 되면 개인의 전통적인 은퇴전략인 '생계형 임대수익' 추구가 점점 더 힘들어진다는 점을 지적했다. 이렇게 연기금을 지속적인 배당이 가능한 사업에 투입하는 것은 노후보장 시스템과도 연계된다. 기후위기 대응을 위한 주택과 주거의 탈탄소화의 과정에서 노후보장과 주거권 확보의 과제까지 세 마리 토끼를 잡을 수 있다. 서두에서 말한 '트릴레마'를 '일거삼득'으로 바꾸는 길이자 기후위기의 원인이자 피난처인 주택을 해결책으로 바꾸는 방법인 것이다.

주택은 삶을 담는 그릇

개인에게 '생활공간'이자 많은 경우 '자산'에서 가장 큰 비중을 차지하는 것이 주택이다. 현대사회에서는 수많은 이해관계자가 힘을 합쳐 만들어 내야 하는 '제품'이기도 하고, 우리의 생활문화의 기반이 되는 '터전'이 기도 한 주택은, 과거에는 외부의 물리적·사회적 위험이나 위협으로부터 우리를 지켜주는 '피난처'였지만, 한편으로 점점 더 에너지 소비에서 큰 비중을 차지하여 '기후변화를 초래한 중요한 원인'이 되기도 했다.

기후변화에 대응하기 위해 개발된 많은 기술들 덕분에 주택은 단순히 기존의 에너지 사용량을 절감하는 차원을 넘어, 앞으로는 새로운 에너지의 공급원이 되기도 하고, 이와 연계된 스마트 그리드나 가상발전소 체제는 이용자들의 거버넌스를 통해서 사회 전체의 에너지 시스템을 더욱 효율적으로 운영하게 해줄 수도 있다. 그러나 이러한 시스템이 성공적으로 작동하기 위해서는 그동안 소홀히 했던 운영-관리 단계의 중요성을 깨닫고, 주택이 '도시'뿐만 아니라 '에너지 시스템'을 구성하는 요소로서, 기존의 전통적인 주거복지의 차원을 넘어서는 사회적 연대의 중요한 도구라는 점을 인식해야 한다. 단순한 하드웨어로서의 주택뿐만 아니라 민주주의와 참여, 문화와 생활이라는 소프트웨어로서의 '주거' 정책, 그리고 주택이 사회 공동의 유·무형의 자산이라는 관점을 통해 소유/임대, 하드웨어/소프트웨어의 이분법을 넘어서야 한다.

'주택은 삶을 담는 그릇'이라는 말이 있다. 주택의 하드드웨어적 측면에 주목한 말일 것이다. 근대건축의 거장 르 코르뷔지에Le Corbusier는 기능주의적인 입장에서 주택을 '살기 위한 기계'라고 표현하기도 했다. 그러나 기후위기 시대의 주택은 '살기 위한 기계'의 차원을 넘어 '살아남기 위한 기계'가 되어야 한다. 또한 주택이 '삶을 담는 그릇'에서 나아가 '살아남기 위한 그릇'이 되는 것은, "그릇의 쓰임은 비어있음에 있다 當其無 有器之用"라고 했던 노자를 넘어, 채우고 비우는 과정, 에너지를 쓰고 생산하는 과정으로서의 '주거'를 우리가 얼마나 지혜롭게 가꾸어 나가느냐에 달려 있을 것이다.

미국과 유럽의 그린뉴딜에서 분배정의를 중시하는 기조는 온정주의적 시각이 아니라, 소외받는 이들이 없어야 정책 자체가 성공할 수 있다는 깨달음에서 나온 것이다. 이러한 관점에서 금융제도를 비롯한 일련의 제도를 개선하고, 산업구조와 생활문화를 바꾸어 가야 할 긴 여정이 우리 앞에 놓여 있다. 여정을 걷는 우리는, 주거정책의 '수요자', 정책 결정의 최종 결정자인 '주권자'를 넘어, 주택과 도시라는 개인과 사회의 공동의 자산에 대한 선량한 '관리자'가 되어야 한다. 기후위기 시대의 주택은 '각자도생의 수단'이 아닌 '공동의 노력으로 관리해야 할 사회적 자산'이라는 새로운 시각의 접근이 필요하다.

기후위기와 기후시민의 역할

이미 늦었을지도,
아직은 늦지 않았을지도

윤순진

7

PROFILE

윤순진

서울대학교 환경대학원 교수

에너지전환포럼 이사, 기후행동연구소 이사

제1기 2050 탄소중립녹색성장위원회 위원장

전 환경부 지속가능발전위원회 위원장

『환경 정책론』(2022) 공저

『기후 위기 시대의 도전과 교회의 응답』(2022) 공저

이미 시작된 기후위기

기후위기는 이제 먼 미래의 일도, 저기 멀리 북극이나 가난한 나라들에서만 일어나는 일도 아니다. 어느 일부 대륙만의 문제도, 특정한 지역만의 문제도 아니다. 세계 도처에서 이상기후로 인한 피해들이 연이어 일어나고 있다. 2022년 여름 유럽에선 폭염과 산불이 연이어 발생했는데, 2021년 여름에도 북미의 54도가 넘는 폭염과 그로 인한 산불, 러시아 시베리아의 산불, 서유럽과 인도 서부, 중국 등에서의 기록적인 홍수와 폭우 등 일일이 거론하기 어려울 정도였다. 우리나라는 2021년 여름 폭염을 겪었고 2020년에는 54일이라는 최장의 장마와 8월 이후 4개의 대형 태풍에 영향받는 이변을 기록했다. 정부가 2010년부터 매해 발간하고 있는 「이상기후보고서」에는 해마다 국내외에서 발생한 이상기후와 그로 인한 피해에 대한 기록이 가득하다. 그만큼 다양한 기후재난이 연이어 일어나고 있는 것이다. 게다가 기후재난의 빈도와 강도는 점점 더 높아지고 있다.

기후위기는 이미 '지금 바로 여기에서 우리에게' 일어나고 있는 현실이다. 버락 오바마 전 미국 대통령의 말대로, 현세대는 기후위기로 고통 받기 시작한 첫 세대이자 기후위기의 파국을 막을 수 있는 마지막 세대라고 할 수 있다. 인류의 역사를 근대 이전과 이후로 나누는 기점이 된 18세기 산업혁명은 석탄을 동력으로 했다. 인류는 탄화수소라 불리는 화석연료를 연소해서 얻은 풍부한 양의 에너지를 기반으로 과학기술을 발전시켜 경제성장과 삶의 질 향상을 이뤄왔다. 바로 이 과정에서 제대로 대가를 치르지 않은 채 배출해 온 온실가스가 대기 중에 계속 쌓여서 온실효과가 과도해짐으로써 지구온난화가 유발되고 그 결과 지구의 기후체계를 바꾸면서 극단적인 기상현상이 더 빈번하게, 더 강력하게, 일어나고 있는 것이다.

1992년 국제사회는 기후위기의 진행과 기후위기가 가져올 심각성을 인식하고 유엔기후변화협약UNFCCC을 채택했다. 그로부터 30년이 지난 지금까지 전 세계 온실가스 배출은 꾸준히 증가해 왔다. 2020년에는 코로나 대유행으로 세계 경제가 침체를 겪고 많은 사회들에서 사회적 거리두기와 도시 봉쇄 조치를 취하면서 온실가스 배출이 다소 줄었을 가능성도 있지만 그때를 제외한다면 1950년대 이후, 특히 2000년대 들

대기 중 이산화탄소 농도 변화

200만 년 동안 대기 중 CO₂ 농도는 이 선을 넘은 적이 없음

현재 수준

1950년 수준

1950=0을 기준으로 그 이전 해들

이산화탄소 ↑**417**ppm   지구 온도 ↑**1.02**℃ 1880년 이래   북극 얼음 최소값 ↓**13.0**%/10년   얼음판 ↓**152.0**기가톤/년   해수면 ↑**3.4**mm/년

자료: 미 항공우주국(NASA) 홈페이지(https://climate.nasa.gov/evidence/)

어서는 온실가스 배출이 빠르게 증가해 왔다. 2010년대는 인류 역사상 인위적인 온실가스 배출 증가량이 가장 많은 시기였다. 이미 대기 중 이산화탄소 농도는 2021년 417피피엠으로, 산업화 당시의 280피피엠보다 거의 50퍼센트 가까이 늘었다. 1950년을 기준년도로 했을 때 그 이전 시기 200만 년 동안 대기 중 이산화탄소 농도는 300피피엠을 넘어선 적이 없었으나 1950년 이후부터 수직상승한 것이다. 그 결과, 지구 평균 기온은 산업화 이전(1850~1900년 사이 평균) 대비 2011~2020년 1.09도 상승했다(IPCC, 2021).

인류는, 아니 지구의 모든 생물종들은 이미 기후위기 시대를 살고 있다. 기후위기는 이제 북극곰만의 문제도, 미래세대의 문제도, 또 최빈개도국 가난한 사람들만의 문제도 아니다. 기후위기로 인한 피해는 국가와 지역, 세대, 성별, 직업, 건강 상태 등에 따라 같지 않아 사회경제적으로나 생물학적으로 취약한 개인과 집단에 더 심각하게 나타나지만 누구도 피해갈 수는 없는 문제다. 기후위기가 심화될수록 자본과 기술, 대응 역량이 부족한 개인이나 개도국들에게 더 큰 피해가 야기될 가능성이 높지만, 부유한 사람이나 국가들도 기후위기로부터 결코 안전하지도 자유롭지도 않다. 정도의 차이는 있을지라도 기후위기는 그 누구도 그 영향을 피하기 어려운, 모두의 안전을 위협하는 문제다. 그렇기 때문에 기후취약성이 높은 개도국들만이 아니라 선진국들도 온실가스 배출 감축에 나서고 있는 것이다. 예를 들면, 최근 들어서 빈발하고 있는 호주와 캘리포니아의 대형 산불이나 서유럽의 폭우는 선진국 중산층 이상의 사람들에게도 영향을 미쳤다. 캘리포니아 산불은 그 자체로 생명과 재산에 위협이지만 그 지역 거주자들이 화재보험에 들기 어려워지고 그런 상황에서 주택 매도가 어려워 산불 피해가 발생하지 않은 상태의 삶에도 영향을 미치고 있다. 기후위기가 사회경제적·생물학적으로 가장 취약한 집단에게 더욱 가혹하다는 사실을 부인할 수 없지만, 정도의 차이가 있지만 기후위기는 모두의 안전을 위협하는, 누구도 벗어날 수 없는, 우리 모두의 문제다. 미래세대와 또 아무런 기후위기에 책임이 없는 다른 종들의 생존을 위해서뿐만 아니라 바로 당장 우리 세대의 안전한 삶을 위해서라도 지금 우리가 변화되지 않으면 안 된다.

1.5도 지구 온도 상승 억제와
2050 탄소중립 목표에 대한 국제적 합의

기후위기의 심각성이 커져가는데도 세계 온실가스 배출량은 지속적으로 높아지고 있다. 이산화탄소를 비롯한 온실가스 농도가 나날이 높아지는 추세를 멈추지 않으면 우리에게 지속가능한 미래는 없다는 공통의 위기의식에서 '탄소중립'이 시대적 과제로 제시됐고, 국제사회 합의를 바탕으로 국제규범이 됐다. 기후위기의 심각성과 기후행동의 긴급성과 절박성이 탄소중립이란 목표의 배경이 된 것이다.

탄소중립이란 온실가스 중 75퍼센트로 가장 비중이 높고 분해가 어

탄소중립의 개념

흡수

대기 중
이산화탄소
농도 증가

배출

현재

배출량 감소

배출

흡수

미래(탄소중립)

흡수량 증가
대기 중
이산화탄소 증가량=0

려워 대기에 체류하는 기간이 긴 이산화탄소의 순배출량이 '0'이 되도록 하는 것을 말한다. 인간 활동에 의한 이산화탄소 배출량이 전 지구적 흡수량과 균형을 이룰 때 달성 가능하다. 구체적으로는 우선 인간 활동에 따른 이산화탄소 배출량을 최대한 줄이고 숲 복원이나 조림, 재조림, 도시숲, 갯벌, 해양생태계 등 자연기반 흡수원을 늘린 후에도 남는 잔여 배출량을 탄소 포집 이용 및 저장CCUS과 같은 과학기술을 활용하여 제거함으로써 실질적인 이산화탄소의 대기 중 추가배출량을 0으로 만드는 것을 의미한다. 기후변화에 관한 정부 간 협의체IPCC의 탄소중립 개념은 이산화탄소를 기준으로 한 것이지만 대부분의 국가들에서는 이산화탄소를 포함해서 모든 온실가스로 확장해서 지칭한다. 온실가스 전체를 대상으로 탄소중립 개념을 사용하는 경우, 이산화탄소의 지구온난화 잠재력GWP을 1로 하는 이산화탄소 환산톤(tCO_2-eq)을 통해 온실가스 배출량을 표현한다. GWP에 영향을 주는 복사강제력radiative forcing이 온실가스마다 다르기 때문이다. 하지만 엄밀하게 말하자면 두 개념 간에 차이가 있으므로 온실가스 순배출량을 0으로 하는 것은 기후중립climate neutrality으로 구분해서 표현하기도 한다.

탄소중립에 대한 국제사회의 합의가 가능했던 것은 그만큼 기후위기가 심각해졌고 대응이 절박해졌기 때문이다. 기후변화에 대한 국제사회의 관심과 지구적 대응의 필요성에 대한 합의는 30년 전인 1992년 브라질의 리우데자네이루에서 열린 유엔환경개발회의에서 채택한 기후변화협약UNFCCC으로 나타났다. 1988년에 세계기상기구WMO와 유엔환경계획UNEP 주관으로 설립된 IPCC가 1990년에 발표한 제1차 기후변화 평가보고서가 이러한 합의의 중요한 근거로 작용했다. 기후변화 문제는 전 지구적 문제이기에 국제사회 구성원 모두가 참여해야만 한다는 데 뜻을 모으고 모든 국가의 참여에 대한 합의를 마련했음에도 기후변화협약은 느슨한 수준의 합의에 그쳤다. 모든 당사국이 국가보고서를 제출해야 한다는 일반의무와 부속서 I 국가(OECD 국가들과 유럽경제공동체 국가들)는 1990년 수준으로 온실가스 배출을 안정화해야 한다는 특별의무를 부여했지만 별다른 강제성이 없었다.

기후변화협약의 느슨한 합의로는 실질적인 온실가스 배출 감축이 이루어지기 어렵기에 의무 감축목표를 부여할 필요가 있었다. 다른 국가들보다 먼저 산업화된 이후 다량의 온실가스를 배출하여 역사적 책임이 큰 부속서 I 국가들부터 대상이 되었다. 그러한 합의를 담아 채택한 것이 제3차 기후변화협약 당사국총회의 결과물인 교토의정서였다. 교토의정서는 부속서 I 국가들에게만 2008~2012년의 평균 배출량이

1990년 배출량에서 평균 5.2퍼센트를 감축하도록 의무 감축목표를 부여했다. 공통적이지만 차별화된 책임CBDR 원칙과 능력에 입각한 부담respective capability 원칙을 기초로 협상한 끝에 1990년 배출량 대비 −8퍼센트에서 +10퍼센트까지 다양하게 국가별 감축목표가 결정되었다. 부속서 I 국가로 한정한 데다 감축목표가 충분하지 않았지만 처음으로 개별 국가에 대해 온실가스 감축 의무를 부여했다는 점에 의의가 있다. 부시 전 대통령의 결정으로 미국이 교토의정서에서 탈퇴하긴 했지만 제1차 교토의정서 이행 기간 동안 부속서 I 국가들의 총 온실가스 배출량은 1990년 대비 −10.6퍼센트(LULUCF를 포함할 경우 −16.2퍼센트)로 감축목표를 달성했다. 그럼에도 세계 전체 온실가스 배출량은 지속적인 증가 추세를 보임으로써 개도국의 참여 없이 세계 온실가스 배출을 감소시키기 어렵다는 사실이 확인되었다. 게다가 제2차 교토의정서 의무 감축 기간(2013~2020)에는 앞서 교토의정서를 탈퇴한 미국 외에도 캐나다와 러시아, 일본, 뉴질랜드가 불참하기로 함에 따라 전 세계 온실가스 배출을 감축하는 것이 더욱 어려워졌다. 교토의정서 체제 참여국들의 배출량이 전 세계 배출량의 15퍼센트밖에 되지 않았기 때문이다. 개도국의 참여 없이는, 또 하향식으로 의무 감축목표를 부과해서는 전 지구적 기후 완화가 어렵다는 점을 확인할 수 있었는데 이는 곧 교토 체제의 한계이기도 했다.

바로 이런 한계를 극복하기 위해서 2015년 파리에서 열린 COP21에서 채택한 것이 파리협정이었다. 파리협정에서 당사국들은 인류사 최초로 지구 온도 목표에 합의했는데 선진국들뿐 아니라 개도국들도 온실가스 배출 감축에 참여하기로 했고 개별 국가가 상향식으로 자발적인 감축목표를 정했다. 지구 평균온도 상승을 산업화 이전에 비해 2도 훨씬 아래well below, 더 노력해서 1.5도를 넘지 않도록 하자는 합의가 이뤄졌다. 이를 위해 선진국들만이 아니라 개발도상국들도 포함해서 모든 국가들이 자발적으로 감축목표를 설정해서 온도 목표를 달성해 가기로 했다. 그리고 파리협정 제4조에 "21세기 중반 인위적 온실가스 배출과 흡수원을 통한 제거가 균형을 이루도록 가능한 한 빨리 전 지구 온실가스 배출이 정점에 도달할 것을 요청"함으로써 탄소중립 개념을 담았다.

기후변화협약 사무국은 파리협정이 채택된 후 IPCC에 1.5도로 온도 상승을 억제하는 것이 가능한지 평가하도록 요청했고 3년 뒤인 2018년 IPCC는 「지구온난화 1.5도 특별보고서」를 작성해서 제48차 총회에서 만장일치로 채택했다. 이 특별보고서 작성을 위해 40개국에서 91명의 저자와 검토저자들이 참여하여 6,000개 이상의 과학자료를 인용했으며 수천 명의 전문가들과 정부 관계자들이 보고서 내용 검토에 참여했다. 이 특별보고서에 따르면, 1.5도와 2도는 0.5도 차이밖에 나지 않지만 폭염 노출 인구나 서식처 파괴로 인한 식물종이나 척추동물의 절멸률, 어획량 등 대부분의 영역에서 1.5도에 비해 2도에서는 피해가 2배 이상 증가한다. 이 보고서에서 IPCC는 2100년까지 산업화 이전 대비 2도가 아니라 1.5도로 온도 상승을 억제해야 하며 이를 위해서는 2050년까지 탄소중립을 달성해야 한다고 권고했다. 또한 2050 탄소중립 달성을 위

2100년까지 전 지구 평균온도 1.5도와 2도 상승 시 영향

구분		1.5도	2도
고유 생태계 및 인간계		높은 위험	매우 높은 위험
기온	중위도 폭염일	3도 상승	4도 상승
	고위도 한파일	4.5도 상승	6도 상승
산호초 소멸		70~90퍼센트 소멸	99퍼센트 소멸
기후영향·빈곤 취약 인구		2도 온난화에서 2050년까지 최대 수억 명 증가	
물 부족 인구		2도에서 최대 50퍼센트 증가	
그 외		평균온도 상승(대부분의 지역), 극한 고온(거주지역 대부분), 호우 및 가뭄 증가(일부 지역)	
육상 생태계		중간 위험	높은 위험
다른 유형 생태계로 전환되는 면적		약 6.5퍼센트	약 13퍼센트
생물종(10만 5천 종) 서식지 절반 절멸률	곤충	6퍼센트	18퍼센트
	식물	8퍼센트	16퍼센트
	척추동물	4퍼센트	8퍼센트
대규모 이상이변 위험		중간 위험	중간에서 높은 위험
해수면 상승		26~77센티미터 상승	30~93센티미터 상승
연안 홍수 위험		보통	매우 높음
여름철 북극해 해빙 완전소멸 빈도		100년(복원 가능)	10년(복원 불가능)
		1.5도 초과 시 남극 해빙 및 그린란드 빙상 손실	
어획량		150만 톤 감소	300만 톤 감소

자료: IPCC, 2018, 「지구온난화 1.5도 특별 보고서」

해서는 2030년까지 이산화탄소 배출량을 2010년에 비해 45퍼센트 줄일 것을 제안했다.

　IPCC의 2018년 특별보고서가 발표된 후 다수의 국가에서 2050년 탄소중립을 선언하고 나섰다. 2019년 9월에는 국제연합이 기후행동 정상회의를 개최했다. 이는 기후위기 관련해서 '행동'을 내건 최초의 유엔 회의였다. 이 회의에서 COP20 개최국이었던 칠레가 쿠테흐스 유엔 사무총장의 요청, 그리고 기후변화협약 당사국과 유엔개발계획UNDP의 지지를 기반으로 완화 동맹mitigation coalition을 주도했다. 바로 이 맥락에서 칠레는 파리협정에 수립된 2030 NDC(국가별 결정 기여 또는 국가온실가스 감축목표)를 보다 강화하기 위해 '기후목표상향동맹'을 선언하고 중앙정부만이 아니라 지방정부와 지역, 도시, 기업 등의 영역에서도 1.5도 온도 목표와 탄소중립을 공약하도록 촉구하여 탄소중립을 위한 경주가 진행됐다. 주요 선진국들을 포함해서 많은 국가들이 연이어 탄소중립을 선언하고 나섰으며 2030년 국가감축목표를 상향했다. IPCC의 특별보고서 발표 이전에 스웨덴이 세계 최초로 2045년 탄소중립을 선언하고 이를 법제화했으며 EU 의회가 2019년 3월 탄소중립을 선언했다. 이어 2019년 6월에는 영국이 G7 가운데서 최초로 2050 탄소중립을 선언하고 2006년에 세계 최초로 제정했던 기후변화법을 개정하여 이를 법제화했다.

2021년 8월, IPCC의 제1실무작업반에서 제6차 기후변화 평가보고서AR6를 발표했다. AR6에서는 대기와 해양, 육지의 온난화 경향은 인간 영향에 의한 것이라는 점이 명백하다고 강조하면서 지금 추세대로라면 2021~2040년 사이, 늦어도 2040년 즈음에 지구 평균기온이 산업화 이전 대비 1.5도 상승할 것으로 전망했다. 2018년 IPCC가 발표한 「지구온난화 1.5도 특별보고서」에서 1.5도 상승 시점을 2035~ 2052년으로 전망한 데 비해 10년 이상 당겨진 것이다. AR6 발표 후 9월에 열린 제76차 유엔총회에서 중국의 시진핑 주석이 2060년 이전 탄소중립을 선언하면서 2030년에 배출 정점을 달성할 것을 천명했고 이어 10월에 일본 스가 총리와 대한민국 문재인 대통령이 2050 탄소중립을 선언했다.

탄소중립 개념의 등장과 주류화 과정

2015

파리협정 제4조: 21세기 중반에 인위적 온실가스 배출과 흡수원에 따른 제거가 균형을 이루도록 가능한 한 빨리 전 지구 온실가스 배출이 정점에 도달할 것 요청

2016

2017

스웨덴, 세계 최초로 2045년 탄소중립 법제화

2018

2019

- EU 의회 2050 탄소중립 선언: 영국, G7 국가들 중 최초로 2050 탄소중립 법제화
- 9월 유엔 기후행동 정상회의 칠레 대통령 주도로 기후목표상향동맹 출범

2020

세계 최대 배출국인 중국, 제75차 유엔 총회에서 2060년 이전 탄소중립 선언: 일본 총리, 한국 대통령 2050 탄소중립 선언

2021

미국의 파리협정 복귀: IPCC WG I의 AR6 발표: COP26, 글래스고기후합의

- 지구 온도 변화 제한은 대중 중 누적 CO_2 배출량(또는 재고) 제한이란 의미
- 궁극적으로 지구온난화를 멈추기 위해서는 대기 중 추가 CO_2 배출이 0이어야 함
- 1.5도 목표 달성하려면 2030년까지 2010년 대비 CO_2 배출량 45% 감축, 2050년까지 탄소중립 달성 필요
- 1.5도 목표 달성하려면 2050년까지 1차 에너지 공급의 50~60%, 전력 생산의 70~85% 재생가능에너지 공급 필요

2050 탄소중립 선언

미국
누가: 바이든 당시 대선후보
언제: 2020/11/08

영국
누가: 의회
언제: 2019/06/27

EU
누가: EU 의회
언제: 2019/03/14

누가: 시진핑 주석
언제: 2020/09/22

일본
누가: 스가 전 총리
언제: 2020/10/26

한국
누가: 문재인 전 대통령
언제: 2020/10/28

영국의 글래스고에서 COP26이 열리기 직전인 2021년 10월 말까지 탄소중립을 선언한 국가들은 모두 136개국이었다. 이 국가들은 세계 온실가스 배출량 합계의 88퍼센트, 세계 GDP의 90퍼센트, 세계 총인구의 85퍼센트를 차지한다. 탄소중립 목표 상태는 국가마다 다른데, 법제화한 국가가 있는가 하면 정책 문서로 제시하거나 선언 상태인 국가도 있고 이미 달성했다고 밝힌 국가도 있다. 탄소중립을 법제화한 국가는 EU를 포함해서 2021년 12월까지 캐나다, 독일, 덴마크, 스페인, 프랑스, 영국, 헝가리, 아일랜드, 일본, 한국, 노르웨이, 뉴질랜드, 포르투갈, 스웨덴, 과테말라, 네덜란드 등 17개국이다. 탄소중립 목표 연도도 국가마다 다른데, 선진국들 중 핀란드는 2035년, 아이슬란드와 오스트리아는 2040년, 스웨덴과 독일, 포르투갈은 2045년을 탄소중립 목표 연도로 한다. 개도국들 가운데서도 앤티가 바부다, 방글라데시와 바베이도스, 기니비사우, 몰디브, 짐바브웨, 남수단 등은 2030년을 목표 연도로 한다. 반면 튀르키예는 2053년, 중국과 러시아, 바레인, 브라질, 인도네시아, 스리랑카, 나이지리아, 사우디아라비아, 우크라이나는 2060년을, 인도는 가장 늦은 2070년을 목표 연도로 제시했다. 탄소중립 선언 국가의 77.9퍼센트(106개국)는 2050년을 목표 연도로 했으며 2050년 이전이 8.8퍼센트(12개국), 2050년 이후가 8.0퍼센트(11개국)를 차지한다. 베냉, 부탄, 가봉, 캄보디아, 라이베리아, 마다가스카르 등 7개국(5.1퍼센트)은 이미 탄소중립을 달성했다고 보고했다. 이산화탄소를 비롯한 온실가스 농도가 나날이 높아지는 추세를 멈추지 않으면 우리에게 지속가능한 미래가 있을 수 없다는 국제사회 공통의 위기의식에서 '탄소중립'이 이제 시대적 과제이자 국제사회의 규범이 된 것이다.

COP26에서 도출한 글래스고기후합의

1995년부터 매해 열렸던 기후변화협약 당사국총회는 COP26의 경우 한 해 연기되어서 2020년이 아니라 2021년에 열렸다. 코로나 대유행 탓이었다. 그리고 코로나19 대유행을 계기로 기후위기와 질병위기(감염병 확산)가 맞물려 있다는 사실이 새롭게 인식됐다. 코로나19로 인한 경제 침체를 극복하는 과정에서 그린 뉴딜이 세계적인 화두가 됐고 과거와 달리 온실가스 배출을 저감하는 녹색성장 전략에 대한 세계적 관심이 확대됐다. 2021년 11월 영국 글래스고에서 열렸던 COP26에서는 파리회의 이후 6년 만에 정상회의가 열렸으며 치열한 협상 끝에 글래스고기후합의를 대표 결정문으로 채택했다.

이 합의에 대한 평가는 입장에 따라 엇갈리지만 공통적으로 동의하는 의의는 지구평균온도 상승을 산업화 이전 대비 1.5도 이내로 안정화한다는 지구적 목표를 재확인했다는 점이다. 1.5도 이내로 탄소중립을 달성하지 못한다면 파국적 상황을 피할 수 없다는 국제사회의 각성이 있었기에 가능했던 일이다. 이제 탄소중립은 뒤집을 수도 회피할 수도 없는 국제사회 모두의 공통 목표가 됐다. 여전히 글래스고 회의 전과 회의 중에 제출한 2030 NDC가 2050 탄소중립을 위해 요구되는 충분한 상향을 이뤄내지 못했다는 문제가 남아 있다. COP26이 열리기 직전까지 193개 당사국들 가운데 166개국이 제출한 최신 2030 NDC를 기후변화협약 사무국에서 분석한 것에 따르면 2030년 전 세계 온실가스 배출(토지 이용 및 토지 이용 변화와 산림 제외)은 2010년 대비 13.7퍼센트 증가할 것으로 전망되고 새로 상향 2030 NDC를 제출한 151개국들이 모두 목표를 달성한다 해도 2030년 배출량이 2010년 배출량 대비 5.9퍼센트 상승할 것으로 예측됐다. 현재 목표대로라면 1.5도 목표 달성을 위해 넘어서는 안 되는 탄소 예산(배출허용 총량)의 89퍼센트(약 445억 톤)를 2020~2030년에 소진할 전망이다. 더 강력한 2030 NDC가 필요한 것이다. 하지만 지구 온도 상승 억제 목표를 1.5도 이내로 안정화해야 하며 이를 위해 기후행동을 강화한다는 국제사회의 합의를 도출한 것은 상당한 의미가 있다. 파리협정에 따라 당사국들은 진전 원칙Principle of progression에 따라, 5년에 한 번씩 이전보다 강화된 NDC를 제출해야만 한다. 따라서 지금 실망하고 포기하기에는 이르다. 1.5도 온도 목표에 대한 재확인 외에도 글래스고기후합의는 감축, 적응 재원, 협력 등의 분야에서 각국의 적극적인 행동을 촉구하며 희망의 불씨를 남겨두었다.

우선 감축 분야에서 당사국들은 1.5도 목표 실현을 위한 공통적이지만 차별화된 책임 원칙과 과학에 기반한 행동 상향의 필요성에 합의했다. 나아가 2030년까지 메탄(메테인) 등 non-CO_2 감축에 대한 검토를 요구했다. 미국 주도로 국제메탄서약International Methane Pledge이 추진되기도 했는데 메탄은 이산화탄소에 비해 지구온난화 잠재력이 21배나 크고 특히 배출 후 20년 동안에는 이산화탄소 대비 84배나 온실효과를 일으키는 것으로 알려져 있다. 또한 청정발전 확대에 합의하면서 당사국총회 공식문서에 처음으로 '탄소저감장치가 갖춰지지 않은 석탄 발전'과 '비효율적인 화석연료 보조금'을 단계적으로 줄여간다는 합의가 담겼다. 아직은 석탄발전 퇴출시점에 대한 국제사회의 합의가 마련되지 못했지만 세계 이산화탄소 배출의 40퍼센트가 석탄에서 비롯되기에 앞으로도 석탄 소비 감축은 기후협상에서 주요한 화두가 될 것이며 석탄발전 퇴출을 위한 노력은 꾸준히 이어질 전망이다. '단계적 퇴출'이 아니라 '단계적 감축'으로 약화됐다는 점에서 비판의 목소리가 있으나 인도와 같은 개도국들은 성장할 권리와 절대빈곤 감축을 석탄 발전 유지 이유로 내걸고 있기에 선진국의 석탄 발전 전철을 반복하기보다 바로 재생에너지 이용으로 도약할 수 있도록 하는 국제협력이 요청된다.

　2010년에 멕시코의 칸쿤에서 열린 COP16에서 선진국들은 2020년까지 개도국을 지원하기 위한 장기재원으로 매년 1,000억 달러를 조성하기로 했으나 여전히 달성하지 못한 상태다. 이에 개도국들의 반발과 비판이 있었는데 글래스고기후합의는 목표 연도를 2025년으로 늦추고 목표액 달성을 위해 지속적으로 노력하기로 했다. 또한 개도국에 대한 선진국의 적응 재원, 역량 배양, 기술이전에 대한 지원을 대폭 확충하고 적응 재원을 2025년까지 2019년 대비 최소 2배 확대하기로 했다. 개도국의 손실과 피해에 대한 기술지원을 촉진하는 재원 신설에 대해서도 합의가 이루어졌으며 독립된 손실과 피해 재원의 신설 여부는 논의 기구를 설치해서 2024년 6월까지 결론짓기로 했다.

COP26의 성과 중 하나로 꼽히는 것은 파리협정 채택 후 6년간 합의에 도달하지 못한 채 치열하게 협상해 온 국제탄소시장(제6조) 지침을 타결함으로써 파리협정의 세부이행 규칙을 완성한 것이다. 2018년 폴란드 카토비체에서 열렸던 COP24에서 탄소시장 지침을 제외한 8개 분야 16개 지침을 채택했지만 국제탄소시장 지침은 타결하지 못한 상태였다. 우리의 경우 상향된 2030년 국가감축목표, 2018년 배출량 대비 40퍼센트 감축이란 목표에 국내 감축 35.4퍼센트 이상에 국제협력을 통한 감축이 4.6퍼센트 이내가 포함되어 있다. 그만큼 국제탄소시장 관련 지침 타결은 국제협력사업의 불확실성 해소를 위해 반드시 필요한 것이었다.

글래스고 총회의 또 다른 핵심 쟁점 가운데 하나는 투명성 의제였는데 격년투명성보고서 구조와 이를 검토하기 위한 전문가 교육과정 개발, 3대 보고 분야 보고를 위한 공통표 양식 개발에 대한 합의도 이루어졌다. 3대 보고 분야란 온실가스 배출 및 흡수량, NDC 이행 달성 경과, 지원(재원, 기술, 역량) 제공으로, 개도국에 대해 폭넓은 유연성을 허용하는 방식으로 최종 합의가 이루어졌다.

국가감축목표NDC의 공통 이행 기간에 대해서는 모든 당사국이 동일하게 5년으로 설정하는 것을 독려하기로 했다. 즉, 2025년에는 2035년 NDC를, 2030년에는 2040년 NDC를 제출하는 등 이후 매 5년마다 차기 국가 감축목표를 제출하기로 했다. 또한 협력 관련하여 시민사회, 원주민, 지역사회, 청년 등 비당사국 이해관계자들의 역할을 인식하고 COP 개최국이 청년기후포럼을 연례 개최하는 데 합의했다. 문재인 대통령이 COP26 기조연설에서 제안한 청년기후정상회의 연례 개최가 수용된 것이었다.

기후위기에 따른 위험과 기회

위기는 곧 기회라는 말처럼 기후위기는 위험과 기회를 동시에 내포한다. 우선 기후위기는 크게 두 가지 차원의 위험으로 구성된다. 하나는 극단적인 기상이변에 따른 생명이나 재산의 손실과 손상이라는 물리적 위험이다. 전 세계적인 이상고온 현상과 폭우, 가뭄, 산불, 산사태 등 자연재해가 빈발하여 막대한 인명 및 재산 피해, 즉 이상기후로 인한 직접적인 피해가 속출할 수 있다. 이상기후가 농림어업과 축산업 등 1차 산업에 직접적인 영향을 미쳐 재산상의 손실과 피해를 일으킬 수도 있다. 우리나라에서도 기록적 폭염과 폭우, 한파 등으로 사회적·경제적 피해가 꾸준히 발생하고 있다. 2009~2018년 사이에만 기상재해로 194명의 인명 손실과 약 20만 명의 이재민이 발생했을 뿐 아니라 직접적인 재산 피해와 복구에 따른 경제적 손실 등 약 12조 원 규모의 피해가 발생했다. 기후위기라고 하면 대부분 이 차원의 위험에 주목한다.

하지만 기후위기는 다른 차원의 위험을 수반한다. 기후위기 대응이야기하는, 즉 탄소중립을 실현해 가는 과정에서 발생하는 전환위험이 바로 그것이다. 화석연료에 기반한 현재의 화석문명은 탈탄소문명으로 전환되어야 한다. 이를 위해서는 세계 경제질서가 바뀌어야 하고 탄소 기반 사회를 구축하고 확대하기 위해 존재하는 기존의 법, 제도, 정책, 행정체계, 예산 배분과 요금체계 등이 바뀌어야 하며 사람들의 생활양식과 규범, 사회적 인식이 바뀌어야 한다. 2021년 EU 집행위원회는 1990년 대비 40퍼센트에서 55퍼센트로 상향된 2030년 NDC 달성을 위한 정책 패키지로 'Fit for 55'를 발표했다. 그 패키지에는 탄소국경조정제CBAM가 포함되어 있었다. 당시 EU 집행위원회가 제안한 CBAM은 EU 배출권거래제와 연계해서 2026년부터 철(철강), 알루미늄, 비료, 시멘트, 전기의 5개 업종에 대해 역내 수입품에 탄소 배출량에 따른 비용을 부과하는 것이었다. 2005년부터 EU에서는 배출권 거래제를 시행해 탄소 배출 비용을 부과해 오고 있기 때문에 비용 회피를 위해 EU 역외로 공장을 이전함으로써 발생할 수 있는 탄소누출을 막고 탄소비용을 부담하지 않은 EU 역외 수입품과 역내 생산품 간 공정경쟁을 도모한다는 취지였다. 미국 또한 2021년 7월 민주당 상하원 의원이 탄소부담금 도입을 위한 법안을 발의해 둔 상태다. 이러한 움직임은 세계 경제질서를 재편하는 효과를 낳는다. 우리나라의 경우 제조업 비중이 26~29퍼센트에 이를 정도로 다른 선진국들에 비해 높고 수출액이 GDP에서 차지하는 비중이 35퍼센트가 넘을 정도로 해외 수출의존도가 높기에 이러한 국제시장 질서의 변화에 제대로 대응하지 못하면 경제적 위험 상

기후위기가 야기하는 위험의 두 차원

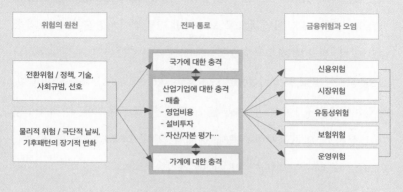

황에 처할 수 있다.

국가뿐 아니라 기업에서도 변화가 시작됐다. 대표적인 예가 RE100 캠페인이다. RE100 캠페인은 국제적인 비영리단체 기후집단과 탄소정보공개와의 파트너십에 기초를 둔 활동으로, 애플, 구글, BMW 등 한 해 100기가와트시 이상을 사용하는 세계 굴지의 기업들이 사용 전력을 모두 재생에너지 전력으로 100퍼센트 전환하는 것을 목표로 한다. 목표 연도는 기업 상황에 따라 자발적으로 결정할 수 있는데 2021년 연차보고서에 따르면, 당시까지의 RE100 회원 기업의 평균 목표 연도는 2030년이었다. 세계 굴지 기업의 RE100 참여는 해당 기업들을 넘어서서 세계 시장에 영향을 미친다. 해당 기업에 부품을 납품하는 협력업체들 또한 RE100을 지키도록 요구하기 때문이다. 2022년 8월까지 세계 굴지의 378개 기업이 참여하며 전 세계에 있는 수많은 협력업체까지 탄소중립 흐름에 합류하는 결과를 이끌었다. 한국처럼 수출의존도 높은 국가의 기업들에겐 자발적으로 보이지만 자발적이지만은 않은 효과를 낳고 있다. 한국의 경우에도 2020년 11월부터 SK그룹 7개사(SK하이닉스, SK텔레콤, ㈜SK, SK머티리얼즈, SK실트론, SKC, SKIET)와 아모레 퍼시픽, 한국수자원공사, LG에너지솔루션, 고려아연, KB금융그룹, 미래에셋증권, 칠성음료, 인천국제항공공사, 현대차, 기아, 현대모비스, 현대위아, KT, LG이노텍 등 21개사가 RE100에 가입한 상태다.

무엇보다 금융권에 변화의 바람이 불고 있다. 세계 최대 규모 자산운용사인 블랙록BlackRock의 CEO인 래리 핑크Larry Fink는 기업들에 보내는 연례서신에서 "기후위기는 투자위기"라고 단언하며 최우선 투자 고려요소로 기후위기와 지속가능성을 제시하고 있다. JP모건과 골드만삭스 등 주요 투자은행들도 탈석탄 투자를 선언하는 등 국제금융은 온실가스 감축을 주요 투자 우선순위에 두게 됐다. 이제 투자 유치를 위해 점점 더 많은 기업이 단기적인 재무가치를 넘어 장기적인 비재무가치에 관심을 두는 ESG(환경·사회·지배구조) 경영을 선언하고 있다. ESG 경영의 핵심은 기후위기 대응, 탄소중립이라고 할 수 있다. 금융사는 '투자'라는 형식을 통해 기업에 위험 관리 필요성을 각인시키고 기업 경영 방향을 제시하는 역할을 한다. 블랙록도 참여 중인 세계적인 투자사들 모임인 기후행동 100+은 ESG 경영을 촉구하며 탄소배출 기업에 대한 투자 철회까지 요구하고 나섰다. 금융권의 투자 결정에 영향을 미치는 다른 요인으로는 '녹색분류체계'를 들 수 있다. 녹색분류체계란 '환경적으로 지속가능한 경제활동'의 범위를 정하는 것으로 여기에서도 기후위기 대응을 핵심 요소로 하는 ESG 경영과 투자가 핵심적으로 다뤄진다.

이렇듯 기후위기 대응을 위한 탄소중립 흐름은 세계 경제질서, 통상 질서를 바꾸고 있다. 하지만 이러한 변화는 위험요인인 동시에 기회요 인이 되기도 한다. 적극적인 기술개발과 경영 쇄신은 세계 시장 선점을 통해 경제적 이익을 가져올 수 있으며 더 나아가 대응 과정에서 세계 탄 소중립에 기여할 수도 있다.

우리나라의 온실가스 배출 현황과 추세

그렇다면 우리나라의 온실가스 배출은 현재 어떤 상황인가? 우리나라 의 2018년 국가 온실가스 총배출량은 727.6백만 톤CO_2-eq이다. 가장 배출이 많은 부문은 37.1퍼센트를 차지하는 전환 부문으로 269.6백만 톤이 배출되며, 산업 부문 260.5백만 톤(35.8퍼센트), 수송 부문 98.1백만 톤(13.5퍼센트), 건물 부문 52.1백만 톤(7.2퍼센트), 농축수산·폐기물 등 기 타 부문 47.4백만 톤(6.6퍼센트)을 배출한다. 전력 소비로 인한 간접 배출 량까지 포함한 총배출량은 산업 부문 배출이 392.9백만 톤으로 절반이 넘는 54.0퍼센트를 차지하며, 건물 부문이 179.2백만 톤으로 24.6퍼센 트, 수송 부문이 99.6백만 톤으로 13.7퍼센트, 농축수산·폐기물 등 기타 부문이 55.9백만 톤으로 7.7퍼센트를 차지한다. 간접배출까지 포함하면

2018년 우리나라 온실가스 부문별 배출량

(단위: 백만 톤CO₂-eq 달러)

구분	배출량(직접)	총배출량 대비 비율	배출량(직접+간접)	총배출량 대비 비율
전환*	269.6	37.1퍼센트	269.6	(37.1퍼센트)*
산업	260.5	35.8퍼센트	392.9	54.0퍼센트
건물	52.1	7.2퍼센트	179.2	24.6퍼센트
수송	98.1	13.5퍼센트	99.6	13.7퍼센트
폐기물	17.1	2.4퍼센트	17.1	2.3퍼센트
농축산	24.7	3.4퍼센트	33.2	4.6퍼센트
탈루 등	5.6	0.8퍼센트	5.6	0.8퍼센트
흡수원	-41.3	-5.7퍼센트	-41.3	-5.7퍼센트
총배출량	727.6	100퍼센트	727.6	100퍼센트
순배출량	686.3	94.3퍼센트	686.3	94.3퍼센트

주: *전환은 직접 배출과 간접 배출을 모두 합한 배출량 합산에는 포함되지 않음.

산업과 건물, 농축산부문의 비중은 더 커진다.

우리나라의 2018년 온실가스 총배출량은 전 세계 11위에 해당하는 데 세계 전체 배출량의 약 1.51퍼센트를 차지하는 것으로 추정된다. 배출 비중이 높은 3대 국가인 중국(26.1퍼센트), 미국(12.7퍼센트), EU(7.5퍼센트)의 합계 배출량이 46.3퍼센트, 10대 다배출 국가들의 합계 배출량이 68퍼센트에 달하는 반면, 저배출 100대 국가들의 합계 배출량은 전 세계 배출량의 3퍼센트에 지나지 않는다. 이는 국가들 간 배출량 편차가 상당히 크며 특히 상위 국가들 간에도 배출량 차이가 크다는 것을 시사한다. 우리나라의 경우, 인구는 전 세계 인구의 불과 0.7퍼센트인 것에 비교하여 온실가스 배출량 비중은 그보다 2배 이상 높다. 산업혁명이 시작된 1750년대부터 현재까지 세계 누적 배출량에서 우리나라는 1퍼센트를 차지한다. 순위로는 미국, 중국, 러시아, 일본, 인도, 캐나다, 우크라

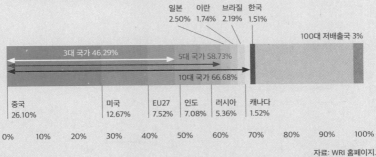

국가별 온실가스 배출 비중과 탄소 불평등

일본 2.50%　이란 1.74%　브라질 2.19%　한국 1.51%

100대 저배출국 3%

3대 국가 46.29%

5대 국가 58.73%

10대 국가 66.68%

중국 26.10%　미국 12.67%　EU27 7.52%　인도 7.08%　러시아 5.36%　캐나다 1.52%

0%　10%　20%　30%　40%　50%　60%　70%　80%　90%　100%

자료: WRI 홈페이지.

이나, 남아공 등에 이어 세계 18번째(EU를 하나의 배출 단위로 볼 때는 14번째)에 해당한다. 순위가 높은 3대 국가의 누적 배출량 비중이 약 70퍼센트(미국 25퍼센트, EU + 영국 22퍼센트, 중국 12.7퍼센트)에 달하고 5대 국가(3대 국가 + 러시아 6퍼센트 + 일본 4퍼센트)의 누적 배출량이 80퍼센트에 육박한다. 한국도 역사적 배출 책임이 가볍지는 않지만 역사적 누적 배출 책임이 순위에 비례할 정도로 무겁다고 보기는 어렵다. 다만 인구 비중에 비해서는 상대적으로 차지하는 비중이 크다는 문제는 있다.

우리나라의 온실가스 배출이 꾸준히 증가해 왔다는 점을 고려할 때, 2050 탄소중립은 달성이 쉽지 않은 목표라 할 수 있다. 2018년 총배출량 727.6백만 톤은 국제 기후변화 협상에서 비교 기준 연도로 주로 사용되는 1990년 총배출량 292.2백만 톤에서 149퍼센트 증가한 것이다. 2019년과 2020년 추정 배출량은 각각 699.5백만 톤과 648.6백만 톤으

2000~2020 배출 전망치 대비 실제배출량(위), 2050 탄소중립 선형경로(아래)

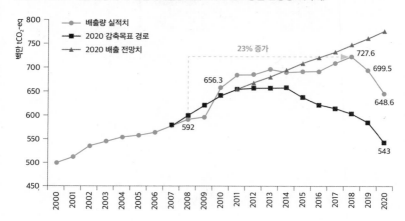

- 배출량 실적치
- 2020 감축목표 경로
- 2020 배출 전망치

23% 증가

727.6
699.5
656.3
648.6
592
543

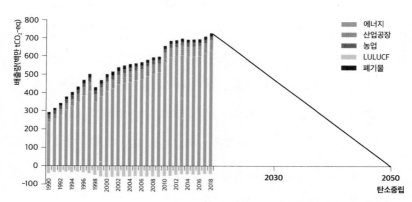

- 에너지
- 산업공장
- 농업
- LULUCF
- 폐기물

2030
2050
탄소중립

자료: 온실가스종합정보센터(2020).

로 2018년 대비 3.8퍼센트, 10.9퍼센트 감소했다. 하지만 이렇게 배출량이 감소했음에도 2009년에 선언한 2020년 감축목표였던 배출 전망치 대비 30퍼센트 감축목표량(2020년 배출량을 543백만 톤으로 감축)은 달성하지 못했다. 이제 2018년부터 2050년까지의 32년 동안 1990년 이후 배출 증가분은 물론 그 이전의 배출량도 최대한의 감축과 흡수, 제거를 통해 탄소중립을 달성해야 한다.

우리나라의 2050 탄소중립 및 2030 NDC 상향 과정과 내용

우리나라는 2020년 10월 28일 문재인 대통령이 2021년 국회에서 예산안 시정연설을 하며 최초로 탄소중립을 선언했고 이후 여러 차례 국내외 행사를 통해 탄소중립 의지를 재확인했다. 12월 7일에는 부처합동으로 '2050 탄소중립 추진 전략'을 발표했고 12월 10일에는 '더 늦기 전에 2050'을 주된 메시지로 '2050 탄소중립 비전'을 발표했다. 2021년 5월 29일에는 '대통령 소속 2050 탄소중립위원회'라는 민관합동기구가 대통령령(2050 탄소중립위원회 설치 및 운영규정)에 근거해서 탄소중립정책의 관제탑이자 참여 소통 중심의 사회적 대화기구로 출범했다. 8월 31일에는 「기후위기 대응을 위한 탄소중립·녹색성장기본법안」(이하 탄소중립기본법)이 국회를 통과하고 9월 24일 공포된 후 2022년 3월 25일 발효됐다. 이로써 세계에서 14번째로 탄소중립을 법제화한 국가가 됐다. 2050 탄소중립 사회의 미래상과 전환 내용을 담은 2050 탄소중립 시나리오는 8월 5일 초안 발표 후 여론 수렴을 거쳐 최종안이 10월 18일 탄중위 전체회의에서 심의·의결됐고 10월 27일 국무회의 심의를 거쳐 확정됐다.

2050 탄소중립위원회(이하 탄중위)에 대해 좀 더 살펴보자면, 탄중위는 심의의결기구로 100인 이내 위원으로 구성된다. 초대 탄중위 위원은 당연직 위원인 18명의 장관과 75명의 민간위원, 국무총리와 민간 1인의 공동위원장 등 총 95명으로 구성됐다. 탄소중립기본법의 발효로 탄중위의 명칭은 2050 탄소중립녹색성장위원회로 변경됐고 시행령이 제정·공포되면서 당연직 위원은 통일부장관과 기상청장, 산림청장이 추가되어 21인이 됐다. 초대 탄중위 내에는 8개의 분과위원회와 총괄기획위원회가 있었으며 전문적 검토한 필요한 쟁점이나 주제가 있을 경우에는 탄중위 위원과 외부 전문가 들로 전문위원회를 구성할 수 있도록 했다. 탄중위는 출범 후 10월까지 2050 탄소중립 시나리오 수립과 2030 NDC 상향안에 대한 심의 의결을 가장 핵심적인 작업으로 진행했다.

문재인 정부는 2020년 12월에 발표한 '2050 탄소중립 추진 전략'에서 제시한 것처럼, 탄중위 출범 전인 2021년 1월부터 11개 부처가 추천한 45개 국책연구기관 소속 전문가로 기술작업반을 구성하여 국내외 최신 정책과 기술개발 동향, 2050년 경제·사회 전망, 이미 발표된 에너지기본계획 등의 정부계획을 토대로 온실가스 감축 잠재량을 분석했으며 이 결과를 토대로 관계부처와 협의하여 감축 수단별 쟁점 등을 조정하는 과정을 거치면서 기술작업반 시나리오안을 마련했다. 탄중위는 이 기술작업반 시나리오안을 검토하는 과정에서 보다 전문적인 검토를 위해 전문위원회와 시나리오 작업반, NDC 작업반을 구성하고 운영함으로써 정부가 마련한 각각의 안에 대한 수정 의견을 제시했으며 분과회의와 총괄회의를 진행하며 정부와 꾸준한 협의를 통해 수정 대안을 마련했다. 그렇게 해서 마련된 세 가지 시나리오 초안을 8월 초에 탄소중립위원회가 발표했고 이후 사회적 대화를 통해 이해당사자들은 물론 일반시민의 의견을 수렴했다. 한편으로는 산업계와 노동/농어민계, 시민사회단체(환경/에너지/기후/소비자/종교/교육 단체와 생협 등), 청년, 지자체 등과 영역별로 협의체를 구성하여 간담회를 진행하여 직접적인 이해당사자 집단들과 소통하며 의견을 수렴했다. 다른 한편으로는 대표성을 가진 일반시민들의 정보에 입각한 숙의적 의견을 수렴하기 위해 전국의 만 15세 이상 일반시민을 지역별·연령별·성별로 할당표집한 500여 명의 참여시민으로 탄소중립시민회의를 구성하여 공론화를 진행했다. 그리고 그 결과를 시나리오 초안 수정에 반영했다.

이러한 과정을 거쳐 2021년 10월 18일 탄소중립위원회 전체회의에서 2050 탄소중립 시나리오와 2030 상향 NDC가 심의를 통과하여 정부에 제출됐고 27일에는 국무회의를 통해 탄중위 심의 원안대로 확정됐다. 탄소중립 시나리오란 다른 전제와 가정을 기반으로 탄소중립의 미래 사회상을 그려본 것이다. 세 가지 시나리오 초안 가운데 2050년에도 석탄 화력발전을 포함한 안(제1안)을 제외한, 두 가지 안이 2050 탄소중립 시나리오로 최종 결정됐다. 두 최종안 모두 국내 순배출량 0을 지향한다. 최종안인 A안과 B안의 차이점은 크게 전환부문과 수송부문에 있다. 전환부문의 재생에너지 비중이 각각 70.8퍼센트와 60.9퍼센트이며 B안에는 유연성 전원으로 LNG 이용이 5.0퍼센트 가량 잔존한다. 수송부문에서는 전기·수소차 비중이 각각 97퍼센트와 85퍼센트이며 B안에는 탄소중립연료를 사용하는 내연기관차가 포함되어 있다. 이 밖에 수소의 경우 A안에서는 재생에너지로 생산되는 그린수소만을 이용하지만 B안에서는 일부 추출수소와 부생수소를 이용하는 것으로 가정됐다.

2030년 NDC의 경우, 2018년 대비 40퍼센트를 감축하는 것으로 결정됐다. 상향 전 2030년 NDC는 2018년 대비 26.3퍼센트 감축하는 것이었으나 40퍼센트로 대폭 상향됐다. 이는 국제사회의 책임 있는 당사국으로서의 모습과 이행가능성을 동시에 고려한 결정이었다. 주요국들의 2030 NDC 상향 목표는 기준 연도의 차이가 있지만 모두 40퍼센

주요국의 2030 NDC 상향 목표 비교

국가	2030 NDC	정점 → 2030	2010 → 2030	2018 → 2030	정점 → 2050	제조업 비중
EU	1990년 대비 55퍼센트	55퍼센트	47.0퍼센트	39.8퍼센트	60년	14.8퍼센트
영국	1990년 대비 68퍼센트	68퍼센트	58.5퍼센트	45.2퍼센트	60년	8.8퍼센트
미국	2005년 대비 50~52퍼센트	51퍼센트	48.1퍼센트	45.8퍼센트	43년	11.3퍼센트
캐나다	2005년 대비 40~45퍼센트	43퍼센트	39.2퍼센트	42.5퍼센트	43년	10.4퍼센트
일본	2013년 대비 46퍼센트	46퍼센트	41.6퍼센트	38.6퍼센트	37년	20.7퍼센트
한국	2018년 대비 40퍼센트	40퍼센트	33.5퍼센트	40.0퍼센트	32년	29.1퍼센트

트를 넘었으며 배출 정점 연도로부터도 40퍼센트 이상이다. 국가마다 배출 정점이 다르기에 2018년 배출량 대비 2030 NDC는 30퍼센트대 후반이거나 40퍼센트 이상이며 IPCC가 제안한 2010년 대비 평균 45퍼센트 이상 감축 기준을 만족시킨 경우가 있는가 하면 그렇지 못한 경우도 있다. 우리나라의 경우 다른 주요 선진국들에 비해 산업화가 뒤늦게 진행됐고 기후변화협약에 부속서 I 국가로 분류되지 않아 의무 감축 부담을 지지 않은 탓에 1990년 이후 배출량이 149퍼센트에 달할 정도로 배출량이 급증했다. 배출 정점이 2018년으로 뒤늦어 2050년까지 남은 기간이 32년으로, 1990년부터 감축해온 여타 선진국들에 비해 상대적으로 남은 기간이 짧은 데다 온실가스 배출이 많은 제조업 비중이 크기 때문에 40퍼센트라는 NDC 목표 달성은 상당히 어려운 도전이다. 그러나 변화를 늦출수록 우리가 감내해야 할 고통이 더욱 커질 수 있기에 빠른 대응은 필요하다.

제한된 기간 내 감축 잠재성과 국민 경제와 고용 영향을 고려하여 부문별 감축목표에는 차이가 있다. 폐기물 부문과 전환부문은 각각 46.8퍼센트와 44.4퍼센트로 감축목표가 상대적으로 높고 산업부문의 경우 14.5퍼센트로 가장 낮게 설정됐다. 국내 감축에 주력해서 35.4퍼센트 이상 국내에서 감축하되 국제협력을 통해 나머지를 줄이도록 했다. 국제협력의 경우에도 협력 당사국의 지속가능한 발전과 지구 전체 온실가스 배출 감축에 기여하는 것을 전제로 했다.

탄소중립을 위한 시민의 역할, 기후시민 되기

시민이자 소비자인 개인은 무엇을 어떻게 해야 할까? 지금 나부터 탄소중립을 위한 '기후시민'이 되어야 한다. 기후시민이란 기후위기의 원인과 결과, 심각성에 대해 이해하면서 자신의 삶 속에서 기후행동을 실천하고 기후변화 관련 정책결정 과정에 적극 참여하는 시민을 말한다. 구체적으로는 다음과 같다(이 절은 윤순진, 2021에 기초하여 작성했다).

첫째, 생활 속에서 시민 스스로 기후친화적인 실천에 나서야 한다. 무엇보다 이제 수동적인 에너지 소비자를 넘어 에너지 생산자가 되어야 한다. '절약이 생산'이란 말이 있는 것처럼 낭비적인 에너지 소비 행태를 바꿈으로써 에너지 수요를 줄이면 더 생산할 필요가 없어진다. 실내 온도를 적절히 조절하고 계절에 맞게 옷을 입으며 손수건을 사용하고 대중교통을 이용하고 1인 이동수단을 사용하는 등의 방법으로 별다른 비용 부담 없이 에너지 이용을 줄일 수 있다. 한 발 더 나아가 직접 에너지를 생산하는 에너지 농부가 될 수도 있다. 우리나라는 국민 절반 이상이 아파트와 같은 공동주택에 거주하고 있으므로 아파트 발코니에 미니태양광을 달거나 아파트 주민들이 함께 힘을 합해서 아파트 옥상이나 벽면에 태양광 패널을 설치한다면 효과가 클 것이다. 직접 재생에너지 설비를 설치할 공간이 부족하다면 에너지협동조합에 가입하거나 다양한 재생에너지 관련 펀드에 가입해서 간접적인 에너지 생산자가 될 수도 있다. 독일의 경우 예전에는 시민들이 원자력발전소 입지를 거부하면서 "내 뒷마당엔 안 된다"는 님비Not In My Back Yard: NIMBY를 주장했지만 이제 재생에너지 이용을 늘리기 위해 "그래, 내 뒷마당에"란 임비Yes, In My Back Yard: YIMBY를 내걸며 적극적인 에너지 생산자로 변모하고 있다.

탄소중립을 위해서는 우리나라 전체 온실가스 배출의 86.9퍼센트를 차지하는 에너지 부문의 전환을 위해 화석연료 연소를 줄이는 게 무엇보다 중요하다. 그러나 그것은 필요조건일 뿐 충분조건은 아니다. 우리가 매일 무엇을 먹는지, 쓰레기를 얼마나 어떻게 배출하는지도 중요한 문제다. 갈수록 늘어나는 육식이나 이동거리가 긴 식품도 중요한 온실가스 배출원이므로 식단에서 채식 비중을 늘리고 식품의 이동거리가 짧아지도록 자신이 사는 지역과 가까운 곳에서 생산된 식품을 소비하는 것이 바람직하다. 폐기물의 경우 감량이 무엇보다 중요하므로 낭비를 줄이는 노력이 필요하다. 재이용과 재활용을 높이기 위한 분리 배출은 기본이며 폐기물로 새로운 물건을 만드는 새활용 또한 의미 있는 선택지가 된다.

둘째, 개개인은 정치적으로는 시민으로서 투표를 통해 우리 뜻을 드러내고 선출한 대표들에게 압력을 행사할 수 있는 존재다. 기후위기 대응, 탄소중립을 공약하는 이들을 우리의 대표로 선출해야 한다. 자신이 지지하는 정치인이 이런 문제에 관심을 가지도록 요구해야 한다. 스스로 기후시민이 되지 않고 다른 이들의 기후행동이 가져오는 편익만 누리려는 무임승차자들이 존재하는 엄연한 현실에서 탄소중립에 관심 없는 사람들도 기후위기에 위기를 가속화하는 행동을 더는 하지 않거나 줄여나가도록, 그런 행위에 비싼 대가를 치르도록, 법과 제도, 정책을 만들어야 한다. 이를 위해서는 관련 법과 정책을 제대로 추진할 수 있는 정치인을 시민의 대표로 선출해야 한다. 그리고 대표로 선출한 뒤에도 꾸준히 감시하고 독려하고 지속적으로 압력을 가해야 한다. 기후위기나 탄소중립에 무관심하거나 오히려 온실가스 배출을 늘리는 방향을 옹호하는 후보자가 선출된다면, 선거 후에도 사회 대전환에 나서도록 압박하고 요구해야 한다. 정치가 바뀌어야 한다. 정치가 바뀌지 않으면 의식 있는 소수의 실천만으로 사회를 바꾸는 것은 한계가 있다. 정치인들이 기후시민의 표를 두려워하도록 만들어야 한다. 기후시민들이 앞서서 정치인들을 기후정치로 이끌어야 한다.

셋째, 시장에서는 소비자로서 소비자 주권을 행사해야 한다. 매일 매일의 소비활동에서 좀 더 현명한 소비자이자 투자자가 되어야 한다. 에너지 이용은 기계나 설비, 제품을 통해 이루어진다. 제품을 어떻게 사용하느냐도 중요하지만 그에 앞서 어떤 제품을 구입하느냐, 얼마나 에너지 효율적인 제품을 구입하느냐가 중요하다. 바로 이 과정에서 소비자는 기업에 영향을 미친다. 어떤 제품을 선택하느냐에 따라 기업 활동이 영향을 받으므로 소비자의 선택은 화폐투표, 경제투표라 할 수 있다. 정치인에게 표를 행사하듯 소비자는 화폐라는 투표용지로 기업 또는 기업의 제품에 투표하는 것이다. 현명한 화폐투표를 통해 기업이 효율적인 제품, 폐기물 배출이 적은 제품, 재활용이 쉽도록 만들어진 제품을 생산하도록 압박해야 한다. 또한 주식 투자를 통해 기업의 경영활동에 영향력을 행사하는 방법도 있다. 이런 소비자 주권의 행사를 통해 앞서 기업들이 언급한 제품을 생산하거나 재생에너지 전력을 적극적으로 사용하도록 하거나 ESG 경영에 나서도록 기업을 바꿔가야 한다.

무엇보다 현명한 소비자라면 우리가 야기하는 환경비용과 사회비용에 대해 제대로 부담하겠다는 지불용의를 가져야 한다. 무조건 싸게 쓰기만을 고집해서는 곤란하다. 대표적인 예가 전기요금이다. 현재 우리나라의 주택용 전기요금은 OECD 평균 이하로 OECD에서 네 번째로 낮다. 많은 사람들이 전기요금을 전기세라고 부르지만 사실 우리나라의 전기요금에는 부가가치세 10퍼센트와 전력산업기반기금 3.7퍼센트가 포함되어 있으며 2021년부터는 기후환경비용은 분리 고지되고 있다. 그러나 발전과 송배전에서 발생하는 환경비용은 아직 세금에 충분하게 반영되어 있지 않다. 기후환경요금은 발전사업자들에게 요구되는 신재생에너지 의무할당제 이행 비용이나 탄소배출권 거래제 비용, 석탄 화력발전 감축 비용처럼 깨끗하고 안전한 에너지 제공에 소요되는 비용을 말한다. 이런 제도 개선이 있기는 하지만 여전히 온실가스 배출 비용이 모두 반영된 것은 아니다. 탄소 배출에 대해 비용을 부담할 때, 그래서 전력요금이 정상화될 때, 재생에너지 발전단가가 상대적으로 떨어짐으로써 에너지 소비가 상대적으로 더 많은 도시에 재생에너지 설비를 빠르게 늘려나갈 수 있을 것이다.

넷째, 환경에너지기후 관련 시민단체를 적극 후원하는 것도 현명한 시민의 역할이다. 건강한 대안을 제시하고 시민교육과 시민행동을 지원하면서 기후위기 대응에 나서는 단체들을 후원하거나 시민 각자가 재능 기부로 이런 단체 활동에 참여해도 좋고 기존 단체에 참여하는 것을 넘어 뜻 맞는 이들과 새롭게 단체를 만들 수도 있을 것이다.

  탄소중립, 바로 지금 나부터 행동하는 것이 중요하다. 우리는 충분히 그런 역량과 권한을 가진 존재이며 기후행동을 통해 우리 자신과 우리 아이들을 지키는 것은 권리이자 의무이다. 기업이 보다 많은 에너지를 소비하고 온실가스를 배출하지만 시민이자 소비자인 우리는 그 기업들이 만든 제품을 구입하고 사용하고 폐기하는 삶을 살고 있다. 기업의 배출에는 우리 배출도 포함되어 있는 것이다. 법과 제도, 정책의 변화를 위해서는, 또 생산과 소비 방식의 변화를 위해서는, 정치가 바뀌어야 하고 시장이 바뀌어야 한다. 정부와 국회, 기업을 움직이는 것은 바로 시민이자 소비자인 우리 손에 달려 있다.

참고문헌

- 김민경·남현정. 2019. 「서울시 녹색건축물 인센티브 현황과 개선방안」. 서울연구원 2019-PR-31.
- 김수암·강수경·이화현. 2018. 「21세기 초반의 대한민국의 수산물 수급상황과 식량안보 전략」. 《수산해양교육연구》, 제30권 제2호, 통권92호.
- 김재영·이형찬. 2001. 「LCC 개념을 도입한 시설안전관리체계 선진화 방안 연구」. 건설교통부, 시설안전기술공단.
- 김현우. 2014. 『정의로운 전환』. 나름북스.
- 디스리스, 루스. 2018. 『문명과 식량』. 정서진 옮김. 눌와.
- 설규주. 2018. 「민주시민교육을 위한 보이텔스바흐 합의의 관점에서 살펴본 2015 개정 사회과 교육과정」. 《시민교육연구》, 50(3).
- 손정목. 2003. 『서울도시계획이야기 4』. 한울엠플러스.
- 안건혁. 1998. 「에너지 절감을 위한 적정 도시개발 밀도에 관한 연구」. 《국토연구》, 27.
- 온실가스종합정보센터. 2020. 「2020 국가온실가스 인벤토리 보고서」.
- 우경숙·김대은·채수미. 2019. 「고온이 사망에 미치는 영향에 대한 메타분석」. 《보건사회연구》, 39(2).
- 윤순진. 2021. 「기후위기시대, 탄소중립을 향한 기후시민 키우기」. 《서울교육》, 가을호 (244호).
- 이정찬·박종순·안승만·조만석·성선용·이유진·임인혁·서정석. 2020. 「친환경·에너지 전환도시를 위한 그린 뉴딜 추진 방안 연구」. 국토연구원(20-05).
- 정은아·하바라. 2021. 「가중되는 기후위기, 이주여성농업노동자, 쪽방촌여성」. 서울시 NGO지원센터.
- 조상규·이진민. 2010. 「저탄소 에너지절약형 공동주택 디자인을 위한 정책방향 연구」. AURI 연구보고서(기본), n.7.
- 조영혁 외. 2018. 「분산 재생에너지의 효율적 활용을 위한 가상발전소(VPP) 플랫폼 개발에 관한 연구」. 《정보시스템연구》, 27권 2호.
- 조윤애·최무현. 2013. 「압축도시와 적정 개발밀도에 관한 실증연구: 74개 광역시 자치구를 중심으로」. 《지방정부연구》, 27권 3호.
- 조천호. 2021. "한겨레 칼럼". https://www.hani.co.kr/arti/science/science_general/1004607.html.

- 채수미 외. 2017. 「보건 분야 기후변화 대응을 위한 근거 생산과 정책 개발」 한국보건사회연구원.
- 채수미 외. 2018. 「기후변화로 인한 건강영향평가(기후보건영향평가) 및 실태조사 방안 연구」 질병관리본부, 한국보건사회연구원.
- 채수미 외. 2019. 「미래질병과 건강 아젠다 발굴 및 대응 방안 연구」 질병관리본부, 한국보건사회연구원.
- 채수미 외. 2020a. 「폭염 민감계층의 건강피해 최소화 방안」 한국보건사회연구원.
- 채수미 외. 2020b. 「환경보건정책 선진화를 위한 기후변화 대응 감염병 정책 연구」 환경부, 한국보건사회연구원.
- 채수미 외. 2021. 「기후변화 등 미래 질병 전략 수립 연구」 질병관리청, 한국보건사회연구원.
- 최경호. 2020. 「그린 뉴딜과 사회주택」《SVS인사이트》, 4호. (재)한국사회가치연대기금.
- 클레어, 마이클. 2021. 『기후 붕괴, 지옥문이 열린다』 고호관 옮김. 경희대학교 출판문화원.
- 한국화재소방학회. 2006. 「초고층건물 화재예방 및 진압대책 개발연구」 소방방재청.
- Araújo, M. B., Naimi, B. 2020 "Spread of SARS-CoV-2 Coronavirus likely constrained by climate." *medRxiv*. doi: 10.1101/2020.03.12.20034728.
- Azuma, K., Kagi, N., Kim, H., and Hayashi, M. 2020. "Impact of climate and ambient air pollution on the epidemic growth during COVID-19 outbreak in Japan." *Environmental research*, 190, 110042. doi:10.1016/j.envres.2020.110042.
- Basagaña, X., Sartini, C., Barrera-Gómez, J., Dadvand, P., Cunillera, J., Ostro, B., ··· and Medina-Ramón. 2011. "Heat waves and cause-specific mortality at all ages." *Epidemiology*, 22(6). doi: 10.1097/EDE.0b013e31823031c5.
- Bashir, M. F., Ma, B., Bilal, Komal, B., Bashir, M. A., Tan, D., and Bashir, M. 2020. "Correlation between climate indicators and COVID-19 pandemic in New York, USA." *The Science of the total environment*, 728, 138835. doi:10.1016/j.scitotenv.2020.138835.
- Bhandari, D., Bi, P., Sherchand, J. B., Dhimal, M., and Hanson-Easey, S. 2020. "Assessing the effect of climate factors on childhood diarrhoea burden in Kathmandu, Nepal." *International Journal of Hygiene and Environmental Health*, 223(1).

- Bourque, F. and Willox, A. C. 2014. "Climate change: The next challenge for public mental health?" *International Review of Psychiatry*, 26(4).
- Brubacher, J., Allen, D. M., Déry, S. J., Parkes, M. W., Chhetri, B., Mak, S., ··· and Takaro, T. K. 2020. "Associations of five food-and water-borne diseases with ecological zone, land use and aquifer type in a changing climate." *Science of The Total Environment*, 728.
- Bunker, A., Wildenhain, J., Vandenbergh, A., Henschke, N., Rocklöv, J., Hajat, S., and Sauerborn, R. 2016. "Effects of air temperature on climate-sensitive mortality and morbidity outcomes in the elderly; a systematic review and meta-analysis of epidemiological evidence." *EBioMedicine*, 6.
- Casadevall, A. 2020. "Climate change brings the specter of new infectious diseases." *J Clin Invest*, 130(2).
- Cash, B. A., Rodó, X., Emch, M., Yunus, M. D., Faruque, A. S., and Pascual, M. 2014. "Cholera and shigellosis: different epidemiology but similar responses to climate variability." *PloS one*, 9(9), e107223.
- Chen, M. J., Lin, C. Y., Wu, Y. T., Wu, P. C., Lung, S. C., and Su, H. J. 2012. "Effects of extreme precipitation to the distribution of infectious diseases in Taiwan, 1994-2008." *PloS one*, 7(6), e34651.
- Erisman, J. W., Sutton, M. A., Galloway, J., Klimont, Z., and Winiwarter, W. 2008. "How a century of ammonia synthesis changed the world." *Nature Geoscience*, 1(10).
- Glanz, K., Rimer, B. K., and Viswanath, K. eds. 2008. *Health behavior and health education: theory, research, and practice*. John Wiley & Sons.
- IPBES. 2019. "The global assessment report on Biodiversity and Ecosystem Services." The summary for policy makers.
- IPCC. 2021. "Climate Change 2021: The Physical Science Basis." https://www.ipcc.ch/report/sixth-assessment-report-working-group-i/.
- Kraft, M. E., and Furlong, S. R. 2010. *Public policy: politics, analysis, and alternatives*. Washington DC: CQ Press.

• Liu, Z., Tong, M. X., Xiang, J., Dear, K., Wang, C., Ma, W., ··· and Bi, P. 2020. "Daily Temperature and Bacillary Dysentery: Estimated Effects, Attributable Risks, and Future Disease Burden in 316 Chinese Cities." *Environmental health perspectives*, 128(5).

• Menebo, M. M. 2020. "Temperature and precipitation associate with Covid-19 new daily cases: A correlation study between weather and Covid-19 pandemic in Oslo, Norway." *The Science of the total environment*, 737, 139659. doi:10.1016/j.scitotenv.2020.139659.

• Nitschke, M., Tucker, GR., Hansen, A.L., Williams, S., Zhang, Y., and Bi, P. 2011. "Impact of two recent extreme heat episodes on morbidity and mortality in Adelaide, South Australia: a case-series analysis." *Environmental Health*, 10:42.

• Otto, I. M. et al. 2020. "Social tipping dynamics for stabilizing Earth's climate by 2050." *Proceedings of the National Academy of Sciences*, 117(5).

• Palmer, Brian. 2015. "Would a World Without Bees Be a World Without Us?" NRDC. 2015년 5월 18일 수정, 2021년 11월 25일 접속. https://on.nrdc.org/3d2i8VK.

• Petitti, D. B., Harlan, S. L., Chowell-Puente, G., and Ruddell, D. 2013. "Occupation and Environmental Heat-Associated Deaths in Maricopa County, Arizona: A Case-Control Study." *PLoS ONE*, 8(5): e62596. doi:10.1371/journal.pone.0062596.

• Rouen, A., Adda, J., Roy, O., Rogers, E., and Levy, P. 2020. "COVID-19: relationship between atmospheric temperature and daily new cases growth rate." *Epidemiology and infection*, 148, e184. doi:10.1017/S0950268820001831.

• Save the Children, 2021, "Born into the Climate Crisis: Why we must act now to secure children's rights." Child Rights Resource Centre.

• Wu, X., Lu, Y., Zhou, S., Chen, L., and Xu, B. 2016. "Impact of climate change on human infectious disease: Empirical evidence and human adaptation." *Environment International*, 86.

• Yu, W., Mengersen, K., Wang, X., Ye, X., Guo, Y., Pan, X., and Tong, S. 2012. "Daily average temperature and mortality among the elderly: a meta-analysis and systematic review of epidemiological evidence." *International Journal of Biometeorology*, 56.

아주 구체적인 위협

유네스코가 말하는 기후위기 시대의 달라진 일상

ⓒ김추령·김한솔·민정희·윤순진·이진우·채수미·최경호, 2022. Printed in Seoul, Korea

초판 1쇄 펴낸날	2022년 9월 7일
초판 2쇄 펴낸날	2022년 11월 22일
기획	유네스코한국위원회(김보선·서현숙·신종범·오혜재·장은진·정용시·한경구)
지은이	김추령·김한솔·민정희·윤순진·이진우·채수미·최경호
펴낸이	한성봉
편집	최창문·이종석·강지유·조연주·조상희·오시경·이동현
콘텐츠제작	안상준
디자인	정명희
마케팅	박신용·오주형·강은혜·박민지·이예지
경영지원	국지연·강지선
펴낸곳	도서출판 동아시아
등록	1998년 3월 5일 제1998-000243호
주소	서울시 중구 퇴계로 30길 15-8 [필동1가 26] 무석빌딩 2층
페이스북	www.facebook.com/dongasiabooks
전자우편	dongasiabook@naver.com
블로그	blog.naver.com/dongasiabook
인스타그램	www.instargram.com/dongasiabook
전화	02) 757-9724, 5
팩스	02) 757-9726
ISBN	978-89-6262-448-9 03330

※ 잘못된 책은 구입하신 서점에서 바꿔드립니다.

만든 사람들

편집	오시경·김경아
표지디자인	김기현
본문디자인	안성진